臺灣歷史與文化 研究輯刊

十九編

第14冊

陳肇興及其陶村詩稿之研究（下）

林翠鳳 著

花木蘭文化事業有限公司

國家圖書館出版品預行編目資料

陳肇興及其陶村詩稿之研究（下）／林翠鳳 著 -- 初版 -- 新
北市：花木蘭文化事業有限公司，2021〔民110〕
目 4+174 面；19×26 公分
（臺灣歷史與文化研究輯刊十九編；第 14 冊）
ISBN 978-986-518-462-9（精裝）
1.（清）陳肇興 2. 臺灣詩 3. 詩評 4. 臺灣傳記
733.08   110000678

ISBN-978-986-518-462-9

臺灣歷史與文化研究輯刊
十九編　第十四冊　　　　　　ISBN：978-986-518-462-9

陳肇興及其陶村詩稿之研究（下）

作　　者　林翠鳳
總 編 輯　杜潔祥
副總編輯　楊嘉樂
編　　輯　許郁翎、張雅淋　美術編輯　陳逸婷
出　　版　花木蘭文化事業有限公司
發 行 人　高小娟
聯絡地址　235　新北市中和區中安街七二號十三樓
　　　　　電話：02-2923-1455／傳真：02-2923-1452
網　　址　http://www.huamulan.tw 信箱 service@huamulans.com
印　　刷　普羅文化出版廣告事業
初　　版　2021 年 3 月
全書字數　272749 字
定　　價　十九編 23 冊（精裝）台幣 60,000 元

陳肇興及其陶村詩稿之研究（下）

林翠鳳　著

目

次

表目錄

第四章　陶村詩稿研究

第一節　著作版本

　　《陶村詩稿》是陳肇興傳世的唯一一部作品集，以筆者目前所知見的版本共有八種，其時間經歷超過一個世紀。之中也曾因為戰火摧殘，險遭絕滅，幸而天不毀斯文，終得一絲存留而得饗後人，實為臺灣文壇之大幸！茲一一列述於後：

一、原刊本

　　清光緒四年（1878）仲夏初刻。原刊本為木刻本，現已十分罕見，據鄭喜夫指出：

> 此本書板於乙未之役，燬於兵燹，刊本亦亡，劫後全臺僅存二部，
> 一為連雅堂先生所藏，一為雲林黃丕承所藏。〔註1〕

連雅堂藏本今存連震東家族處，黃丕承藏本尚未知其現況如何。鄭喜夫校訂之《陶村詩稿全集》中曾錄此原刊本書影，吾人觀之當聊以一慰未見原刊本之憾。此原刊本由先生門人林宗衡、楊春華、楊馨蘭、許尚賢等四人共同校刊，書前有陳懋烈題詞三首。

　　為《陶村詩稿》題詞的陳懋烈，據查曾於同治二年（1863）六月署臺灣道，於同年十二月回任臺灣府知府，並於同治五年（1866）五月俸旨開缺引

〔註1〕見鄭喜夫校訂《陶村詩稿全集・弁言》。南投：臺灣省文獻會，1978、6。

見〔註2〕。因此陳懋烈為《陶村詩稿》題詞的時間，或許可能在同治二年至五年左右；也就是說，《陶村詩稿》其實早已於同治初年完成。

另外筆者認為，在原刊本刊刻出版之前，應該早已有手抄本先行面世流傳。林豪《東瀛紀事、叢談（上）》曾載曰：「惟舉人陳肇興（著有陶村詩集）」。查林豪《東瀛紀事》書前有吳希潛〈序〉一篇，署「同治五年中秋夕」作；再有林豪〈自序〉一篇，署「歲次庚午」，推算庚午年即是同治九年（1870）。則同治五年（1866），或最慢於同治九年（1870）時，林豪已經見到結集成冊的《陶村詩集》。這是目前所能見到《陶村詩稿》最早的讀者。

林豪《東瀛紀事》中的紀錄，距離戴潮春事件結束，僅約三至七年。可見《陶村詩稿》中的詩歌作品，應該是陳肇興當時體驗之作，而非事後回憶之作。對於史事見聞而言，更具說服力，也更能確切表現詩人的真性情。

再則，此記錄距離光緒四年（1878）仲夏初刻的原刊本，長達八至十二年。因此，在眾家弟子合力刻校之前，應該是以手抄本的形式流傳。或許隨著陳肇興本身社會地位的提高，以及《陶村詩稿》作品評價的肯定，方才透過眾人的群策群力，不惜費資，刊刻付梓，終於在光緒四年（1878）仲夏完成出版《陶村詩稿》。

二、楊氏本

民國二十六年（日本昭和十二年，1937）二月發行，臺中楊珠浦先生編次發行。據楊珠浦自撰《楊記》言：

> 余二十五年前（按：逆推可知即民國元年），偶然得之書笥。……乃決意付印重刊，以公同好。

又林耀亭為此刊本所做序言中亦提及：

> 近有楊君珠浦者，抱先生之遺集，過務滋園而告之曰：「此前清道、咸間陳伯康孝廉之遺著也，惜版已散佚，特為之抄而存之。」……
> 楊君並言欲翻印以存於世。〔註3〕

可見楊珠浦偶得《陶村詩稿》於書笥，並翻印發行，此書乃得廣見世人之契

〔註2〕見《臺灣地理及歷史——卷九官師志》，第24、34頁。南投：臺灣省文獻會，1980、8。

〔註3〕此楊氏本未及親見，然楊記及林序俱可詳於省文獻會影印之臺灣文獻叢刊第144種《陶村詩稿》。臺北：臺灣銀行經濟研究室，1962、8。

機，亦我臺灣文學文獻之一大盛事。

此楊氏本較之原刊本，有數處增附，包括：

1. 書前增列林耀亭撰，重刊《陶村詩稿序》，楊珠浦自撰《陳肇興傳略》及《記》。（按：因原刊本未及親見，故藉由鄭喜夫先生之校訂，再加闡徵，以見楊氏本之意義。）

2. 由於楊氏偶得之於書筍，根據《楊記》知其曾於民國八年請示於吳德功先生，吳氏並為之作《陶村詩稿序》。吳德功見卷中有蛀失，曾為之補記。只是當楊氏本於民國二十六年出版時，吳德功卻早已於民國十三年謝世，無緣親見《陶村詩稿》之付梓，十分可惜。

3. 「以詳列各卷詩題之「目次」取代原刊本僅記載各卷詩作，所屬年份干支及首數之目錄」，因新式目次之編排，足以順應時代潮流，增加讀者閱讀者之便利。

4. 「書末附『地名略註』，計地名八十五處，其中八處未予說明」，這是楊珠浦用心之處，雖然書中地名未能盡括，然而對於因時空變遷，而更易的臺灣地名之認識，實在提供了「文獻今註」的功能。

5. 「正文各葉上部，有一欄備加註地名用，與『地名略註』所列大同小異」此一正文上方欄框甚大，亦可供讀者眉批之用。

楊氏本現已不多見，據筆者目前訪知，除鄭喜夫先生所言之外，現今尚收藏楊氏本《陶村詩稿》者，有半線文教基金會暨臺灣文化資料館館長劉峰松先生，及臺灣省文獻會研究員林文龍先生。

三、臺銀本

民國五十一年（1962）八月發行，臺北臺灣銀行經濟研究室編印，列為臺灣文獻叢刊第一四四種。此本乃根據楊氏本略作改異排印。各正文詩作悉同楊氏本，其餘重大改異之處則包括：

1. 將書序中之年代，一一改易為民國紀年，包括林（耀亭）序，楊（珠浦）記及〈陳肇興先生略傳〉。此一改易，或囿於當時政治因素，然以今日視之，則筆者認為括註即可，若易改之，則或可不必。

2. 正文各卷起首原本印有「磺溪陳肇興伯康」一行，臺銀本各卷起首俱存，惟於「磺溪」之下皆括註「彰化」二字。

3. 楊氏本書末之「地名略註」已刪除，各頁上部之橫欄亦刪除，原本欄

上之地名註則移於各相關詩作之後，乍看似為原註，實則即楊氏之註。

4. 加添新式標點符號。此為《陶村詩稿》首次以新式標點符號標註之形態面世。之前原刊本乃以詩作文字連排形態編印，須由讀者自行句讀，至楊氏本時，若歌行體則於詩作段落處，以空一字之形態區隔，若為律詩、絕句則以空二字之形態區隔各句，這對於讀者閱讀與版面外觀，都具有正面的助益。至臺銀本而更加添新式標點符號，則無非是因應時代潮流，且更為進步的舉措。

四、先賢本

民國六十年十月出版，見《臺灣先賢集》第二冊第 1103 至 1246 頁，臺灣中華書局印行。此本乃根據臺銀本，重新打字排印而成，內容幾乎完全同臺銀本。惟於書前增列《陶村詩稿提要》一篇，另自第二卷起刪除首行「磺溪（彰化）陳肇興伯康」字樣。

五、鄭氏本

民國六十七年（1978）六月出版，全名《陶村詩稿全集》，鄭喜夫校訂，臺灣省文獻委員會印行，臺灣文獻叢書之一。此本乃現今各版本中最精校詳備者，茲述之如下：

1. 鄭氏本係以借自連震東所藏之原刊本為底本，合以商借自臺灣民俗文物館之楊氏本，另加臺銀本、先賢本等四種版本合校，間取《雲林縣采訪冊》、《彰化縣志》、《聲花集》、《中文大詞典》、《漢書》、《福州府志》、吳德功撰《戴案紀略》、丁曰健《治臺必告錄》等九種原刊本之黃丕承抄本文獻所錄者參照，並加以現時地理風俗之實況，為詩稿相關之人物、地名、勝蹟、史實增注修議之。可謂用力甚勤，並利讀者閱讀欣賞。

2. 採逐字精校方法。對各本歧異之處，均加以小字分列說明，即使類推之同例亦逐一註說，可謂不厭其詳，其〈校訂凡例〉中自言：「本書係以回復原刊本面目為原則」，對恢復《陶村詩稿》正確原文，深具貢獻。

3. 本書除《陶村詩稿》正文精校之外，另一大特色即為附錄文獻之眾多，為現今各版本所僅見，對於欣賞及研究《陶村詩稿》之同好，提供許多的方便。鄭氏本中之文獻，收錄可分兩大部分：

（1）扉頁之後收錄本書以前各版本之書影，及校訂者鄭喜夫所撰寫之〈弁

言〉一篇，本書所收錄之書影及校訂本所錄之書影可謂豐富齊全，包括有：原刊本封面、原刊本卷一第一葉前半葉（右下有連雅堂「海外連橫」章）、楊氏本封面、楊氏本扉頁、楊氏本正文第一葉前半葉、楊氏本版權頁、臺銀本封面、臺銀本正文第一面、先賢本正文第一面，共計書影圖版九幀，提供各版本之具體實相。

據鄭喜夫〈弁言〉中稱：連雅堂所藏之原刊本，本缺封面及扉頁〔註4〕，此書影下括註「連雅堂先生親筆所加」，則書影所見，當非光緒四年初刻之原封面，而是連雅堂親題書名補作之封面。

鄭喜夫所撰〈弁言〉內容，包括簡介陳肇興其人其書、版本介紹、校訂凡例。〈弁言〉中敘述生平、價值與流傳沿革，俱能有所依據，出處歷歷可見，並且能考校異同，訂正錯誤，偶有不解者，便存疑「待考」，充分表現學者實事求是，有疑則闕的篤實風範。此一〈弁言〉，實為本書增色之作

（2）正文之後列「文獻彙抄」一項，其旨意在「不沒重刊及研究本書者之功績」〔註5〕收錄者載有：楊氏本林耀廷撰〈重刊陶村詩稿序〉、楊珠浦撰〈陳伯康先生略傳〉及〈記〉、〈地名略註〉、先賢本〈陶村詩稿提要〉、王國璠先生撰臺灣先賢著作提要〈陶村詩集〉共計六篇。

在《陶村詩稿》幾經波折方能流傳的過程中，這些編校者的吉光片羽，事實上也都是屬於使《陶村詩稿》發揚光大，不可或缺的歷史片段。鄭氏本如此的集中諸文獻，不僅在於保存先賢功績，也是一種「站在巨人肩膀」的感恩之舉，這對於後世掌握《陶村詩稿》流傳歷程的瞭解，也具有絕對正面的意義。

4. 鄭氏本由臺灣省文獻會印行，曾一度「流通亦廣，取閱頗易」〔註6〕，然而由於臺灣省文獻委員會並未再版發行，時至今日，鄭氏本已成絕版書籍，其選購已然不可能。至於私家收藏，應當不乏其人。若論公共收藏，則中興新村臺灣省文獻委員會、彰化縣立文化中心縣史館俱有收藏，可供一般民眾閱覽。

〔註4〕見鄭喜夫校訂《陶村詩稿全集‧弁言》校訂凡例。南投：臺灣省文獻會，1978、6。

〔註5〕見王國璠編輯《陶村詩稿‧陶村詩稿編印說明》。臺北，龍文出版社，1992、3。

〔註6〕見王國璠編輯《陶村詩稿‧陶村詩稿編印說明》。臺北，龍文出版社，1992、3。

六、王氏本

民國八十一年（1992）三月出版，王國璠總輯，高志彬主編，列臺灣先賢詩文集重刊第一輯，臺北龍文出版社印行。此書係依據楊珠浦排印本影印，可謂為楊氏本之再現。其所增益處則有三部份：

1. 卷前附刊簡介陳肇興其人其書之〈陶村詩稿〉，及〈陶村詩稿編印說明〉，對此書之取校，依據、略作說明，並述其凡例。

2. 卷前並附取自鄭氏本所錄原刊本卷一第一葉前半葉之書影，俾便讀者睹其原貌。

3. 將鄭氏所校摘錄，標注於各頁正文上方欄框書眉之處，有勘誤、比對之效。

4.原楊氏本封面彩圖，已為綠色素面燙金字硬板精裝所取代。

七、史文本

民國八十三年（19942）五月出版，與《半崧集簡編》合輯為一書，列臺灣歷史文獻叢刊之一，臺灣省文獻會印行。此書係民國五十一年（1962）八月出版之臺銀本《陶村詩稿》之完整原版重現，既不見增益，亦無任何改動。唯一可見的不同在於外觀，外觀之不同包括：

1. 尺寸略為擴大。臺銀本書頁尺寸為長十八點八公分，寬十三公分。史文本書頁則擴大為長二十一點三公分，寬十五公分。

2. 封面改為彩色圖標印刷，臺銀本封面為白底黑字素面印刷，史文本則經由圖片設計改為彩色印刷之封面。

史文本為目前《陶村詩稿》諸版本中流通最廣，取購最易之版本，各大公私立圖書館，書局均易見閱。本論文即以此為主要閱讀依據。

八、大通本

未詳出版年月，與《北郭園詩鈔》、《無悶草堂詩存》合訂精裝，列臺灣文獻史料叢書第八輯，臺灣大通書局印行。此乃影印重刊臺銀本者，流通亦廣。

第二節　詩作歷史內涵之考察

作為一個關懷民生的社會詩人，詠史詩是其表達個人觀察與思考的最佳

方式，尤其是對時人時事的詠述，更足以呈現時代人群的特性。《陶村詩稿》中，詠史之作甚眾，詠時人時事之作又遠多於詠古人古事。此中尤其以卷七、卷八之《咄咄吟》更是獨樹一幟，專詠戴潮春事件之見聞，顯現陳肇興愛鄉懷民的赤心。除此之外，陳肇興也以其詩筆記錄了當時的經歷與省思。清代咸豐、同治年間中臺灣百姓所共同經驗的生活內容，陳肇興即以其史筆，為歷史留下了珍貴的側面觀察。

一、農村詩歌

　　臺灣農村詩歌的大量寫作，是陳肇興《陶村詩稿》中的重要特色。陳肇興號陶村，其緣由為何？雖文獻無徵，難以確知，但或許與陳肇興親與耕稼，並關心、喜愛田園農村的特點有所關係吧！清代咸豐、同治年間，臺灣彰化地區農業穩定而發達，陳肇興豐富的農村詩歌寫作，正好反映了此一時期的地區風貌。

　　何謂農村詩歌？顧名思義便是以農村為描述或思考的對象，並以詩歌為創作形式，其農村是廣義的，包括農、漁、牧等各式經營形態。簡榮聰先生曾對「臺灣農村詩歌」一詞下一詳細的定義，他說：

> 臺灣農村詩歌，就是以臺灣地區的農、漁村之人、事、物、景及思
> 想理念為主。其作詩賦歌的先決條件很明顯的，就在於必須有農、
> 漁生活的存在，再加上詩人墨客的吟詠，不論題材或背景，都與農
> 村有關〔註7〕。

　　這樣的說解誠然是很明晰的。《陶村詩稿》中所見，便是以清代彰化縣為最主要區域的農村景象描寫與省思。

　　彰化本為平埔族巴布薩族群（Babuza）建立半線社（Pansoa）的所在，故古稱「半線」。明鄭時期即有漢人進入此地開墾，今彰化市八卦山上抗日烈士紀念碑公園內，仍奉祠先人之神主牌位，可謂最佳明證。

　　雍正元年（1723）清廷劃虎尾溪以北、大甲溪以南為新增之「彰化縣」，從此經濟、文化亦隨之提昇。至道光年間，地腴物豐，農田之利已使彰化成為天府之地，道光十二年（1832）周璽編纂的《彰化縣志》即描寫道：

> 彰化負山面海，草萊漸闢，地多廣衍膏腴。其高原平岡者為旱園，
> 可治埤圳灌溉者為水田，利賴不在江浙之下。耕穫有早晚二季，稑

〔註7〕見簡榮聰《臺灣農村民謠與詩詠》，第49頁。臺灣史蹟源流研究會，1994。

鋤力作，冒雨耕犁，耘耔勤勞，戴星出入。地有壙土，民無惰農，所以力穡有秋也。暇日則牽車牛以服賈，殘冬則操斧斤以入山。場工既畢，則刲蔗為糖，至三、四月乃止。渥蒙列聖加恩，海外薄賦輕徭，熙熙然擊壤歌衢之世矣〔註8〕。

可見得道光年間彰化地區發達的農業，在肥沃的土地及勤勞的人民努力下，已使生活頗有餘裕，媲美魚米之鄉的江浙，並進而發展商業活動，促進人文教育的提昇。

彰化縣儒學於雍正四年（1726）設立，時知縣張鎬建聖廟於縣治東門內，即今之孔子廟（位於彰化市孔門路），為一縣最高教育行政機關。乾隆十年（1745）淡水同知兼攝彰化知縣曾曰瑛捐俸倡建白沙書院，於文廟之西偏，即今孔子廟西側大成幼稚園旁之民生路上，以培育人才，「彰化文教之興，其權輿於此。」〔註9〕從此彰化文風大振，士子輩出。

在此期間，曾維楨於道光六年（1826年）以「經魁」高中進士，為彰化縣有進士之始；曾氏同時入翰林，開啟臺灣科舉史新頁。謝浩〈科舉制度在臺述略〉指出「經魁」之制云：

清代科舉考試，士子在五經中必須選一經為主科。考試時就主科應試，所有主科相同者，擇其中最優者一人為經魁。〔註10〕

可見考取經魁之不易。入翰林即入翰林院讀書三年，又稱「入館選」，謝浩於同前文指出：

尤其是道光以前的館選，對於漢人而言，更是前途無限。因為滿清襲用明制，除滿州人或特殊情形之外，習慣上已形成非翰林不拜相，非翰林不諡『文』的制度，因為臺灣自鄭克塽降清，下至曾維楨選庶常，前後一百四十餘年，在文官方面，連一個三品官也沒有，今曾氏入翰林，無異為全臺的希望所寄。

曾維楨的榮譽給予彰化士子的鼓舞尤其鉅大，彰化文教大興。

〔註8〕見周璽《彰化縣志·風俗志》，第 290 頁。臺灣文獻叢刊第 156 種，臺北：臺灣銀行經濟研究室，1962、8。

〔註9〕見周璽《彰化縣志·官秩志》，第 101 頁。臺灣文獻叢刊第 156 種，臺北：臺灣銀行經濟研究室，1962、8。

〔註10〕見周璽《彰化縣志·人物志·選舉》，第 232 頁。臺灣文獻叢刊第 156 種，臺北：臺灣銀行經濟研究室，1962、8。

又謝浩〈科舉制度在臺述略〉，第 420 頁。《臺灣文獻》36：3、4，1985、12。

　　就以道光年間纂修完成的《彰化縣志》〈人物志‧選舉〉所匯錄科舉功名的人士而言，自乾隆九年（1744年）彰化首位舉人黃師琬起，至道光十六年（1836年）歲貢沈士衡止，共九十三年之間，彰化地區文科選舉高題功名者共一一五位，分類詳見「周璽《彰化縣志》文科選舉名錄分析表」。

表10　周璽《彰化縣志》文科選舉名錄分析表

名目、年號	乾隆	嘉慶	道光	合計
進士	0	0	2	2
舉人	8	16	7	31
欽賜老生舉人	0	2	0	2
恩貢	6	5	1	12
拔貢	5	3	3	11
歲貢	17	18	12	47
欽賜老生副榜	0	3	0	3
小計	36	47	25	
廩貢				7
總計				115

這一一五位，有的是寄籍彰化，非本地出身，如嘉義縣學楊啟元、丁捷三；有的是當時隸屬彰化，後來又劃分為其他行政區域，如淡水廳鄭用錫、郭成金；還有更多的是自大陸遷居彰化的移民後裔，包括祖籍晉江的曾維楨，祖籍南安、海陽、安溪、同安……等眾多登榜者。

　　彰化於雍正元年（1723）建置，但雍正年間，彰邑並無任何得取功名者，乾隆朝六十年間，彰邑共有八位舉人，平均每七點五年產生一位舉人；至嘉慶朝二十五年，則平均每一點六年產生一位舉人，速度以驚人的倍數增加；道光朝十六年則平均二點三年產生一位，較前稍緩，但相差不遠。可見參加科考求功名的人數持續快速增加，本土子弟在父祖移民墾拓的經濟成就上，擴大了接受教育，追求功名富貴的可能。可見百年前草萊初闢的彰化發展至道光中葉，也已經逐步由墾荒搏鬥進入文明教化，由「移墾社會」進入與內

地相同的「儒漢文化」社會〔註11〕。

　　在充滿拓荒情調的現實環境中，在以農立國的中國傳統情境裡，臺灣士子不僅情感薰陶下，標榜耕讀傳家以自重，也同時往往親體耕讀，勤力稼穡，因而對土地格外親近，對族群特別關懷，也踏實的認同生活。臺灣富於農業之利，自明鄭以至清廷都十分注重，並依賴臺灣農業，詩人們耳聞目睹，便有許多農村詩歌的寫作與流傳。

　　現今所能見到最早的彰化農村詩歌，根據周璽《彰化縣志‧藝文志》所錄，當推康熙三十年（1691）曾任臺灣海防同知的齊體物所作的〈番婦〉一詩，其詞曰：

　　　社裏朝朝出，同群擔負行，野花頭插滿，黑齒草塗成。賽勢纏紅錦。

　　　新妝挂自珩（原註：頂常挂瑪瑙珠），鹿脂茶抹慣，欲與麝蘭爭（原
　　　註：番抹鹿油以為香。）

此詩述番婦形象具體生動，與康熙年間彰化平埔族女子頗為類近〔註12〕，然而或有謂此詩為沈光文之作〔註13〕，未知孰是？姑從《彰化縣志》。

　　若欲推察彰化本土文人所作農村詩歌，據周璽《彰化縣志‧藝文志》所錄，則似有困難。〈藝文志〉所收作品作者中為彰化人氏者，唯嘉慶、道光年間的廩貢羅桂芳與舉人曾作霖。〈藝文志〉中所收羅桂芳詩作〈志局偶成〉在述編寫《彰化縣志》初期的心境，無關農村；所收曾作霖之作品為〈彰化八詠〉，雖是寫景述懷，但卻沒有農村形色，當不宜列入農村詩歌。

　　再予遍察諸府志、《臺灣詩錄》及《臺灣詩錄拾遺》，所見多宦遊詩作，至於彰化本土詩人所作之農村詩歌，最早則當推陳肇興《陶村詩稿‧暮春書懷》，此詩繫年於咸豐二年（1852），其詩曰：

〔註11〕見尹章義《臺灣開發史研究》中〈臺灣、福建、京師、科舉社群對於臺灣開發以及臺灣與大陸之關係〉一文，第552頁。臺北：聯經出版公司，1989、12。
〔註12〕見黃叔璥《臺海使槎錄‧番俗六考》第115至118頁。臺灣文獻叢刊第4種，臺北：臺灣銀行經濟研究室，1962、8。
並國立彰化師範大學地理系《彰化市志‧先住民之生活形態與遷移》第114至121頁。彰化：彰化市政府，1997、8。
〔註13〕簡榮聰《臺灣農村民謠與詩詠‧清朝以前農村詩歌》將〈收錄五律（番婦）一首〉標示為「明、沈光文」作，並為僅次於唐代施肩吾〈澎湖嶼〉之第二首早期作品。與周璽《彰化縣志》相較，則缺少二句註語。臺灣史蹟源流研究會，1994。

　　一日陰晴互變遷，如醒如醉困人天；落花又滿東西路，流水無分上
下田。輾輾蔗車連夜響，丁東秧鼓接畦喧；幾回綠酒紅鐙下，憶到
兒時忽惘然（之一）。

　　垂楊無力絆春暉，轉瞬東皇又欲歸，一歲韶華忙裡過，少年好景熱
中非。蛙喧雨後聲偏急，花落風前影亦飛。野館不嫌田舍寂，得知
稼穡是民依（之二）。

這二首詩雖是抒懷之作，但清晰的鄉村景緻，深切的農家關懷，都讓〈暮春
書懷〉二詩呈現出明顯的農村詩歌特色。而《陶村詩稿》是目前所能見到彰
化本土詩人作品中最早的傳世刊本，因此也較能全面地看見陳肇興在農村詩
歌方面的創作內容及特色，並藉此瞭解清代道光咸豐年間彰化地區的農村生
活形貌。

　　彰化地區除東側為八卦臺地外，北為大肚溪沖積扇，南為濁水沖積扇，
大部分地區皆屬平原地形，宜於耕種。自然條件中之氣溫、土壤、雨量等亦
因位於亞熱帶的臺灣中部，均屬適當，利於農作，故自清代開始，彰化地區
的農業發展便十分蓬勃。在移民人數增加以及水利建設完備的條件下，彰化
的開發進展很快。連橫在《臺灣通史·農業志》即引彰化為例，談及當時豐裕
的農業：

　　當是時，彰化初建，淡水亦開，移住之民，盡力畎畝，而施世榜、
楊志申之流，且投巨資，鑿陂圳以大興地利。臺灣之溪，自山徂海，
源遠流多，引水入渠闢圳道之，蜿蜒數十里，以時啟閉，故無旱潦
之患，而歲可兩熟。或於山麓隴畔，築陂於窪，積蓄雨水，以資灌
溉，大者數十畝。而旱田有秋，其瘠者則種番藷，播山菁，故無凶
年之患。〔註14〕

　　可見彰化一地農業養民之不乏，陳肇興所處的時代，也正是農業發達的
清代中葉，在其集中所見明顯具有農村詩歌風味的作品，幾佔全書三分之一、
倘若再加上穿插數語，非以描述農村為主題的詩歌，如〈曉行山中即目〉、〈清
水巖〉等紀遊寫景之作，則數量將更形龐大，可見農村詩歌在《陶村詩稿》中
份量甚重。

〔註14〕見連橫《臺灣通史·農業志》，第648頁。臺灣文獻叢刊第128種，臺北：臺
　　　灣銀行經濟研究室，1962、8。

　　清代彰化的農業環境，與現今已頗有不同，當時社會生活的內涵，正是醞釀陳肇興農村詩歌的溫床。藉著對當時環境內涵的瞭解，應該有助於體會詩人作品的情意。茲取其大者分述如下：

（一）物產

　　《陶村詩稿》中言及之物產，十分豐富，茲依周璽《彰化縣志‧物產志》之分類項目，將《陶村詩稿》中農村詩歌所提及的各類物產分項歸屬製成「《陶村詩稿》農村詩歌所見物產分類表」，俾見清代彰化物產在詩集當中運用之概況。

表 11　《陶村詩稿》農村詩歌所見物產分類表

分類	物　產
1. 穀	稻（秧、粳、秫、稬）麥、豆、黍。
2. 蔬	金瓜、地瓜。
3. 果	蔗、桃、李、蕉檳榔、佛手柑、釋迦頭、梨、柿、梅子、鳳梨。
4. 木	相思樹、杉、榕、楠、松、槐、綠珊瑚、楓、榛、荊。
5. 竹	竹、刺竹（莿竹）、人面竹。
6. 花	梅、菊、莿桐花、榴花、紫荊花、蘭、荷花、杏花、馬蹄花。
7. 草	蘆、茅、苔、薇蕨、葛、龍舌草。
8. 藥	茯苓、鹿茸、艾、蒲。
9. 畜	馬牛（黃牛）雞、豕、羊。
10. 毛	貓、鼠、犬、麝鹿。
11. 羽	雀（鳥）燕、鷹、鵲。
12. 鱗	鯽、鮭、鯉。
13. 介	蚌、蝦、螃蟹、珠蚌。
14. 蟲	蛙、蛇、蜓、蝘、螢火蟲（蝴）、蝶、蟬、寒蛩、蠕蛸、螻蟻。
15. 貨	藤（桑麻）。
16. 器	耞、秧鼓、蔗車、鐮、笠、簑、犁（鴨嘴）、鋤、水車、秧馬。

註：「器」一項為較周璽《彰化縣志、物產志》另增之項目。

　　從表中可見詩歌當中採用的農產類別繁多，〈物產志〉中的十六個項目幾乎皆有所出。以物產入詩最能彰顯地方風采，即如楚辭之所以名為楚辭，蓋因「屈、宋諸騷皆書楚語，作楚聲，紀楚地，名楚物，故可謂之『楚辭』」〔註15〕，作為一位臺灣本土詩人的陳肇興，以其所熟悉的地方物產抒寫他對生活環境的觀察，較之游宦詩人的新奇與探險心理，表現出更為深切自然的在地情感。

　　臺灣孤懸海外，風土多有內地所未見者，彰化位處中臺，亦有其特產佳品。周璽《彰化縣志·物產志序》即言：

　　　　彰屬居全臺之中，土產諸物，如西螺柑，色味俱佳，直冠南中橘柚；
　　　　沙連茶，香韻獨絕，何讓九曲檕槍；波羅蜜，種傳佛國，果號釋迦；
　　　　玉樓春花似黃梔，俗名薝薄；以及番樣搗菹，香生牙齒；仙草煮汁，
　　　　涼沁心脾，此皆草木之特奇者也。矧夫田有三秋，米兼五色，蔬備
　　　　四時，花開一歲，則海外之物生，洵為齊州所罕見者矣。

彰化物產之特奇與豐沛，殆可見一般。陳肇興在其所記述的眾多物產中，尤其以稻米、竹、檳榔所提次數最多，並最能呈現臺灣特色。茲分述如下：

1. 稻米

　　《陶村詩稿》中所描述次數最多的物產，首推稻米。陳肇興以專篇描寫稻田的詩作便有如下八題十四首詩：

卷一：〈稻花〉、〈齋前觀穫〉、〈初夏郊行〉。

卷二：〈春田四詠〉、〈秋田四詠〉、〈肚山道中即景〉之一。

卷三：〈村館雜興〉之四。

卷七：〈消夏雜詩〉之九。

　　稻米是臺灣最主要的農作物之一，在彰化地區亦然，《彰化市志》述當地「主要農作物」時便載道：

　　　　彰化農產類別繁多，包括穀類、蔬菜、瓜果等一應俱全，其中又以
　　　　穀類作物中之水稻最為重要，無論明鄭、清代、日治，乃至光復以
　　　　後各個時期，水稻始終是最主要糧食作物〔註16〕。

〔註15〕見宋代黃伯思〈翼騷序〉，引自傅錫壬註譯《新譯楚辭讀本》，第2頁。臺北：
　　　　三民書局，1984、12四版。

〔註16〕見國立彰化師範大學地理系《彰化市志·經濟·農林漁牧業》，第386頁。彰
　　　　化：彰化市政府，1997、8。

　　陳肇興除了高達八題十四首專述稻田景致之外，其餘零散談述之詩句更不可勝數，這麼多的篇幅，正顯現當時陳肇興的生活環境，正是以水稻生產為最主要的農業活動。尤其專篇描寫稻作最多的卷一至卷三，即咸豐二年至六年（1852～1856）期間，陳肇興的生活範圍主要在現今彰化，次而及之於臺中，所以諸詩所呈現的，也便是清代咸豐年間，臺灣中部的農村稻作景象。而這樣的創作和內容，也符合彰化以水稻種植為主的發達農業實況。而其實，臺灣自古便是以豐富多產的稻米生產為其特色，連橫曾指出：

> 臺灣為海上荒島，古者謂之毗舍耶，梵語也。毗為「稻土」，舍耶「莊嚴」之義，故又謂之「婆娑世界」。是臺灣者為農業之樂國，而有天惠之利也〔註17〕。

可見臺灣自古以來，即是稻作生產的樂園，也因此而能產生許多歌詠稻田的佳作。

　　陳肇興歌詠稻田農作最出色的作品，非〈春田四詠〉、〈秋田四詠〉莫屬。此二題八首詩，正是描寫臺灣中部春、秋二季稻作的辛勤過程與清麗景象。臺灣中部地處亞熱帶，一年稻作可有二穫，「春作夏熟曰早稻，夏種冬熟曰晚稻」〔註18〕，若是地處熱帶的臺灣南部，則可一歲三熟，加以土壤肥沃，臺灣稻米的產量，一直倍於內地，郁永河初抵臺灣時，即曾言及於此，其文曰：

> 雖沿海沙岸，實平壤沃土，但土性輕浮，風起揚塵蔽天，雨過流為深坑。然宜種植，凡樹藝芃芃鬱茂，稻米有粒大如豆者。露重如雨，旱歲過夜轉潤，又，近海無潦患，秋成納稼倍內地。〔註19〕

得天獨厚的耕植條件下，讓依賴土地生存的百姓，也樂於努力從事耕作，期望獲得更好的收成。〈春田四詠〉、〈秋田四詠〉便分別以「播種」、「分秧」、「耕田」、「穫稻」四個子題描繪出當時中臺灣一年二穫的農忙圖像。

甲、春田四詠

（1）春田四詠・播種

　　誰將秅秅糝東皋，乘屋才閑播穀勞。隻手拋來天雨粟，一犁翻起地

〔註17〕見連橫《臺灣通史・農業志序》，第647頁。臺灣文獻叢刊第128種，臺北：臺灣銀行經濟研究室，1962、8。

〔註18〕見周璽《彰化縣志・物產志・穀之屬》第315頁。臺灣文獻叢刊第156種，臺北：臺灣銀行經濟研究室，1962、8。

〔註19〕見郁永河《裨海紀遊》，第11至12頁。臺灣文獻叢刊第44種，臺北：臺灣銀行經濟研究室，1962、8。

生毛。寒消稻隴呈春色，煖入油糠動土膏。為報耕耘從此始，乘時
莫憚闢蓬蒿。

此詩表現出新春播種的農忙情境。首句「誰將秫秫糝東皋，乘屋才閒播穀勞」
即生動地寫出農夫冬勞才止，便已開始忙於春耕的辛勤，且秫、秔即是臺灣
稻作的兩大類。連橫《臺灣通史・農業志》即以粳稻、糯稻概括臺灣稻種，秔
即秔，亦作粳。粳稻即粳，糯稻即秫〔註20〕。粳是不黏的稻，可作為日常食
米，於早季、晚季皆可分別種植；秫是有黏性的稻，可用以釀酒，製作糕餌。
二者都是臺灣人民的主要糧食之一。「雙手拋來天雨粟，一犁翻起地生毛」則
是描述播種的方式，以雙手拋撒穀種於地，其顆粒點點，紛紛落下，有如下
起穀粟之雨。撒種正是培育秧苗的必要步驟，《王禎農書》稱「撒種」為「漫
種」，並細述漫種之法，其文曰：

> 漫種者，用斗穀盛種，挾左腋間，右手抖取而撒之。隨撒隨行。約
> 行三步許，即再料取。務要布種均勻，則苗生稀稠得所。（卷二）

引文中所述正是陳肇興詩中所謂之「雙手拋來」「糝東皋」〔註21〕。可見清代
中期臺灣農民播種是採用撒種的方式〔註22〕。此法與「華北及華南之水田均
用撒播」〔註23〕的方式一致的。

農夫們在春寒料峭的年初時節，便要忍耐未消的寒氣下田，實在辛苦。
除此之外，尚且要架犁翻土，以利種苗吸收養分，而大塊翻起的田土散落地
表，放眼望去，好似生毛一般，恰是詩詠所云「一犁翻起地生毛」的景象。
只是，此處似有耕作程序上的倒誤，應是在犁翻地之後，於土鬆肥起的時
候，方才進行撒播育種的工作。而詩句之顛倒或許是為了諧和音韻的緣故。
農家的希望從播種開始，土地的膏澤提供稻穀種子抽芽長大的動力，展現
了海島臺灣的無限生機。當稻田一片新綠時，寒氣盡消，春意更濃，農家也
進入更忙碌的生活了。在臺灣只要願意勤勞耕作，便一定能有豐碩的收成，
連橫曾說：

〔註20〕見連橫《臺灣通史・農業志》，第656至659頁。臺灣文獻叢刊第128種，臺
　　　　北：臺灣銀行經濟研究室，1962、8。
〔註21〕糝為飯粒，泛指散落之物，亦可引申為「滅」，做動詞用。
〔註22〕據英・布瑞（Francesca Bray）著，李奧勇譯《中國農業史・播種》所述：「中
　　　　國農民把播種方法分為三種，即：撒種，條播，點播（馬克漢氏稱為定播
　　　　（setting））。」第358頁。臺北：商務印書館，1994、1初版一刷。
〔註23〕見英・布瑞（Francesca Bray）著，李奧勇譯《中國農業史・播種》第362頁。
　　　　臺北：商務印書館，1994、1初版一刷。

（臺灣）土地初闢，厥田上上，播種之後，聽其自生。不事耕耘，而收穫倍蓰。……，稻田則以水利之富，壅肥之厚，可歲歲耕也。

上田一甲，收穀百石，中七十石，下四十石，唯視其力之勤惰爾。

〔註24〕

可見臺灣真是一個地利富厚的國度，特別是彰化縣的開發，更是令人刮目相看。

根據統計，「自該縣成立至一七三五年（雍正十三年）之間，其移民人口增加速度與耕地面積擴充，是等量齊觀的。若以登記有案的耕地面積來說，即由三七二甲增為一一六五甲，增加率為三一點四倍之多。其中水田面積為三九八六甲，即超過開墾已有數十年的鳳山、諸羅兩縣；旱田的擴張更是驚人，在短短的十餘年間，已開墾七六七九甲，即比臺灣、鳳山等縣同時期的旱田面積還要多。尤其該縣水田農業的發展，是促使臺灣成為『閩粵穀倉』的主要來源。」〔註25〕足見彰化地區擁有天時、地利、人和的優良發展條件，只要能順應時節，努力開墾耕植，便可預期美好的收穫，而這也正是詩末「乘時莫憚闢蓬蒿」的互勉之旨呀！

（2）春田四詠・分秧

春前春後雨初晴，十里風吹叱犢聲。不待鳴鳩終日喚，已看秧馬帶泥行。連疇蔗葉籠煙碧，隔岸桐花映水明。記得當年賢令尹，樂耕門外勸春耕。

春雨連綿，大地回暖的季節，也是臺灣各地趕牛下田耕作的時候。牛是臺灣農民最佳的夥伴，「耕田輓車，均藉其力」〔註26〕。牛是臺灣農業開墾過程中，最重要的獸力。農人牽牛叱犢的畫面，也成為臺灣農村的典型形象。鳴鳩當指季節交替時，總是啼叫連連的白鳩。在周璽《彰化縣志・物產志・羽之屬》之中有「鳩」一項，內載鳩鳥有四種：

鳩，《詩》：「宛彼鳴鳩」，即斑鳩也。色黑雜白者曰斑甲，項下赤色者曰火鳩，又身綠嘴腳皆紅者曰金鳩。又有色純白能知氣候，每交

〔註24〕見連橫《臺灣通史・農業志》第647至648頁。臺灣文獻叢刊第128種，臺北：臺灣銀行經濟研究室，1962、8。

〔註25〕見吳田泉《臺灣農業史・臺灣農業發展的過程》第351頁。臺北：自立晚報社文化出版部，1993、4一版一刷。

〔註26〕見連橫《臺灣通史・虞衡志》，第706頁。臺灣文獻叢刊第128種，臺北：臺灣銀行經濟研究室，1962、8。

　　一時連鳴數聲曰白鳩。

可知陳肇興詩中所言之「鳴鳩」當即為白鳩，而此時應是春夏交替時節，如此雪白聰慧的鳥兒四處鳴叫，彷彿催促著農人快快勤耕似的。只是，臺灣的農民總是在布穀鳥未出現之前，早已架著秧馬，滿身塵泥的工作了。臺灣農民的勤勞不懈，在此又再一次印證了。所謂的「秧馬」，是插秧時使用的輔助農具。秧馬為中國傳統農具，宋朝大文豪蘇東坡便曾做〈秧馬歌〉詠述之，其詩曰：

> 春雨濛濛雨凄凄，春秧欲老翠毯齊。嗟我父子行水泥，朝分一壟暮千畦。腰如箜篌首啄雞，筋煩骨殆聲酸嘶。我有桐馬手自提，頭尻軒昂腹脅低。背如覆瓦去角圭，以我兩足為四蹄。聳踊滑汰如鳧鷖，纖纖束稿亦可齊。何用煩纓與月題，揭從畦東或畦西。山城欲閉聞鼓鼙，忽作的盧躍檀溪。歸來挂壁從高樓，了無芻秣飢不啼。少壯騎汝逮老羸，何曾蹩跌防顛擠。錦韉公子朝金閨，笑我一生踏牛犁。不知自有木駃騠！〔註27〕

雖然秧馬可以提高插秧效率，但要到達靈巧操作，既快且直的境界，似乎並非易事。實則據筆者訪知，臺灣農村插秧仍多在畫線之後，以人工分秧為主。但由陳肇興詩中仍可知清代道咸年間，農人分秧有以秧馬為輔助工具的方式存在。

　　將秧苗分栽移植的作業即陳肇興詩題所謂之「分秧」，據稱「插秧移植的水稻產量較直播者為高。」〔註28〕此法較先住民的耕作方法進步。《彰化縣志‧風俗志‧番俗》記載先住民的方法為：

> 種禾之法，種於園。先於秋八、九月，誅茅平覆其埔，使草不沾露，
> 自枯而朽。土鬆且肥，俟明歲三、四月而播。場功畢，乃荒其地，
> 隔年再種。法如之。

　　縣志所載乃旱園植禾，且一年僅一種，「緣不知耕作，故粟米甚少。」〔註29〕實難與漢人水田耕作一年兩種的產量相較。唯較早受到漢化的熟番，在受到漢人農耕技術的影響之後，也早已逐漸學會水田耕作的技術。《六十

〔註27〕見《蘇軾全集》卷三十八，第2051頁，臺北：莊嚴出版社，1990、10初版。
〔註28〕見英‧布瑞（Francesca Bray）著，李奧勇譯《中國農業史‧播種》第387頁。
　　　　臺北：商務印書館，1994、1初版一刷。
〔註29〕見丁紹儀《東瀛識略‧番俗》，第76頁。臺灣文獻叢刊第2種，臺北：臺灣
　　　　銀行經濟研究室，1962、8。

七兩采風圖》中即有「耕種」一圖〔註30〕，圖中婦女襁褓負子，扶犁駕牛，耕於水田中，幾與漢人無異。圖上題詞謂此為「臺邑卓猴、羅漢門、新港等社熟番」卓猴社在今臺南市新化區礁坑里拔馬，新港社在今臺南市新市區社內，永就等村原稱番仔寮，羅漢門社在今高雄市內門區，由大傑顛社（在今高雄市路竹區）遷移至此。三社均為平埔族西拉雅族（Sirary）。

可見臺灣南部先住民漢化甚早，引文中所述，已幾乎與漢人相同，而中臺灣則尚未普遍漢化。但隨著移民人數的增加，水田耕作已慢慢擴展至中北部的臺灣農村了。至少道咸年間古彰化半線社地區已是水田分秧耕種的方式了。

臺灣農業的兩大主要作物，除了稻米，另一便是甘蔗。「臺灣之地，以田育稻，以園植蔗」〔註31〕，農民們廣泛的種植稻米與甘蔗，建構起農民生活經濟的主要來源，也塑造出綠野連疇的農村富麗景緻，再加以各類花樹的參天點綴，更加深了田園清朗明秀的美好風光。

臺灣官府也十分鼓勵百姓努力於農業生產，並行「藉田」之禮以勸農，《臺灣通史》即云：

> 故事，直省有司，歲以仲春之日，行藉田禮。（〈農業志〉）

臺灣雖然較晚收入清廷的版圖，但自雍正五年（1727）以後，每年當政的地方父母官，皆於仲春二月，新秧分植的時候，率僚屬官民於城東郊外，親行藉田禮，訊問豐歉，勸進農功，獎勤戒惰。彰化官民便在知縣帶領之下於東城門——「樂耕門」外行春耕勸農之禮。彰化縣城東、西、南、北四座城門，各門皆有取名：東門題曰「樂耕門」，西門題曰「慶豐門」，南門題曰「宣平門」，北門題曰「共辰門」，其中「樂耕」與「慶豐」都與農業的期待有所密切的關聯，可見農業在彰化地區的重要地位及官民對農業生活的主要期盼了。倡建彰化城的知縣楊桂森即曾作〈樂耕樓記事〉四首，述其題署心境，茲舉其中二首概觀其要略〔註32〕：

> 畿南繡畝聖親耕，阡陌原來道德城。共願澆蘭勤婦子，何須播穀促

〔註30〕見六十七《番社采風圖考》，第216頁。臺灣文獻叢刊第90種，臺北：臺灣銀行經濟研究室，1962、8。

〔註31〕見連橫《臺灣通史・農業志》，第648頁。臺灣文獻叢刊第128種，臺北：臺灣銀行經濟研究室，1962、8。

〔註32〕見周璽《彰化縣志・藝文志》，第480頁。臺灣文獻叢刊第156種，臺北：臺灣銀行經濟研究室，1962、8。

商庚。兩膠造士頻觀學，三字題樓急厚生。不為登臨供雅眺，樂看
經始即垂成（之二）。

俗醇共羨禮為耕，聲有弦歌媲武城。儒夢筆花探二酉，農知藝麥卜
三庚。千尋樓迴紅霞人，萬頃秧齊碧浪生。為有疆黃樂觀稼，屢豐
載頌慶西成（之三）。

從引詩中即可知，為彰化城樓題名的人，當即為邑令楊桂森，且其將東西二
門題名為「樂耕」、「慶豐」正是寓含了勸民勤農心繫厚生的愛民胸懷。可惜
日治初期，明治三十四年（1901）日人以城堡阻礙了現代化的建設為由，拆
除了城牆及西、北、南三個城樓。至大正十一年（1922）則以拓寬道路為由，
拆除東門，至此而彰化古城已成歷史名詞〔註33〕。最後拆除的樂耕門舊址，
就在今彰化市中山路八卦山風景區牌樓旁的派出所處，緊接八卦山麓，依山
傍野，風景最為明秀，陳肇興在其〈肚山道中即景〉中便寫出了東門獨有的
桃源風光，詩云：

樂耕門外草如茵，繞岸花開白似銀。如此風光真樂土，不須更覓武
陵津（之一）。

陳肇興清朗新翠的歌詠當年官民和樂，勤事春耕的彰化農村景象，彷彿已透
過文字呈現出溫馨動人的畫面。

（3）春田四詠・耘田

一番煙雨入新秧，翠毯平鋪萬壘長。梅子黃時春草長，莉花白後野
人忙。扶苗幾度鋤非種，疾惡伊誰得不稂。我笑望風迎大吏，何如
植杖跪田旁。

隨著播種、分秧的陸續完成，田地當中的稻苗也逐漸苗壯，在春雨連綿
中，平疇綠野，一片青翠，陳肇興有〈肚山道中即景〉之二一首，所寫即是春
雨滋長下，新秧油綠爭長的春稻美景，其詩云：

過盡山莊與野橋，新秧萬頃綠齊腰。南樓幾日蕭蕭雨，又長東郊一
尺苗。

在彰化城外不遠，今屬臺中市的大肚山旅途上，陳肇興放眼望去，盡是萬頃

〔註33〕見周璽《彰化縣志・規制志》，第35至36頁。臺灣文獻叢刊第156種，臺
北：臺灣銀行經濟研究室，1962、8。又，《彰化市志・地名》，第14頁。彰
化：彰化市政府，1997、8。另，薛化元，劉燕儷編譯《臺灣先民的遺蹟》，
第47頁。臺北：稻鄉出版社，1997、1。

新綠，在幾日連綿的春雨催化中，秧苗高抽，更是有如一席厚軟誘人的翠毯，好不醉人，煙雨之中新秧漸長，確實令人心曠神怡。

但更重要的是，地處熱帶亞熱帶的臺灣，其農業受到溫度上的限制，較為有限，但雨量與雨期，則顯現出特別重要而顯著的影響。特別是稻米的種植，原產於熱帶的稻米，非常適合種植在高溫多雨的臺灣平原，全臺各地皆可一歲兩熟，都須種植在「水田」之中。正因為稻子須要有水份，才能夠存活。彰化地區透過自康熙年間以來八堡圳、十五莊圳、福馬圳等水利設施的完備建築，使得此一地區得以抒解天然旱澇之患。但時令雨水的充沛與否，對於農作物的成長，仍然具有重要的影響。假若雨水不足，圳溝水量必然連帶的相對減少，此時若正當插秧耕田，需水甚多之時，則勢必嚴重影響到秧苗的成長。陳肇興〈村館雜興〉之四一詩，所寫正是雨旱不定的臺灣特色氣候所帶來的影響：

> 一春苦旱稻田荒，入夏甘霖忽渺茫。養得參差苗暴長，半畦青間半
> 畦黃。

詩中描寫的景象，真是令人哭笑不得，十分無奈！即使人為的水利建設再完善，但是大自然的天候變化，仍是人間農作豐歉的最大主宰！因此，若是春季苦旱，入夏進入雨季，則秧苗生長忽抑忽竄，參差不齊。而得水較易的田地，其秧苗或早已逐漸成熟轉黃；吃水不易的田地，則或許仍是青澀一片。如此有青有黃的稻田景觀，代表的不是田園風光的多采多姿，而是農家百姓的多憂多勞啊！臺灣在晚春至初夏五、六月期間，終日霢雨霏霏，此時恰為梅子黃熟之時，故稱梅雨季節。陳肇興有〈暮春書懷〉所寫即是此一時節的情景，其詩曰：

> 一日陰晴互變遷，如醒如醉困人天。落花又滿東西路，流水無分上
> 下田。（之一）
> 垂楊無力絆春暉，轉瞬東皇又欲歸。……蛙喧雨後聲偏急，花落風
> 前影亦飛。（之三）。

梅雨期間雨水持續滋潤大地，秧苗成長的同時，害禾的稗稂雜草也隨之抽高。農夫們一方面要施肥供應秧苗的成長所需，也一方面要快快除去雜草，以免與新稻爭土搶肥，忙碌的農務隨著稻秧壯大的喜悅而加速到來了。

「臺灣農夫的水田除草法，多半是兩膝跪在田裡，然後用雙手一邊向前

爬行，一邊除草」〔註34〕，這就是臺語所說的「挲草」，是除草劑發明、使用之前不須任何工具，全靠人力的臺灣稻田傳統除草法，此道手續是要用雙手摩挲濘泥，將雜草挲進泥裡，對於稻子未來能否飽滿結穗，順利茁壯具有重要的影響，俗諺有云：「無跪艙出穗」，正是祖先們自務農經驗中所得來的生活慧語，其意是指如果期望稻子出穗，粒粒肥碩，就一定要雙膝跪在水田中辛勤踏實的除草，否則就不會有豐年的收成了。因為「挲草」的工作，除了挲除禾苗間的雜草外，兼有釐平插秧時留下的腳印窟窿，扶正秧苗，補植缺禾，以及拔除稗草等等，是稻子成長過程中很重要的工作。否則田間雜草叢生，不但施肥大打折扣，也影響空氣流通，易生蟲害。只有勤於耕耘，才能有好的收穫〔註35〕。陳肇興在詩詠中所提及的「扶苗」、「疾惡」、「跪田」指的也就是農夫們屈膝挲草的內容和動作。

原來在穫得歡喜收穫之前，是必須經過艱辛和勞苦的，古人所謂「誰知盤中飧，粒粒皆辛苦」實在是有道理的！也唯有勤快和努力不懈，生活溫飽才能確保無虞。在辛苦之中看到禾苗慢慢茁壯長成，也等於看到來日的溫暖富足，已漸漸具體成形，陳肇興〈初夏郊行〉正寫出了這充滿希望的美景：

> 黑雲初散雨初晴，一望郊原綠已平。好鳥逢人如問訊，野花滿眼不知名。晚煙幾簇籠修竹，新漲千畦長早秔。屈指納禾期已近，老農相對有讙聲。

暮春初夏時節，耕田除草，綠秧齊高這是農夫辛勤勞動下才能得到的美好成果呀！在農民埋首跪爬於田裡的同時，前來視察勸農，望風迎立的官吏，豈不與之成為明顯的對比？也難怪親與稼穡的詩人要以「何如植杖跪田旁」一句促狹的勸問，來嘲諷四體不勤的長官大吏了。

（4）春田四詠・穫稻

> 驕陽似火稼如雲，隨穫隨耕力最煩。荷擔人歸黃槵圃，催租客到綠槐村。耡聲遠逐蟬聲亂，鐮影遙連犢影昏。自是瀛壖多樂土，畬田火米不須論。

此詩所寫正是早稻收成時的景象。在驕陽似火的初夏時節，一片黃澄澄

〔註34〕見日人片崗巖著，陳金田譯《臺灣風俗志》，第133頁。臺北：眾文圖書公司，1990、11二版二刷。
〔註35〕見賴宗寶《鄉土往事・赤腳的年代》，第179頁。彰化：賴許柔文教基金會，1997、10初版。

的稻海早已迎風盪漾,正待收割,這是農夫們最期盼看到的畫面,而自開春以來的努力,終於有了具體可喜的收穫了陳肇興另有〈稻花〉一詩,正是描寫此時風貌:

> 誰把黃雲盡剪齊,平鋪隴北與疇西。紅稬稴搖纍纍立,碧染袈裟穗穗低。十里午風開滿野,一番朝雨落盈畦。卻嗤桃李多姿媚,艷冶何曾補庶黎。

黃色的雲海不是天上飄渺的雲朵,而是地上農夫們的血汗點滴凝結而成的成熟稻叢,黃亮似紅的稻子株株稻花盛放,結穗纍纍,迎風搖曳,而豐滿的稻穗,更使高長的稻子不禁下彎低垂,這是農人最歡喜的樣貌了。豐收在即,怎不令人雀躍呢?連月的辛勞因此而可拋諸九霄,彷彿一陣風吹,遍野花開;一朝飄雨,便落穗滿畦。但這絕非僅宜欣賞的艷冶花草而已,卻是攸關民生,實而不華的米糧呀!一如陳肇興所曾經說過的:「野館不嫌田舍寂,得知稼穡是民依。」(〈暮春書懷〉之二)平實而飽滿,正是人們得以維繫生存的根本能源。陳肇興關懷百姓生活根柢,一語中的,不重虛華彩麗,其實也由此顯現出其踏實懇摯的性情。

臺灣的早稻收成於夏季,晚稻亦隨後插播於夏季。這是收結的時刻,也是開始的契機。農家的忙碌至此幾達頂峰。傳統農家在進入現代化之前,農務多以手工配合簡單的機械來加以完成,割稻用鐮刀,打穀則用梳,再以雙肩挑擔或牛隻馱運回庭圃曬穀。陳肇興有七絕一首,正是描寫農家割稻時節,忙碌而歡喜的場景,其詩云:

> 山田青綠水田黃,看慣人家刈稻忙。烏雀也知禾黍熟,讙呼飛下野人場。(〈消夏雜詩〉之九)

這是多麼開闊明亮而愉悅的詩歌啊!勞動的汗水中,瀰漫著禾熟雀噪的笑鬧聲,收穫時節,再沒有比這更令人快意的滿足了!刈稻的辛勞,似乎已完全被拋諸腦後!

《六十七兩采風圖卷》中有「刈禾」一圖〔註36〕,圖中番社婦女肩挑禾穀,身著「中空露肚裝」,回首與同樣肩挑禾穀,赤膊跣足的男子談笑而歸,兩人臉上洋溢著歡喜滿足的笑容,真是十分生動!想來,溫飽滿足的生活當是人類共同的喜樂吧!這幅畫恰是描繪清初彰化地區平埔族人刈禾的景象,

---

〔註36〕見六十七《番社采風圖考》,第 28 頁。臺灣文獻叢刊第 90 種,臺北:臺灣銀行經濟研究室,1962、8。

其題畫詞云：

> 彰邑各社社番，男婦耕種，收穫小米禾稻，至七月間定期，男婦以
>
> 手摘取，不用鐮銍。淡防各社亦如此。

可見滿人巡臺給事中六十七來臺為官的雍正年間，彰化地區平埔族先住民仍
保存著其傳統旱田耕作的方式，並且徒手摘稻，不用刀器〔註37〕。可見當時
先住民割穫的方法，尚未受到漢人技術的同化。而社番既然未用鐮銍，則何
能稱「刈」呢？《六十七兩采風圖卷》上的題名，或許改易為「拔禾」會更恰
當呢！

清代彰化為大陸移民與先住民平埔族人混居的情況。漢人到來之前，彰
化平埔族巴布薩族群的「農業生產方式為游耕式，收割方式以手摘取為主，
由於土地多，人口少，加上夏季高溫多雨，土壤所含有機質少，故一年一易」
〔註38〕，這完全是一種自給自足的生產型態，而所謂的「游耕式」大約便是
明代萬曆年間，陳第所寫〈東番記〉中記述的方式：

> 東番夷人，……無水田，治畬種禾，山花開則耕，禾熟拔其穗。〔註39〕

「治畬種禾」即為火耕式，乃於一定期間內焚燒某一區域中所有的草樹，以
其木灰為肥，播種其間，賴天然雨露，茁壯結實。以此方式營生已為時甚久，
尤其臺灣山地原住民多用此法。然而漢人移民，卻非如此，他們造渠引水，
灌溉耕耘，並且利用器械，收穫十分豐碩，陳肇興有〈齋前觀穫〉一詩，即是
描寫早稻豐收的昇平景象：

> 幾番煙雨一朝晴，破曉連枷粟有聲。天與書生知稼穡，日看野叟擁
>
> 坻京。提籠稚子拾餘穗，持帚村嫗曬濕秔〔註40〕，好繪豳風圖一幅，
>
> 他年留待答昇平。

收成的穀米堆積起來如同一座小山，婦人小孩都一同幫忙拾穗曬穀，破曉時
分即早起用枷脫去穀殼，這是多麼富足豐年的畫面呀，好比是《詩經》〈豳風·

〔註37〕收割或刈草用的刀器曰鐮。惟小者稱鐮，而大者稱銍。

〔註38〕見《彰化市志·先住民的生活形態與遷移》，第115頁。彰化：彰化市政府，
1997、8。

〔註39〕見沈有容《閩海贈言》第85至96頁。臺灣文獻叢刊第56種，臺北：臺灣銀
行經濟研究室，1962、8。

〔註40〕據鄭喜夫《陶村詩稿全集》校訂，此字原刊本作「灑」字。但依上下文意來
推論，當以「曬溼粳」較「灑濕粳」為合理，故仍取用「曬」字。南投：臺
灣省文獻會，1978、6。

七月〉般的承平歡愉。

在漢人移民漸多之後，精良的農業技術與豐碩如山的收成，使得先住民也逐漸被同化，「漢人入墾後，便向漢人學習牛耕方法與水利灌溉技術，方漸改為定耕，並將土地予漢人耕作。」

「贌」字意謂定訂收益契約，即一般所稱之「佃耕」。另外，周璽《彰化縣志・風俗志・番俗》曾詳述彰化地區番民種禾的方法，與陳第《東番記》中所述頗有不同。《彰化縣志》記云：

> 種禾之法，種於園，先於秋八、九月，誅茅平覆其埔，使草不沾露。
> 自枯而朽。土鬆且肥，俟明歲三、四月而播。場功畢，仍荒其地，
> 隔年再種，法如之。禾桔高而柔，慮為風雨催折〔註41〕。植薏苡，
> 薏秸粗硬，又差高於禾，如藩籬然。一畦之中，兩種並穫。〔註42〕

竊以為《彰化縣志》所言蓋指平地先住民，即平埔族人植禾的方式，而陳第所言乃泛指臺灣山地原住民之種禾方法。因所處環境不同，經營農作的型態亦各異。

再者《彰化縣志》所載，當為早期水利未興之前的旱園種禾方法。蓋水利未備，水田植稻全賴天公作美，即如嘉南平原之利於物產，因其地冬天為旱季，故其稻作早年亦僅有一期。地處臺灣中部的彰化，在施世榜、楊志申等人大興渠圳之前，當即如志中所記，乃以旱作、火耕的方式為主。這樣的改變，陳肇興在其〈番社過年歌〉也曾言及：

> 邇來熟番變唐化，每歲歌舞猶相沿。穫稻築場農事畢，家家舂磨修
> 潔鮮。

在文化交流互動的影響之下，強勢的漢人文明已逐漸取代了「畬田火米」的簡陋技術。臺灣這一處海外番國，也在進步與富裕中，逐漸變化成為海上樂土了。

〈春田四詠〉所記便是臺灣中部早稻種植的歷程，十分生動寫實，另外，在《陶村詩稿》卷一，也有四題之詩作，若予以串連，亦頗類〈春田四詠〉其為〈暮春書懷〉、〈初夏郊行〉、〈稻花〉、〈齋前觀穫〉，雖非專為詠稻而寫，但卻恰好寫出插秧、新秧、稻成、收穫四個春稻栽培的過程，同樣清新動人。

〔註41〕「催」字誤，應為「摧折」才是。
〔註42〕見《彰化市志・先住民之生活型態與遷移》，第115頁。彰化：彰化市政府，1997、8。

乙、秋田四詠

臺灣得天獨厚，一年可有兩次稻穫，陳肇興接著有〈秋田四詠〉續寫下半年晚稻種植的見聞，亦別具另一番風情。

（1）秋田四詠・播種

> 納稼才完便糞田，農家六月少閒天。西疇乍見生孫稻，南浦還澆種
> 子泉。浥露香秧爭出水，迎秋翠毯半含煙。何須競說占城穀，早晚
> 三杯各有年。

臺灣種稻可一年兩穫，這是有別於大陸內地的特殊景觀，也是唐山過臺灣的重要誘因。當夏季纔收割早稻，納穀進倉不久，隨即便要整地糞田，準備晚稻的栽種了。在兩季稻作交接的五、六月，是臺灣農民一年中最忙碌的時刻之一了。早期臺灣墾植有限，地肥有餘，足以不耕而實，康熙晚年臺灣首任巡臺御史黃叔璥《臺海使槎錄》中載道：

> 土壤肥沃，不糞種，糞則穗重而仆。種植後聽其自生，不事耘鋤，
> 惟享坐穫，每畝數倍內地。近年臺邑地畝水衝沙壓，土脈漸薄，亦
> 間用糞培養。〔註43〕

足見臺灣肥壤之一斑。但隨著人口增加，耕植密集，土地休養生息不及，便得施予肥料補給，此一工作在納稼之後，便甚為重要，否則將影響下一期的稻米生長。

傳統臺灣農家最常使用的肥料，便是動物的排泄物，因此，施肥於田即稱「糞田」，肥沃的土壤即稱「糞壤」。糞肥的來源包括了畜獸、禽鳥，甚至是人類自己，其中最主要的是牛、豬、人三類。農村人家視糞為肥，十分珍惜，並不以其污穢惡臭而賤棄之，因為其實用價值，已遠遠超過衛生與感官的考量。臺灣農村最重要的獸力是牛，「水牛耕田」幾乎已成為臺傳統農村的形象標幟。因此牛隻的排泄物，也成為農民生活中不可或缺的必需品。牛隻的體積大，食量也大，據邱淵惠《臺灣牛》指出：

> 平均一頭水牛，每天要飲下約二十公斤的水。……
>
> 如果牧草豐茂，牛隻往往向前嚼食出一條約身體兩倍寬的路
> 來。……牛共有四個胃，牛隻在吃草時，只利用最短時間內盡量吞
> 攝下未經完全咀嚼的最大量草料，然後在較空閒及安全的環境，躺

〔註43〕見黃叔璥《臺海使槎錄・赤嵌筆談》，第53頁。臺灣文獻叢刊第4種，臺北：臺灣銀行經濟研究室，1962、8。

下來慢慢的反芻。〔註44〕

可見牛的飲食量實在很巨大。相對的，牛後（按：牛糞的雅稱）也十分可觀。邱淵惠同文指出：

> 根據調查，每頭水牛每天的排糞量大約一點三八公斤，排尿一點七
> 二公斤，所以一條牛每年所排洩的屎尿平均有十一點三公頓之譜。
> 耕牛通常在出耕或歸耕途中遺屎，因此早期農村中常可見到村民荷
> 鋤，擔畚箕沿途取撿牛糞的情景。……拾回的牛糞，南部都用來施
> 肥，以及塗牆糊物，澎湖一地則用以充作燃料。

日人片岡巖《臺灣風俗志》也曾記載〈拾牛屎〉一則，文曰：

> 攜帶鋤頭一支，糞箕一隻到處撿拾牛糞，撿拾回來的牛糞塗在牆壁
> 或城牆，乾燥後，做為家庭燃料。臺灣南部及澎湖很多使用這種燃
> 料。〔註45〕

可見牛後的三大用途為：肥料、塗料、燃料，且臺灣各地皆如此。拾回的牛後經過糝混稻草雜物，再以牛隻踐踏均勻的「踏糞」步驟之後，便可挑至田園施灑。

　　臺灣山林中本來已有許多野牛，再經荷人據臺以來自國外與大陸進口馴服的耕牛，臺灣農村中早已與牛有著密切的共生關係。在雍正年間滿人巡臺六十七的《六十七兩采風圖卷》中有「織布」圖一幅〔註46〕。此圖由其左上方註文可知：乃是早期淡防廳岸裡、大甲東、大甲西等社及彰邑各社番婦織布的情景。圖中在婦織童嬉的同時，屋舍旁尚有兩頭悠閒閒走的壯牛。可見清代初年大彰化平埔各番社，也已是畜牛協耕的先進生活型態。取牛後以肥田，恐怕也早已行之久遠了。

　　牛之外，豬是農家重要的經濟畜養動物，其排泄物亦為重要肥料。日治時期，考察臺灣舊有風俗的《臺灣風俗志》中即載有「拾豬屎」一則，其文曰：

> 揀豬屎的工作大都為兒童，也有大人參加。到鄉村揀拾的豬糞，賣

〔註44〕見邱淵惠《臺灣牛》第 203 頁，又第 208 頁。臺北：眾文圖書公司，1990、
　　　　11 二版二刷。

〔註45〕見邱淵惠《臺灣牛》，第 196 頁。臺北：遠流出版社，1997、1 初版一刷。又
　　　　日人片岡巖《臺灣風俗志》，第 116 頁。臺北：眾文圖書公司，1990、11 二版
　　　　二刷。

〔註46〕見六十七《番社采風圖考》，第 33 頁。臺灣文獻叢刊第 90 種，臺北：臺灣銀
　　　　行經濟研究室，1962、8。

給農家當肥料，或曬乾後做養魚飼料。據說一天有五分到二角的收
入。〔註47〕

可見豬後亦深具實用價值，人類的排泄物亦然。早期人家臥房內的屎桶，尿
桶除因應方便使用外，收集以供作肥料亦是其目的之一。日治時期日人原樟
通好考察臺灣農民營生，著《臺灣農民生活考》記載：

農家並不特別設置廁所，在豬舍角落的豬糞尿漕上架一塊木板，當
作廁所使用。因此婦女在寢室的角落備有屎桶、尿桶方便，每天早
上將桶內的糞便倒在豬糞尿漕。〔註48〕

可見農家集肥之一斑。這些人畜集肥的情況，或許仍是許多老人家記憶可及
的古早印象。然而以排泄物為肥料，畢竟有衛生之虞，在肥料技術進步之後，
也逐漸自然淘汰了。但在陳肇興詩詠當中，仍然寫實地看到了清代農業經營
的部份環節。

　　物種類甚多，即以稻作而言亦然，查周璽《彰化縣志・物產志》中記載：
粳稻有五種，糯稻有七種。若觀《臺灣通史・農業志》所載則更為繁多：粳稻
達二十七種，糯稻達十五種。各稻種成長所需的時間，長短不一，有「早春種
之，七十日可收」的銀魚草；有「清明種之，大暑可以收」的早占，因此早稻
收成約在夏季，但由於各家栽種的品種不一，便會出現陳肇興詩中所言「西
疇乍見生孫稻，南浦還澆種子泉」的景色，田地的一邊已長新秧了，另一邊
才開始放水播種而已呢！當然隨後不久便會呈現「香秧爭出水」、「翠毯半含
煙」的初秋稻田風光了。在秋涼時節看見連疇新綠，恐怕也是臺灣有別於內
地農村的特色之一吧！

　　在中臺灣諸多稻種之中，當首推占城穀，《諸羅縣志》中曾詳言其淵源：

占稻俗名占子。《湘山野錄》：「宋真宗以福建地多高仰，聞占城稻耐
旱，遣使求其種，使蒔之」。按《宋會要》：「大中祥符五年，遣使福
建取占城穀，分給江、淮、兩浙」，則種入中國似更前。有赤、白二
色：白者皮薄易舂，六、七月始種，十月收，稻之極美者。〔註49〕

〔註47〕見日本人片岡巖著、陳金田譯《臺灣風俗志・臺灣人的雜業》，第116頁。臺
　　　　北：眾文圖書公司，1990、11二版二刷。
〔註48〕見日人梶原通好著、李文祺譯《臺灣農民的生活節俗・農家之住宅》，第133
　　　　頁。臺北：臺原出版社，1989、7一版一刷。
〔註49〕見周鍾瑄《諸羅縣志・物產志》，第191頁。臺灣文獻叢刊第141種，臺北：
　　　　臺灣銀行經濟研究室，1962、8。

宋真宗大中祥符五年（1012 年）距今已將近一千年，可見此一稻種來源甚久，而《臺灣通志・物產》亦案語：

> 臺地穀種來自占城，故以「占」名穀。〔註50〕

據《臺灣通志・物產志》載：「赤殼秫……一名占仔秫。」因此周璽《彰化縣志・物產志》所載七種糯稻中「赤殼秫」與占仔秫，疑為同一物種。故而臺灣有占城穀，其歷史當亦甚久。以臺閩兩地地理之切近與往來之頻繁，若論占稻來臺早於宋初，或亦不無可能。《彰化縣志》所載之「清油占仔」、「赤殼秫」〔註51〕，即是占城穀，而「圓粒」當亦近是。另如《臺灣通史》所載之「早占」「埔占」等俱是。綜合各志所載，占城穀有如下數種：

A、粳稻：

    a. 清油占仔：一作「清油」「清游早穀」「清流早穀」，有大粒、小粒兩種，又分白腳、紅腳兩類，早晚俱種。〔註52〕

    b. 圓粒：一作「圓粒早」「圓粒穀」，米白而軟，粒肥而短，種穫與「埔占」同。

    c. 早占：一作「早占穀」、「早尖穀」，種出占城，有烏占、白占兩種，一說有赤、白二種。粒小而尖蚤熟，蒸飯最佳。清明（二、三月）種之，大暑（六、七月）可收，田中種之。〔註53〕

    d. 埔占：一作「埔占穀」，穀白，皮厚，米色略赤，種於三、四月，收成於八、九月，園中種之。釀酒尤佳。〔註54〕

    e. 尖仔穀：一作「白殼」純白者佳，蒸飯最佳，諸稻中極美者，粒長而大，皮厚而堅，可以久貯，有赤、白二色，種於五、六月，成於九、十月。田中種之。〔註55〕

〔註50〕見《臺灣通志・物產》，第 56 頁。臺灣文獻叢刊第 130 種，臺北：臺灣銀行經濟研究室，1962・8。

〔註51〕見《鳳山縣志》、《彰化縣志》、《淡水廳志》、《臺灣通史》。

〔註52〕見《臺灣府志》、《鳳山縣志》、《彰化縣志》、《臺灣通史》。

〔註53〕見《臺灣府志》、《鳳山縣志》、《臺灣通史》。又據《臺灣通志・物產志》第 56 頁按語：「臺地穀種來自占城，故以『占』名穀。其作「尖」者，乃「占」之轉聲耳。」由此可知：「早尖」即是「早占」，二者為一。
再，清代以「田」稱有水之區，以「園」稱旱地也。

〔註54〕見《臺灣府志》、《鳳山縣志》、《臺灣通史》。

〔註55〕見《臺灣府志》及《鳳山縣志》、《臺灣通史》。

f. 烏尖殼：一作「烏殼」，殼黑，粒穗長，米尖潤，價昂諸稻。〔註56〕

B、糯稻：

a. 占仔秫：一作「紅殼」、「赤殼秫」、「金包銀」殼略赤，米微白，皮稍厚，有高腳、低腳兩種。田、園俱種。〔註57〕

b. 烏占：粒長、皮薄，味香，色白，大暑後種，降霜後收。秫之最佳者。〔註58〕

c. 烏踏：略如烏占，秫之最佳者。〔註59〕

可見「占城穀」乃是一泛稱之名詞，其下品類尚分多種。寓臺名士吳子光有〈紀臺中物產〉一文，記中臺灣名物，其所述百物之中即有占城穀一項，其文云：

> 閩中諸穀，盛稱占城稻，分赤、白二種，有六十日可穫者，有百日可穫者，最宜於備旱。宋真宗時，遣使求其種以歸，故名占城稻云。〔註60〕

文中所言之「占城稻」，當即是指早占穀或尖仔穀。由史志敘述各類占城穀時，常見「最佳」、「極美」之類的形容詞，可見它確實早負盛名。或許正由於評價優良且品類繁多，因此才會出現陳肇興詩詠中，人人「競說占城穀」那鬥嘴爭辯的可愛畫面。

陳肇興詩歌中尚且提及「早晚三杯」一語。其實「三杯」乃穀種名，《臺灣通史・農業志》將之歸於粳稻類，即食米，並以下列文字介紹之：

> 三杯：皮薄粒大，形如早占，可以久藏。早季以六月收，晚季以九月收。

由此段文字便可約略明白「早晚三杯」之意義，再者，觀諸史志可知，三杯亦分二種品類，包括有：

A、三杯穀：形似尖粟，皮軟薄。

B、三杯擇穀：形似三杯，早熟，時或雨澤稀少，諸稻鮮穫，此種獨茂，近多

〔註56〕見《鳳山縣志》、《臺灣通史》。

〔註57〕見《彰化縣志》、《淡水廳志》、《臺灣通史》。

〔註58〕見《臺灣通史》。另《噶瑪蘭廳志》有「烏秫」疑即「烏占」之別稱。

〔註59〕見《臺灣通史》。

〔註60〕見吳子光《臺灣紀事・紀臺中物產》，第9頁。臺灣文獻叢刊第36種，臺北：臺灣銀行經濟研究室，1962、8。

種之。〔註61〕

　　早季三杯抑或晚季三杯，各有其播收時節，不得相與同論；況且三杯或許不如早占、埔占之絕佳美味，但它「皮薄粒大」、「可以久藏」、「雨澤稀少，此種獨茂」，對於平實生活的百姓而言，此已足夠，有占城穀可植而食之，固然歡喜，即若不然，只要一年二季的稻作能夠努力耕耘，就算是三杯，也有其獨特的滋味，來年也就有米可食，可以歡慶有餘了。陳肇興的詩句之中透露出踏實而知足的生活哲理。同時，詩中所言「香占城穀」、「三杯」多是民間每日可食的粳米，不是製糕釀酒偶一食之的糯米。可見陳肇興不僅不是五穀不分的書呆子，而且更是對於百姓民生具有深切而溫厚的關懷，這是一個本土子弟關心在地父老的誠摯語言，既不虛華，也不高遠，詩人在平淡、平實中，反而透露出溫馨可人的感動！

　　（2）秋田四詠・分秧

　　　　不待鳴鳩喚插禾，秋天到處有秧歌。田如畫罫縱橫直，人比承蜩傴
　　　　僂多。萬束青分龜殼笠，千畦綠刺〔註62〕鴨頭波。耕耘自較三春迫，
　　　　雨夕風晨為築坡。

　　以彰化地區而論，康熙末年的中國移民潮促進了本地的開發。《諸羅縣志・兵防志》記載：

　　　　自（康熙）四十九年（1710）洋盜陳明隆稱其渠鄭盡心潛伏在江、
　　　　浙交界之盡山、花鳥、臺州、魚山、臺灣、淡水，於是設淡水分防
　　　　千總，增大甲以上七塘。蓋數年間而流移開墾之眾，又漸過半線大
　　　　肚溪以北矣。〔註63〕

　　紛紛湧入的人口，促使荒原逐漸成為良田。彰化地區也從此開發日盛，漸成規模。終於在雍正元年（1723）設縣，有了更具系統的政治規範和管理。因此隨著移墾人口的不斷努力，耕地面積持續擴增，奠定彰化地區的經濟基礎。歷朝史志之中對田地的紀錄，雖未盡完全，然取之排列比較，亦可觀其變遷之概況。茲依可得之資料，依序排比，彙製「清領時期彰化地區田園面

〔註61〕見《臺灣府志》、《鳳山縣志》。唯《鳳山縣志》稱三杯穀「不耐久貯」，與《臺灣通史》所稱「可以久藏」大相逕庭，未知孰是，僅此存疑待考。

〔註62〕此字楊氏本以次各本，包括史文本，俱誤作「剌」字。茲據鄭喜夫《陶村詩稿全集》校訂，依原刊本改正為「刺」字。南投：臺灣省文獻會，1978、6。

〔註63〕見周鍾瑄纂修《諸羅縣志・兵防志》，第110頁。臺灣文獻叢刊第141種，臺北：臺灣銀行經濟研究室，1962、8。0

積表」，俾便觀察。

表 12　清領時期彰化地區田園面積表

	雍正 13 年 （1735）	乾隆 23 年 （1755）	乾隆 27 年 （1762）	光緒 18 年 （1892）
田	3986	4565	--	56524
園	7679	8545	--	25268
合　計	11665	13110	18794	81792

*資料來源：
1. 高拱乾《臺灣府志》
2. 劉良璧《重修福建臺灣府志》
3. 余文儀（續修臺灣府志）
4. 臺灣總督府《臨時臺灣土地調察局第五回事業報告》

　　臺灣於康熙二十三年（1684）納入清朝版圖，彰化地區隸屬諸羅縣管轄，未有獨立資料。其後在雍正及乾隆兩朝的史志中，俱可見其田園面積正直線攀升。

　　但值得注意的是，這兩朝時期的旱園面積，均高於水田面積，且幾達兩倍的差距，看似水田的經營遠遜於旱園，然則在康熙五十七年（1718）施世榜築成八堡圳之前，彰化地區概以種禾於園為多，旱田的墾植早已行之長久，水田本不及旱園。八堡圳築成之後，灌溉面積廣達一九零零零甲，水田的耕作方才逐漸增加。在乾隆二十三年（1755）之前水田面積不及旱園，竊以為乃旱園可植禾、種茶、栽蕉、養蔬……可種植之作物種類繁多，而水田則僅以植水稻為主，加以先住民縱使擁有平原土地，亦習於旱地游耕，須假以時日，方才學會水利灌溉，故以開圳之後，初期尚不能與旱園抗衡。

　　然而，若以乾隆二十年（1755）至光緒十八年（1892）之間田、園增加面積的平均數即以水田每年三七九甲，旱園每年一二二甲的速度增加，來加以推算，則大約在乾隆三十六年（1771 年）時，水田耕作面積當首度超過旱園面積，估計約為水田一零六二九甲，旱園一零四九七甲，並在此之後，兩者差距日漸拉開。至陳肇興於咸豐四年（1854）寫作〈秋田四詠〉，距離乾隆二十年（1755）時，兩者面積估計達到水田四二六八六甲，旱園二零六二三甲，則當時田園面積比例與百年前相較，卻恰好相反：水田面積為旱田面積的兩倍。可見自乾隆中業以後，彰化地區已經進入了以稻作為主流的時代，並且

至咸豐初年，則已鞏固了稻米為彰化地區首要農作物的地位。也因此，耕種稻米，乃是大多數彰化農民從事的農務，稻田風光乃是當時農村主要景致，陳肇興為詠稻所作之〈春田四詠〉、〈秋田四詠〉也就具有了觀察民間生活取樣典型的社會關懷意義了。因此陳肇興詩歌中所云：

> 不待鳴鳩喚插禾，秋天到處有秧歌。田如畫罫縱橫直，人比承蜩傴
> 僂多。

正是表現了彰化平原上阡陌縱橫，稻田廣闊，眾民勤耕歡歌勞作的清代農村，是一幅典型又常見的稻香農勤圖。此圖畫乃是自上空俯視大片秋田，只見方格連接，直如棋盤一般，農夫多如蟬兒散布田中，個個彎腰低頭，只見一束束的新綠秧苗，自斗笠之下分出植入，一畦一畦的秧苗，便分行列整齊地羅列於水田之中，田水映照，尚且還與之爭綠呢！這是多麼清新怡人的景象啊！

尤其是綠田之中，一個個因人移動的龜殼斗笠，更是令人倍感溫馨親切！斗笠非臺灣所獨有，《詩經》〈小雅‧無羊〉中已有「何蓑何笠，或負其餱」之語，可見先秦時代中原區域已有斗笠的使用。而它更是臺灣農民生活與工作之中帶來舒適的最佳伙伴，即使在即將邁入二十一世紀的今天，斗笠仍然是農民們輕便清涼的最重要裝備之一。陳肇興另有〈消夏雜詩〉之十二寫出鄉野團笠的坦率可愛：

> 平疇來往笠團團，一片驕陽汗不乾。漫道裸裎能浼我，野人原不著
> 衣冠。

真是團團龜殼笠，勞勞田中汗。當時的陳肇興正避亂家居南投牛牯嶺，此嶺地處山野，青山綠疇之中，農人戴笠勞作，汲汲往來。斗笠之下，或許赤膊，或許袒臂，其中也可能有先住民，而即使是先住民女子，亦是「衣短及臍」或「無袖」〔註64〕，只是望著驕陽下揮汗勤作的戴笠農人，那認真踏實的形象，令人歡喜感佩，尚恐不及，又如何會邪思其裸裎呢？陳肇興引用《孟子‧公孫丑上》的語言：「爾為爾，我為我，雖袒裼裸裎於我側，爾焉能浼我哉？」作者以此為典故，表明自己的態度。只是詩中「笠團團」、「汗不乾」的意象，實在是十分生動而深刻呀！

臺灣雖然普遍一年兩穫，但兩次稻作畢竟有所不同，陳肇興詩中便云：

〔註64〕見周璽《彰化縣志‧風俗志‧番俗》，第297至298頁。臺灣文獻叢刊第156種，臺北：臺灣銀行經濟研究室，1962、8。

「耕耘自較三春迫，雨夕風塵為築坡。」秋耕比春耕緊迫，不僅因為耕期不長，更主要的原因是臺灣冬季缺雨，雨水顯著集中於夏季。雨期雨量的差異，讓臺灣水稻的耕作也必須有所因應，因此水利建設，便對臺灣農業具有重要的影響力。在春田中可行的連綿梅雨，於秋田耕作時便無可憑恃。因此在雨量有限又不穩定的秋季植稻，便須深深依賴水利灌溉。

　　由於地理上先天的缺點，因此，當大量移民進入臺灣各地開墾時，首先重視到的便是後天的人為水利工程建設。以彰化地區而言，其發達的農業，便是得力於完善水利建設的緣故。清代彰化農田水利灌溉所依賴的設施，於《彰化縣志・規制志・水利》中頗有詳細的記錄，其文曰：

> 彰化水利，在築陂、開圳、引水灌田，為兆民賴。陂者何？因溪水山泉，勢欲就下，築為隄防，橫截其流，瀦使高漲，乃開圳於側，導水灌田，亦古隄防遺法也。圳者何？相度地勢高處導水引入小溝用資灌溉，亦古溝洫遺法也。陂之高計以丈，低計以尺。圳之遠數十里，近亦數里。築費多數千金，少數百金。此皆通流灌溉，旱而不涸者。又有地勢卑下，源泉四出，瀦而聚之，任以桔槔，資為灌溉，名曰涸陂。小旱亦藉其利，久旱則涸者。凡陂、圳開築修理，皆民計田鳩費，不糜公帑焉。

　　引文中可以知道，陂和圳是水利灌溉的兩項主要建設。其中陂主要為築堤蓄水，圳主要為引導流水，兩者皆得備乾旱，利灌溉，在雨量不足的時節和地區，便是農田命脈之所繫。陳肇興詩中所言：「雨夕風晨為築坡」，其「坡」字實即是「陂」字之意，而以「坡」字出之，或因協合韻律之故，或因堤防高築如坡之故，亦或因形似致誤之故，然不論其究竟因何，唯「陂」字方得其正義，並且「陂」應為廣義的陂、圳等水利建設之概念名辭，非僅侷限於堤防之陂而已。在較為乾旱的秋季植稻，農民們最關心的是水源充足與否，方才不論晴雨，無分朝夕的奔勞築陂，以維護耕作用水的豐裕。彰化地區水利建設堪稱完善，且皆由百姓自行糾金合力修築而成，未嘗花費公家一分一毫，卻能完成密如蛛網，萬民共享的渠道網路，這實在是彰化縣民的驕傲！《彰化縣志》中言其幹道系統便有四：

> 彰化陂大概有四，其由北而南者曰清水圳，引大甲溪水而導之。凡貓霧捒半線、大肚諸保，良田數十萬頃，皆資灌溉。
>
> 其由南而北者曰濁水圳（原註：即八保圳。言灌八保之田也，亦曰

　　施厝圳，言施家所開也。），引濁水溪水而導之。凡東西螺、大武郡、
　　燕霧、馬芝數保之田，俱資灌溉。

　　其由東而西者，則有南投溪、烏溪、大肚溪之水，各引灌田，其水
　　亦清，而下流歸西北入海。

　　他若各處山泉，支分派別，皆可資以灌田，東西南北，因勢利導，
　　所謂水泉田也。惟濱海之地，惰農自安，水利未盡興耳。

　　此處所言「陂」，當以廣義視之，包括陂、圳等水利設施。《彰化縣志》中
列出境內之陂共有八處，圳共有十九條，自濁水溪以北至大甲溪以南皆得灌
溉，即南投內山亦得溪水引流之利，只有濱海之地水利未興。

　　其中濁水圳（八保圳）為清代臺灣最大之水圳建築，灌溉古彰化縣轄區
十三個半保區內的八個保區，故稱「八保圳」，俱在今彰化縣境內，涵蓋了今
天彰化縣二十六個鄉鎮市中的十八個鄉鎮市，包括陳肇興所處的彰化縣邑，
即今彰化市全部。至今仍為彰化縣境內農田依賴的主要水圳，灌溉面積廣達
一八二八二公頃〔註65〕。陂、圳對於以稻作農產為主要的彰化縣而言，是多
麼的重要呀！陳肇興在詩集中以〈隱者林先生祠〉及〈林先生祠〉二詩兩度
詠讚這位開築八保圳期間指導疏鑿之方卻功成不居的高士，其實也代表了彰
化子民對於水利工程及先賢的衷心感戴與敬意。

　　又據《彰化市志》言其對市內影響較大的埤圳尚包括有：福馬圳、二八
圳、東西一、二圳、番子田圳等，分別自大度溪、貓兒高陂等處引流灌田。
〔註66〕

（3）秋田四詠・耘田

　　綠遍郊原白滿溪，趣耘又到柳陰西。涼風拂地驚秋耨〔註67〕，赤日
　　行天病夏畦。稻過蟬鳴將吐穎，人如蛙跳不離泥。伊誰為賦田頭鼓，
　　我比歐陽望更迷。

　　秋天在北方大多是一片凋黃的時節，然而寶島臺灣的秋天，放眼田野，
仍是一片的青綠，生氣盎然，成長中的稻苗孕育著正在飽滿中的穗實。而溪
流沙洲上的菅芒花應時盛開，當秋風吹過時，一陣陣白茫茫的花浪景象，在

〔註65〕見彰化農田水利會編《彰化農田水利會簡介》之〈工程設施〉。彰化：彰化農
　　　　田水利會，1993、5。
〔註66〕見《彰化市志・水利工程》，第504至507頁。彰化：彰化市政府，1997、8。
〔註67〕耨，除草的農具。

天寬地闊中顯得格外蒼涼。綠與白的對比，增添臺灣秋天的豐富色彩，也是南國秋天有別於北地秋時的特色映像。

暖中帶涼的氣候裡，草萊同樣生氣勃發，尤其是稗草始終和禾苗爭長，讓農夫們不得空閒，除草耘田的工作終究無法鬆懈。臺灣中南部地處熱帶，秋天時節往往氣溫仍高，而早晚較有涼意。而這逐時加重的秋涼，卻總讓農民百姓們提著心順著節氣盯著稻苗的成長，為了將來能有好收成，該有的除草、施肥、整地、看水等農務，不能少也不能晚。臺灣秋蟬仍然活躍，若待秋蟬鳴聲不再，那便將是稻禾吐穎時了，豐收指日可待。為了確保成果，更要加緊勤奮照顧，顧不得秋老虎嚴厲發威，日頭高曬，依然在田地間操持農事。農民們日日在泥地中像蛙跳一般的除稗草，深恐一時走眼，沒能分辨出外型極其相似的稗與稻，會直接導致生成空心穀，那麼損失就大了！這「人如蛙跳」的形容，其實是付出極大辛勞的苦趣呀！

陳肇興生活在以農業為主的中臺灣，他能深切地體會到農民耕種的辛酸勞苦，例如〈村館雜興·四〉詩云：「一春苦旱稻田荒，入夏甘霖忽渺茫。養得參差苗暴長，半畦青間半畦黃。」農民看天耕田，若是風雨不調，最是惱人。旱澇皆成災殃，受苦的是農民的收成無望。而即使風調雨順，春田夏收時，最擔心遇到颱風。風雨無情，一夕毀田也所在多有。正所謂：「一歲韶華忙裏過，……得知稼穡是民依。」（〈暮春書懷·二〉）農民的生計家庭都依賴著農作收成，然而長期起早趕晚的努力，忍曬耐寒的堅持，是否能有收穫，若不到收穀入倉，恐怕不易定數。農民不只辛勞，也備嘗辛酸。這恐怕是很多不務農者所難以體會的。

陳肇興特意在詩末提出了對農民們的關切，詩云：「伊誰為賦田頭鼓，我比歐陽望更迷。」田頭鼓，是早期農業時代農民在田頭樹上掛上一支鼓，農忙得暇時擊鼓，不為娛樂，而是用以激勵奮進，並敦促農民提高勞作效率，也稱作耘田鼓。稻田鄉野上的田頭鼓，是伴隨農民汗水與苦力的響應。陳肇興在其〈暮春書懷·一〉中所描述的「轆轆蔗車連夜響，丁東秋鼓接畦喧」，正是早期農家辛勤耕作的寫真圖，而車聲與鼓聲則是耳畔腦海裡難以忘懷的莊稼之聲。而陳肇興〈耘田〉詩中所引用的典故，是出自於五代後蜀僧人可朋所作的諷喻詩〈耘田鼓〉。

當年，僧人可朋與縣令歐陽炯在九龍山淨眾寺外依林亭中擊鼓傳花，飲酒開宴時，眼見寺外山下農夫正在烈日之下彎腰曝背，擊鼓耘田，十分辛勤

的勞作著。如此景象與亭中歡聲作樂的場面，恰是鮮明的對比。可朋當下即席吟作〈耘田鼓〉一首，其詩曰：「農夫田頭鼓，王孫筵上鼓。擊鼓兮皆為鼓，一何樂兮一何苦？上有烈日，下有焦土。願我天公降之以雨，令桑麻熟，倉箱富。不饑不寒，上下一般足。」〔註68〕此詩淺白，意旨清晰，僧人可朋無懼於得罪縣令之慮，開言便直言對比，憫農之情溢於言表，更祈願豐收富足，人皆安樂。所幸歐陽迥納言受諫，聞詩改過。隨即下令撤宴，從善如流，實屬難得。賓主雙方都能有悲天憫人的情懷，也成就了一段佳話。

　　一位能體恤農民辛勞的官吏是難得的。農民辛勤所穫要先交租納稅，所剩方為自家之用。豐年尚可餘裕，若是天不作美而歉收，苦況令人愁眉。陳肇興往往在詩作中為農民發聲，在〈春田四詠・穫稻〉中他建議官員下田體驗農民辛勞，有詩云：「我笑望風迎大吏，何如植杖跪田旁」；在〈揀中大風雨歌〉中更描述了飽受風災歉收的農民，還要遭受官吏催租壓迫的痛苦，詩曰：「東鄰才報流麥田，西舍還聞破茅屋。野水平添七尺高，漲痕遙沒千畦綠。黃雲滿地抽針芽，餘粒但供鳥雀啄。詰朝雨止風亦停，鄉村十家九家哭。一春無雨苗不滋，今茲雨多反殺穀。田頭軋軋連枷鳴，但有滯穗無圓粟。老農垂淚前致辭，乞減半租救饘粥。里胥下狀來催租，悉賦輸將苦不足。」辛勞無所獲的農民還要承受天災與人禍的雙重壓逼，天不垂憐，為官者如何能忍心再加催迫呢？詩人透過詩歌反映現象，更祈請多體諒農民。詩中散發著濃厚的人道關懷，而這也是傳統士人的可貴情懷。

　　（4）秋田四詠・穫稻

　　　黃雲重疊畝西東，一歲還逢兩稔豐。萬斛稻梁如阜立，數聲枷板
　　　〔註69〕遍〔註70〕年終。雞豚滿地龍蛇蟄，杵臼通宵木葉空。從此
　　　賽神兼飲蜡，田家樂事正無窮。

　　歲末之際，稻田轉為一片澄黃，陳肇興屢屢在詩句中慣以「黃雲」二字，形容連綿盪漾的待割稻田景色，除本詩之外，尚且包括有：

　　　誰把黃雲盡剪齊，平鋪隴北與疇西。（〈稻花〉）

〔註68〕引自《新校本新五代史附十國春秋》第二冊，頁388（臺北：鼎文書局。1985年元月）。

〔註69〕此字楊氏本以次各本，包括史文本，俱誤作「拂」字，茲據鄭喜夫《陶村詩稿全集》校訂，依原刊本改為「板」字。南投：臺灣省文獻會，1978、6。

〔註70〕此字楊氏本以次各本，包括史文本，俱誤作「近」字，茲據鄭喜夫《陶村詩稿全集》校訂，依原刊本改為「遍」字。南投：臺灣省文獻會，1978、6。

　　黃雲滿地抽鍼芽，餘粒但供烏鵲啄。(〈揀中大風雨歌〉)

　　平疇計日綠雲黃，監割紛紛訴訟堂。(〈揀中感事〉之二)

　　請援何人涉險來，黃雲四塞道途開。(〈感事〉之一)

　　翠筱千山陡，黃雲四散開。(〈自水沙連由鯉魚尾穿山至斗六門〉)

以「黃雲」二字形容臺灣平原上迎風柔盪的黃金稻田，真是十分貼切生動！
由陳肇興運用黃雲的詩句中，也可看出平原上有黃雲，山陵區也有黃雲，如
雲海般的稻田景色，實在是臺灣許多地區都可共同看見的美麗景觀，可見稻
米實在是臺灣重要的農產作物，《臺灣通史》記言：「臺灣農產以米為首。」
〔註71〕洵非虛語。

　　臺灣在水利發達之後，普遍皆可一年兩穫，且由於土壤肥沃，民眾勤勞，
亦多可豐收。雍正四年（1726）閩浙總督高其倬上奏疏請開通米禁，即視臺
灣米糧生產太多，欲以餘糧外銷內地，其文中指出：

　　臺灣地廣民稀，所出之米，一年豐收，足供四、五年之用。民人用

　　力耕田，固為自身食用，亦圖賣米換錢。一行禁止，則囤積廢為無

　　用。〔註72〕

足見臺灣稻米生產過剩。後帝准其奏，以臺米販賣於漳、泉之人，商船渡廈
門者，每船限載六十石，兩者皆大歡喜，此後臺灣漸成閩粵穀倉了。若以雍
正十三年（1735），劉良璧纂《重修福建臺灣府志》所載開闢水利三九八六甲，
並連橫所言：「上田一甲收穀百石，中七十石，下四十石」取「中七十石」計
算，則大約可年產稻米二十八萬石。而至《臺灣通史》著成時已達「每年產米
猶七、八百萬石」，臺灣的產米量一直都很高。

　　歲末年終，各種祭祀活動紛紛上場，兼以穀物豐收，便可過一個快樂而
充裕的年。這是人們最期盼的過年。臺灣在清代中期物阜民豐，每逢祭祀、
過年必定準備豐盛的物品，尤以雞、鴨、魚肉為然。俗諺所云：「臺灣錢淹腳
目」、「臺灣好趁吃」正是富庶臺灣的表徵〔註73〕，道光年間彰化地區民生亦

〔註71〕見連橫《臺灣通史・農業志》，第 655 頁。臺灣文獻叢刊第 128 種，臺北：臺
　　　　灣銀行經濟研究室，1962、8。
〔註72〕見連橫《臺灣通史・農業志》，第 649 頁。臺灣文獻叢刊第 128 種，臺北：臺
　　　　灣銀行經濟研究室，1962、8。
〔註73〕據殷允芃等《發現臺灣》（上冊）所言，這二句話是在康熙中葉出現的，第 63
　　　　頁。臺北：天下雜誌社，1993、7 六刷 27 版。

呈富裕的景象，周璽《彰化縣志》有云：

> 每日三餐，富者米飯，貧者食粥及地瓜，雖歉歲不聞啼饑也。葷菜
> 則稱家之貧富耳。……城市宴客好豐，四千制錢，購備一席，慮不
> 為歡，必肴罄山海，曰滿漢席，輒費十餘金。昔陳觀察以食無兼味
> 先士庶，梁觀察為條約以非婚祭大慶不得過五簋。流風善政，蕩然
> 無存矣。（〈漢俗‧飲食〉）

> 人無貴賤，必飾衣服，與夫隸卒，褲皆紗帛。……今則奢侈又萌
> 矣。……凡以圖置於豐，防儉於逸，為天下杜奢侈之漸也。彰海外
> 屬邑，僭侈之積習，當知返矣。

> 凡瓜果豆菜之屬，著地則生，又多隙地，易於種植，而人不自植，
> 多買諸市。近溪之田，桔槔必以牛，邇來始有任人之力者。傭工計
> 值三倍內地，甘游手乏食，不肯少減其價。二者皆民風之惰而侈也。

> 莊地既寬曠，雞豚之畜，數倍內地。乃雞豚之價，與內地等。由習
> 俗奢侈，中人之家，食必舉肉。（〈漢俗‧雜俗〉）

　　從縣志中一再舉陳的評論來看，彰化地區在清代中葉是相當富足優裕，
甚至侈靡的境地。不僅「不聞饑啼」，甚至「食必舉肉」、「褲皆棉紗」，若與開
臺之初「篳路襤褸」相較，真不啻是天壤之別。陳肇興在詩句當中所云：

> 萬斛稻粱如阜立，數聲耞板逼年終。雞豚滿地龍蛇蟄，杵臼通宵木
> 葉空。

就不僅只是文學上的想像誇飾而已，而是當代社會實況的具體寫照了。尤其
在「龍蛇蟄」、「木葉空」的秋後歲末，家家忙於祭祀過年，其豐盛更甚於平日
了。

　　在稻粱如阜的豐收以後，打穀成米是後續的工作，春田時「耞聲遠逐蟬
聲亂」，秋田時「數聲耞板逼年終」，都在連連耞聲之中為一季的穫稻譜下滿
足的句點。耞是一種手工脫穀的工具，其由來已久，《國語‧齊語》即曾記言：
「令夫農，群萃而州處，察其四時，權節其用，耒、耜、耞、芟，及寒，擊草
除田，以待時耕。」《釋名‧釋用器》則述其規制曰：「耞〔註74〕，加也，加
杖於柄頭，以撾穗而出其穀也。」這是簡單便捷的工具，在中國具有上千年
的使用歷史，可以將大量稻穀脫殼成米，置諸倉儲，備供長年之用。移民來

〔註74〕耞，也作「枷」。

臺的漢人，自然沿襲，直到咸豐年間，依然未變，但以另一種角度言之，使用千年不變，是否也代表了不思改進，陳陳相因呢？只是清代臺灣教育甚不普及，文盲約佔全人口的絕大多數，地肥又富，較之先住民，又先進許多，其未精進或亦有其原由。

彰邑先住民脫穀以杵舂米為之，周璽《彰化縣志‧番俗》即記載：

> 粟不粒積，剪穗而藏，帶穗而舂。無隔宿之米，以巨木為臼，徑四尺，高二尺許，面凹如鍋，鑿空其底，覆之如桐，旁竅三、四孔，以便轉移。杵輒易手，左右前後，按節旋行，或歌以相之。

杵、臼非先住民獨特發明之物，但以之舂米，亦有別於漢人以枷脫殼的做法。《六十七兩采風圖卷》有「舂米」一圖專畫清代彰化社番舂米景象，其題畫詞曰：

> 彰邑各社番婦舂米，以大木為臼，以直木為杵。其各邑番社，亦均類此。

但見圖中四名婦女分執木杵舂米，木臼並不大，可見舂米量必然有限，想來當不能與以枷打穀相比較。《番社采風圖考》之「舂米」一條中亦曰：

> 番無輾米之具，以大木為臼，以直木為杵，帶穗舂令脫粟，計足一日之食，男女同作，率以為常。

當年的臺灣先住民真是十分幸福的，在這肥沃的寶島上，從來不必憂慮隔日食糧的有無，而且也十分的樂天知足，只要一日足食也就夠了，因而番社居家的糧倉不必太大，內中所儲也非如同漢人一般碾好的食米，而恐怕便是《彰化縣志》中所言的「剪穗而藏」吧！

2. 竹

《陶村詩稿》中深具臺灣特色的物產之一便是竹。竹，實在是農村中的重要景觀物，竹影婆娑的詩句，尤其彰顯了農家清樂安適的情致，以及詩人風雅淡泊的氣節。且看陳肇興在詩歌中的表現，如：

> ……好鳥逢人如問訊，野花滿眼不知名。晚煙幾簇籠修竹，新漲千畦長早秔。……（〈初夏郊行〉）
> ……荷花過雨香成海，修竹迎風綠滿庭。對此應慚居近市，當年辜負子雲亭。（〈揀中感事〉之九）。

時值夏季，綠竹尤翠，詩歌中花竹相映，風煙輕拂，好一幅清麗怡人的農鄉圖畫，詩人感受到了田鄉之間，自然景物散發出了豐富的美感，一種簡

單而純真的快樂，油然而生，使人彷彿看到了詩人面對巧致的農鄉美景，正不自禁地發出歡喜的微笑。這樣的歡喜惟有清心淡泊的人，才能深刻感受到農村幽雅的內在氣質，也只有如同陳肇興這樣「天與書生知稼穡」的農家子弟，在自我親身體驗的耕讀生活中，方能描寫出農村生命的況味。詩歌中稻、竹、花，鳥的飛現，風、煙、晴、雨的流替，無不生動具體地描繪出農村質樸動人的萬種風情，也由此烘托了詩人內在曠達不爭，樸實有情的性格。

以竹而言，臺灣正是一個盛產竹子的天地，且看臺灣各地以「竹」為名的城鄉，縣級者如新竹，鎮級者如竹山，皆甚為有名，其他各鄉村鄰里，則為數甚多，難以盡計。以今日彰化縣境內範圍為例，略加查錄，製成「現今彰化縣境內以『竹』為名之地區彙錄表」，藉以一窺臺地民居長久以來與竹的密切關係。

表13　現今彰化縣境內以「竹」為名之聚落彙錄表

地　名	由　來	隸屬轄區
1. 大竹圍	因創莊當時，緊臨番社，移民聚集而住，形成大集村，其四周環植刺竹，以禦番害	彰化市大竹、竹中等里
2. 竹巷	因防風需要聚落遍植竹，謂其村道之在竹林中為竹巷	彰化市竹巷里
3. 竹頭角	因往昔一帶有池塘，且為竹林茂生之地，居民在砍伐竹林留下根莖之地築屋。	彰化市富貴里
4. 竹圍仔街	昔為縣城北門外附廓之一村莊，因周圍遍植竹子。	彰化市仁壽里
5. 竹圍仔	因村莊四周圍環植竹林。	和美鎮竹營里
6. 竹圍仔	因該地冬季東北季風強勁，捲起大肚溪河床之沙，乃環植竹林以鎮風沙。	和美鎮中圍里
7. 下竹仔腳	因昔日墾拓當時，聚落建在竹林之下，因得名。與「頂竹仔腳」相對稱。	和美鎮嘉犁里
8. 頂竹仔腳	因地近大肚溪河床，冬季東北季風強勁，捲沙吹襲，村莊四周環植竹林，部落在其下。	和美鎮竹圍里
9. 竹圍	因地近大肚溪，為禦冬季東北季風捲沙吹襲，村落四周環植竹林。	和美鎮湖內里
10. 東竹圍	因位於土名「竹圍」村落之東南方	和美鎮地潭里
11. 竹圍內	因村莊外圍環植刺竹。	福興鄉外埔村

12. 竹圍仔	因部落環植竹林。	福興鄉橋頭村
13. 崁仔腳竹圍仔	因在小崖下建村，其四周環植竹林，以防風沙。	福興鄉三和村
14. 竹林	因居民在住宅周圍遍植竹子。	芬園鄉竹林村
15. 大竹圍	因往昔村莊民屋，環植竹林，以禦翻山風及防盜。	芬園鄉竹林村
16. 竹頭仔	因濁水溪泛濫，原環植村莊之竹子，被水沖走，僅留有竹頭。	溪湖鎮河東里
17. 竹圍仔	因往昔村莊環植竹林	溪湖鎮中竹里
18. 大竹圍	因往昔村莊環植竹林	溪湖鎮大竹里
19. 竹仔腳	因居民房屋遍植竹林以防風。	永靖鄉竹仔村
20. 二抱竹	未詳	埔心鄉油車村
21. 竹圍仔	因往昔居民住屋環植竹林	二林鎮香田里
22. 頂竹圍	因聚落環植竹林，又與香田里「竹圍仔」區別之。	二林鎮原斗里
23. 竹圍仔	因往昔聚落四周環植竹林。	埤頭鄉竹圍村
24. 竹圍仔	因地近海，為防風沙，村圍環植竹子。	鹿港鎮海埔里
25. 下竹圍仔	未詳	竹塘鄉竹塘村
26. 竹林村	未詳	竹塘鄉
27. 竹篾店	往昔為竹器製造業者之店鋪所在地，在今縱貫鐵路兩側之中山路段	員林鎮東和里
28. 松竹村	未詳	社頭鄉

＊資料依據：洪敏麟《臺灣舊地名之沿革》第二冊下

　　從彙錄表中可以歸納出：在現今彰化縣二十六個鄉鎮市中，共有十三個鄉鎮市轄區之內，具有以「竹」為名的聚落。而且自地名由來中，更可見出民眾大多將之環植於居家周圍，以為護衛防禦，則竹與臺灣先民之間互為依賴，休戚與共的親密感情，恐怕為他物所難以望其項背。只是此一現象當非彰化一地所獨有，與其說竹是彰化的特產，不如說，彰化縣民與竹的親密關係，正是臺灣居民與竹之間互動關係的縮影。

　　雖然陳肇興僅有〈人面竹〉一詩為專作，但他詩言及竹子者，卻多有可見，全書出現「竹」的次數多達三十次之多，品類有三種以上，並展現多樣功能，為農村風情增添許多臺灣風貌，茲分述如下：

甲、刺竹

一作「莿竹」，陳肇興於「蕭蕭刺竹鳴」（〈初往肚山之竹坑莊〉）中作「刺」，於「莿竹一籬春」（〈人日〉）中作「莿」，蓋二者皆可相通用。唯「莿」字少見，似為臺地獨出之字。且刺竹亦為臺灣本地特有的物產，董天工《臺海見聞錄》謂：「刺竹，番種也。……唯臺有之」〔註75〕，丁紹儀《東瀛識略》云：「臺地特產者，有莿竹」，可見在宦遊寓臺人士的觀察中，刺竹是有別於內地的一項特殊物產。而連橫《臺灣通史・虞衡志》亦言：「刺竹，土產，各地俱有。」由此可見，刺竹確實為臺灣特有的重要景觀植物。刺竹之所以為臺灣特產，與其形態具有重要關聯，郁永河初抵臺郡，就發現此物特色，《裨海紀遊》載道：

> 郡治無樹，惟綠竹最多，一望猗猗，不減渭濱淇澳之盛，惜其僅止一種，輒數十竿為一叢，生筍不出叢外，每於叢中排比而出。枝大於竿，又節節生刺，人入竹下，往往牽髮毀肌，莫不委頓。世有嵇、阮，難共入林。〔註76〕

並以竹枝詞一首，詠歎其特色，其詩云：

> 惡竹參差透碧霄，叢生如棘任風搖。那堪節節都生刺，把臂林間血已漂。〔註77〕

竹上有刺，是「刺竹」得名的由來，臺灣本地種植甚多，郁永河或一時不得其名，其所言「綠竹」實為「刺竹」，而綠竹則另有其類。刺竹「高四、五丈，大者圍尺五六寸。」〔註78〕，是十分高大壯碩的竹子，更令人望而生畏的是足以「牽髮毀肌」的橫刺，此刺，節節而生，又有「如鷹爪，質堅難朽」（《臺灣通史・虞衡志》語），因而「捎人甚銳人不敢近」〔註79〕，這樣的特點，正好成為臺灣居民，賴以保全的重要武器，史志對刺竹此一功能載之

〔註75〕見董天工《臺海見聞錄・臺竹》，第57頁。臺灣文獻叢刊第129種，臺北：臺灣銀行經濟研究室，1962、8。

〔註76〕見郁永河《裨海紀遊・卷上》，第12頁。臺灣文獻叢刊第44種，臺北：臺灣銀行經濟研究室，1962、8。

〔註77〕見郁永河《裨海紀遊・卷上》，第15頁。臺灣文獻叢刊第44種，臺北：臺灣銀行經濟研究室，1962、8。

〔註78〕見周鍾瑄《諸羅縣志・物產志》，第221頁。臺灣文獻叢刊第141種，臺北：臺灣銀行經濟研究室，1962、8。

〔註79〕見朱景英《海東札記・記土物》，第40頁。臺灣文獻叢刊第19種，臺北：臺灣銀行經濟研究室，1962、8。

甚多，例如：

> 臺人多環植屋外，以禦盜賊。（六十七《番社采風圖考》）
>
> 是用植以固藩圍焉。（朱景英《海東札記・記土物》）
>
> 密者可禦盜。（周鍾瑄《諸羅縣志・物產志》）
>
> 鄉村皆環植之，險不可越。郡城未建之前，亦種此竹以為衛。（連橫
> 《臺灣通史・虞衡志》）

刺竹由於同時具有「葉繁幹密」、「數十竿為一叢」、「旁枝橫生」、「節密
有刺似鷹爪。」〔註80〕等特點，將之環屋種植，雖然「遠望若柳，絕無蕭疏
之致」〔註81〕，卻等於建立了一道高壯堅密的城牆，使當時「無土木牽固之
安，有水火盜賊之虞。」〔註82〕的臺灣居民得到了最有效的保障，刺竹林使
血肉之軀難以深入，刀劍炮火難以摧毀，比土城磚牆之護衛功能，毫不遜色。
《太平御覽》引《嶺南錄異》早已為文言道：

> 南土實棘竹，枝上有刺，南人呼棘為勒，自根橫生，枝條展轉如織，
> 雖野火焚燒，只燎細枝嫩葉。春叢生轉微牢密。邕州舊以棘竹為牆，
> 蠻蜒來侵，竟不得入。此所云棘竹，即莉竹也。臺人植此作藩籬，
> 更有作城垣者，密栽數重，竟堪禦敵。粵東所謂竻竹即此也。

郁永河當年初抵臺灣，識得刺竹之特異，便曾大力推薦當道，應該令百
姓廣植刺竹為城，既可便宜行事，又得堅守固衛之功，其說詞殷切，歷舉刺
竹可用之優點，《裨海紀遊》中言道：

> 郡治各邑，悉無城郭，戰守無憑。當事者亦屢圖之，以去山遠，無
> 水道，不可得石，往往中輟。近有建議植竹為城者，以竹種獨異內
> 地，叢生合沓，間不容髮，而旁枝橫勁，篠節皆刺，若夾植二、三
> 重，雖狐鼠不敢穴，矢炮不能穿，其勢反堅於石，而又無春築之勞。
> 但苐令比戶各植數竿，不煩民力，而民易從，月之間，可使平地有
> 金湯之壯。其說可採，所當亟為舉行，不待再計者矣。至若諸羅、

〔註80〕分見丁紹儀《東瀛識略》第58頁、郁永河《裨海紀遊》第12頁、六十七《番
　　　　社采風圖考》第36頁。臺灣文獻叢刊第2.44.90種，臺北：臺灣銀行經濟研
　　　　究室，1962.8。

〔註81〕見黃叔璥《臺海使槎錄・赤崁筆談》，第62頁。臺灣文獻叢刊第4種，臺北：
　　　　臺灣銀行經濟研究室，1962、8。

〔註82〕見高拱乾《臺灣府志・風土志》，第186頁。臺灣文獻叢刊第65種，臺北：
　　　　臺灣銀行經濟研究室，1962、8。

鳳山二邑，各有疆域，舍己邑不居，而寄居郡治臺邑之地，若僑寓然。似宜各度地勢，植竹建城，不獨撫字為便，而犄角互援之勢亦成矣。〔註83〕

以郁永河來臺公辦，歷時僅僅將近九個月〔註84〕，卻能深刻體察刺竹的宜於大用，並向宦遊臺灣卻不諳物性的為官當道殷殷建言，實在可謂之為有識之士。同樣的，清廷領臺初期，總兵藍廷珍（鼎元）、總督郝玉麟，皆曾上書力陳植刺竹為城的可行與大利〔註85〕，他們實在是深具識見的領導者。

由此更可以明白刺竹之可以禦盜的原因了，刺竹並非只能生長於臺灣，以刺竹為禦賊護牆，亦早為他地人們所用，《新唐書·王式傳》曾記載道：「（王式）徙安南都護，……浚壕繚柵，外植刺竹。」安南在今廣西省，遠在一千多年前的唐朝，即就地取材，使用刺竹作為保護都城的材料。而同在華南的廣東地區，也早有植竹圍城記錄，在《廣東通志·金石略》中有〈笏竹城記〉一文，笏竹即刺竹，文載廣東肇興及新州二處，舊時本無城池，宋紹興二十年（1150），郡首黃濟募民取笏竹為城，環袤共一千二百八十丈，稱為「笏竹城」。此一記述宛若臺地植竹為城的翻版，刺竹獨特的功能，實已廣為人們所認識。

刺竹相環為牆，小者護衛民宅，所謂「家家竹作城」（〈賴氏莊〉之一）、「莿竹一籬春」（〈人日〉）大者建為城圍，始終與臺灣百姓的生活歷史息息相關。即以後來陳肇興親身見聞的戴潮春事件為例而言，起事的戴黨徒眾便曾以刺竹林之優勢，力抗長達三年，致使官軍耗神勞力，束手無策，蔡青筠《戴案紀略》載道：

（同治二年二月）朝命以曾玉明署臺灣掛印總兵。時曾紮秀水，與賊對壘數月，賊首黃阿起踞後港仔莊，所處賊巢岸高如牆，竹圍密箐，編排如城，且遍埋竹簽，掘陷坑。圍內再築高牆，四方各架築

〔註83〕見郁永河《裨海紀遊·卷下》，第30頁。臺灣文獻叢刊第44種，臺北：臺灣銀行經濟研究室，1962、8。

〔註84〕郁永河於康熙三十六年（1697年）元月二十四日，自福建出發，於同年十月十二日返抵閩地，該年恰為潤三月，故總共歷時九個月又三天。又若僅言在臺時間，則郁永河於二月二十四日舟抵鹿耳門，於十月初七日飄舟離臺，其間共歷八個月又十三天。詳見《裨海紀遊》。

〔註85〕見連橫《臺灣通史·城池志》，第462頁至463頁。臺灣文獻叢刊第128種，臺北：臺灣銀行經濟研究室，1962、8。

銃樓，曉夜瞭望。刺竹之堅硬如鐵，刀斫不斷，火燒不透，比城尤
堅固，是以不能猝攻。……是以蕞爾之地，致攻三年之久。當道有
謂曾之擁兵不進，蓋未知其中事實耳。〔註86〕

刺竹之固若金湯，由此見一實證，另外，較之稍早者如《臺灣通史》記載：

乾隆五十一年林爽文之變，莊大田應之，（鳳山縣）城破，文武多死，
乃移於埤頭店，環植刺竹。〔註87〕

較之稍後者，如唐贊袞《臺陽見聞錄・防務》中所敘述：

光緒十四年（七月）……各番社爭先歸命，獨呂家望社恃強不服，
迫脅鄰社幫同抗拒。……房屋鱗砌層層竹圍，圍外長濠，排以竹籤。
牆用石砌，高至丈餘，平時往來路徑，遍置荊棘地窟。萬、李、張
約分三路進攻；後調北洋水師丁提督汝昌率帶致遠、清遠兩兵輪於
七月二十五日到達臺灣，帶有六磅快砲四尊，幫同攻擊，澎湖吳鎮
宏洛全軍俱到，埤南亦互相策應，遂攻克呂家望社。〔註88〕

城民受戰亂之擾，首先思及植栽刺竹以護衛，小小一社居，竟勞師動眾，刀
槍巨砲齊下，方才得以攻克，除了社民的全力以赴之外，層層竹圍更是最重
要而強固的憑障。諸如此類的例證，在臺灣史上屢見不鮮。

　　臺灣人深知刺竹之性，甚為倚重；外地來者則若非親身體驗，似難信服，
刺竹之威力不容小覷。而陳肇興所在的彰化古城，起始亦便是植竹為城，周
璽《彰化縣志・規制志・城池》載其淵流甚詳，其文記曰：

自雍正元年設治，十二年，邑令秦士望始倣諸令周鍾瑄之法，於街
巷外遍植莿竹為城，分東、西、南、北為四門。彰化之有竹城，實
權輿於此焉。自是歲有栽種，亦頗茂密。迨乾隆五十一年，林爽文
之亂，砍伐殆盡。六十年，陳周全再擾，兩經蹂躪，固宜濯濯矣。
嘉慶二年，邑令胡應魁仍依故址，栽植莿竹，又於四門增建城樓。
然海外土鬆，時多地震，經十餘年，城樓半就傾圮。

〔註86〕蔡氏所記，本源於吳德功《戴施兩案紀略》，第38頁，以其編述完足故採錄
之。見蔡青筠《戴案紀略》，第44頁至45頁。臺灣文獻叢刊第47、206種，
臺北：臺灣銀行經濟研究室，1962、8。
〔註87〕見連橫《臺灣通史・城池志》，第645頁。臺灣文獻叢刊第128種，臺北：臺
灣銀行經濟。研究室，1962、8。
〔註88〕見唐贊袞《臺陽見聞錄・房務・埤南呂家望社滋事》，第103頁至104頁。臺
灣文獻叢刊第30種，臺北：臺灣銀行經濟研究室，1962、8。

　　彰化本無城，原為巴布薩（Babuza）平埔族半線社所居之地。自雍正十二年（1734）始植建竹城，至嘉慶十年（1805）前後傾圮。經地方仕紳考量現勢安全，屢次議請改建為土城。據周璽《彰化縣志・藝文志》載，約嘉慶十年（1805）之後，有閩浙總督方維甸具名之〈請捐築彰化縣城垣並建倉疏〉一則謂曰：「擬請自竹城舊基連至八卦山建築土城」，但未獲准許。至嘉慶十五年（1810）再有署名臺灣府汪楠之〈請建彰化城垣批回札〉，由彰化仕紳王松、賴應光、林文濬等再次呈請議建土城、砲臺，經部堂察核准行，方才由縣令楊桂森倡捐改建，在嘉慶十六年（1811）動工撤除竹城，備土築垣，彰化縣邑竹城至此完全走入歷史，距離雍正十二年（1734）始建竹城，其間共歷七十七年，彰化城與刺竹實有深厚淵源。乾隆、嘉慶年間翟灝〈濁水記〉文中，即以「竹城」一名稱彰化，其文曰：

　　　　竹城（原註：古彰邑名）之南有水，其源出自內山……名曰濁水。
　　〔註89〕

而今日彰化市內仍有部分地名為當年以竹為護圍的遺蹟，包括有大竹園、竹園仔街，且看《彰化市志》述其沿革如下：

　　　　大竹園：今稱「竹園」，在大竹、竹中、安溪、國聖里之間。地當臺中盆地西方出入口處，創莊當時鄰接番社，移民聚集而住，形成大集村，其周圍以刺竹園之以禦番，因而稱之。據傳大竹園地方於乾隆年間，有閩籍墾民林明入墾於此，當地慣稱「營盤埔大竹園」可能與明鄭時期屯田或清朝駐軍有關。

　　　　竹園仔街：今中正路與長發街交會處附近。昔為北門外之一小村莊。因周圍遍植竹子而得稱。〔註90〕

<hr>

〔註89〕見翟灝《臺陽筆記・濁水記》，第 13 頁。臺灣文獻叢刊第 20 種，臺北：臺灣銀行經濟研究室，1962、8。
〔註90〕見《彰化市志》上冊，第 15、19 頁。彰化：彰化市政府，1997、8。

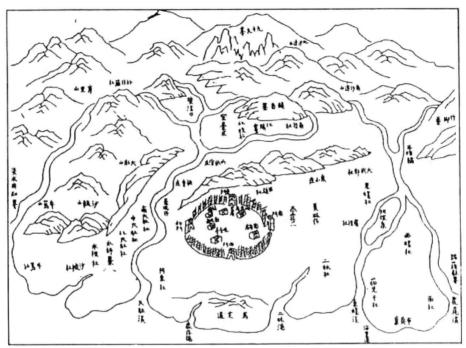

圖 3　乾隆年間《重修福建臺灣府志》彰化縣邑竹城圖

圖 4　道光年間《彰化縣志》彰化縣邑磚城圖

　　栽竹圍城乃早期臺灣南北各縣治不約而同的作法，不獨彰化為然。茲依《臺灣通史‧城池志》所載臺灣各縣治城池建造的歷史演變，彙製成「清代臺灣各地建城表」，俾便總觀刺竹在早期臺灣各地被倚重的概況。

表 14　清代臺灣各地建城表

縣　城	城池建造	請建人	建治年代
1. 臺灣府城（附郭安平）	雍正元年始建木柵 雍正 11 年植竹 17983 株為城 道光年間築東郭之門，旁植刺竹	知縣周鍾瑄 巡撫鄂爾達 暨官紳合議	康熙 23 年（1684）
2. 嘉義縣城	康熙 43 年始設木柵 雍正元年改築土城 雍正五年建城樓 雍正 12 年於城外環植刺竹，以為固	知縣宋永清 知縣孫魯 知縣劉良璧 知縣陸鶴	康熙 23 年（1684）
3. 鳳山縣城	康熙 61 年始築土城，建四門 雍正 12 年環植刺竹 乾隆 51 年移城於埤頭店，環植刺竹 道光六年積土以築新城	知縣劉光泗 知縣錢洙	康熙 23 年（1684）
4. 彰化縣城	雍正 12 年環植刺竹，建四城 嘉慶二年再植刺竹 嘉慶 16 年建磚城	知縣秦士望 知縣胡應魁 知縣楊桂森	雍雍正元年（1723）
5. 新竹縣城	雍正 11 年始植竹圍城，闢四門 嘉慶 11 年增築土垣 道光六年砌石改建 道光 20 年擴建，城多植竹鑿池	知縣徐治民、城民 紳士鄭用錫 同知曹謹	雍正元年（1723）
6. 澎湖廳城	康熙 56 年築小城 光緒 13 年發兵築城，闢四門	總兵吳宏洛	雍正五年（1727）
7. 宜蘭縣城	嘉慶 15 年始築土城，環種九芎 嘉慶 17 年增植刺竹，建四門	委辦知府楊廷理、通判翟淦	嘉慶 15 年（1810）
8. 恆春縣城	光緒元年以土石築城，建四門	欽差大臣沈葆楨	同治 13 年（1874）
9. 臺北府城（附郭淡水）	光緒五年壘石為城，闢五門	知府陳星聚	光緒元年（1875）
10. 埔里社廳城	光緒五年壘土為城，多植刺竹，為四門	總兵吳光亮	光緒四年（1878）

11. 雲林縣城	光緒 14 年築城於雲林坪，多植竹三重。光緒 19 年移治斗六築城，外植刺竹，多環池，闢四門	知縣陳世烈知縣李火全	光緒 13 年（1887）
12. 臺灣府城（附郭臺灣）	光緒 15 年築城，未成而止	巡撫劉銘傳	光緒 13 年（1887）
13. 基隆廳城	未建		光緒 13 年
14. 臺東直隸城	未建		光緒 13 年
15. 苗栗縣城	未建		光緒 14 年（1888）
16. 南雅廳城	未建		光緒 20 年（1894）

文獻來源：連橫《臺灣通史》之〈城池志〉、〈疆域志〉。

　　從表中可清楚看到，在建築完工的十二座城中，除了澎湖、恒春、臺北三地未見明載，其餘八座城牆，都或早或晚的種植刺竹。刺竹的作用或直接繞竹成牆，或增植以強化鞏固，即使城池改以磚造或石砌，已十分堅固宏偉，仍多植刺竹，作為補強。可見刺竹護城的優質功能，是很難完全被堅硬冰冷的磚石所取代。

　　尤其在同治之前，臺灣本地建治的城池，無一不屢栽刺竹，刺竹的栽種似乎更見倚賴。不論此一現象是否與磚石建城所費甚巨，臺民無力負擔有關，但臺灣的南部與中北部，以及東部和西部都普遍性的廣泛種植刺竹。刺竹不僅可以作為護城之用，亦具其他多種用途，周璽《彰化縣志·物產志》謂其「茅屋或取以為椽桷，其用甚廣。」《臺灣通史》亦載道：「築屋製器，多用其材。」，朱景英《海東扎記·記土物》則析言：「樽櫨、枅柱、几榻、筐筥之屬、亦於是資。」足見刺竹功能甚多，在民眾的生活中，具有重要的地位，刺竹確實是臺灣本地深具情感與實用的特質植物。

　　翻開歷朝臺灣史志，均可見及刺竹蹤影，早期如高拱乾《臺灣府志·風土志·土產》列有「竹之屬」三種，刺竹名列第一；周鍾瑄《諸羅縣志·物產志》列出竹子種類有十二種之多，刺竹列為最先；周璽《彰化縣志·物產志》羅列竹子品類達十一種，莿竹高懸其首；後期如連橫《臺灣通史·虞衡志》中竹子的種類更多達二十種，頗具總匯之姿，而刺竹依然列於最前；未詳作者的《臺灣通志·物產》亦舉列竹子一十九種，刺竹乃為首要。史志之中所見刺竹，幾乎皆列名第一，介紹亦詳，可見刺竹在臺灣是多麼普遍而重

要。

　　廣植刺竹不獨漢人為然，臺灣本地先住民其實早已慣用竹木為生活器用，陳肇興居處所在的彰化，其先住民廣栽刺竹的習俗，即明載於周璽《彰化縣志‧風俗志‧番俗》，其文曰：

> 各社熟番饒裕者，高堂大廈，四旁列植果木，稟囷圂囿，次第井井，環植刺竹，廣至數十畝。

刺竹為臺灣特色植物，實甚允當。再有唐贊袞《臺陽見聞錄‧番部》亦記述云：

> 熟番居處，築土為基，架木為樑，復編竹結椽桷為蓋各一大楄，豎柱上樑畢，眾共擎蓋以升，編茅以覆。每築一室，合社之眾助之，名屋曰『朗』。四圍植檳榔、椰子、莿竹之屬，貯米另為小室，名曰『圭茅』，或方或圓，或三、五間，或十餘間，皆以竹草成之。〔註91〕

　　顯然可見原住民之廣用竹器，以刺竹為護圍，蓋已行之久遠，雖所見多述記為熟番之作為，不知其乃熟番受漢人影響所致，抑或臺灣原住民古早本來即有此習慣？然臺地番漢普植刺竹，官民俱倚刺竹的情形，卻是一致而客觀的。因此謂陳肇興在詩歌之中，廣泛地運用「竹」的意象，營造出農村獨有閒適風情，在多樣的竹種當中，雖然名為「刺竹」者只有「蕭蕭刺竹鳴」（〈初往肚山之竹坑莊〉）與「刺竹一籬春」（〈人日〉）二句，但於其他多處所言竹子，相信有許多栽植於屋舍周邊的竹林，當以刺竹最為可能，試看這些詩句包括有：

> 處處鳴叢竹，畦畦落稻花。遙知煙簇起，已是主人家。（〈自大墩歸五張犁書館〉）
> 茅檐土屋竹籬芭，傍嶺臨流近百家。（〈王田〉之二）
> 處處花依壁，家家竹作城。（〈賴氏莊〉之一）
> 山圍亂塚樹交加，竹舍茅檐共數家。（〈待人坑〉）
> 竹圍稻屋自成家，破曉兒童踏水車。（〈肚山道中即景〉之三）
> 前面栽修竹，後面植芳蘺。（〈遊龍目井感賦百韻〉）
> 吹燈風捲竹，打屋雨淋蕉。（〈大墩與廖滄州茂才夜話〉之二）

〔註91〕見唐贊袞《臺陽見聞錄‧番部‧居處》，第186頁。臺灣文獻叢刊第30種，臺北：臺灣銀行經濟研究室，1962、8。

紙窗竹屋烏皮几，手寫唐詩一月餘。（〈消夏雜詩〉之八）

這些詩句中，竹子與民家幾乎是一體的，以土塊作屋，以茅草鋪檐，是臺灣鄉下傳統的「土埆厝」，厝邊再以刺竹環植成圍，宛若自家護牆，這是最典型的臺灣農家民宅，並有取竹為棟梁搭造屋舍，風吹竹林，沙沙有聲，鳴聲彷彿報安之曲，刺竹林保衛了民眾生命與財產，陳肇興詩中便抓住了這典型的臺灣景致，點染出平靜安適的農家生活情調，也流露出臺灣子弟生活實象中親切自然的在地觀察與溫馨。

乙、人面竹

陳肇興以專詩詠竹的唯一作品，便是〈人面竹〉一詩，其詩曰：

> 鹿眼貓頭氣象獰，此君千載面如生。逢來俗士應遮避，看到貧家定笑迎。直節參天無愧色，虛心對月有餘清。春來苦被東皇識，卻恨桃花不世情。

人面竹，顧名思義，便知與其形貌有關，諸方志中以《諸羅縣志》載之最詳，其文曰：

> 人面竹，高四、五尺。《華夷考》：「節密而凸，宛如人面，故名。」《通志》：「一名佛眼竹，可供玩賞。」〔註92〕

又《臺灣通志》引《淡水廳志》言人面竹「一名佛眼竹」，並再引廣東《肇慶府志》案語道：

> 佛肚竹，出陽江封川，俗呼「人面竹」。節小而中大，堪作杖，是人面竹一名佛肚竹。其作佛眼者，亦以其形似得名也。〔註93〕

「宛如人面」就是人面竹最大的特色，亦是其得名的由來，陳肇興於詩歌中即以此一特點破題，並以「鹿眼」、「貓頭」的形象，增添其猙獰詭譎的氣息，彷彿將人面一轉而成為獸面，甚至是鬼面，然而接下來則以擬人化讚其忘俗迎貧，虛心有節，具有高尚的品格，當是君子應當學習的榜樣。

以近人調查得知：「人面竹，原產臺灣，以竹山及嘉義等地栽培為盛。」〔註94〕《彰化縣志》中所列十一種竹子中，並未見有「人面竹」一項，《臺灣

〔註92〕見周鍾瑄《諸羅縣志·物產志·竹之屬》，第222頁。臺灣文獻叢刊第141種，臺北：臺灣銀行經濟研究室，1962、8。

〔註93〕見《臺灣通志·物產·草木類》，第165頁。臺灣文獻叢刊第130種，臺北：臺灣銀行經濟研究室，1962、8。

〔註94〕見臺灣銀行經濟研究室編印《臺灣之竹林與竹材》，第8頁。臺灣研究叢刊第十四種，1951年12月。

通史》則謂人面竹「嘉義有產」，是有其道理的。

　　丙、空涵竹或麻竹

　　陳肇興在詩歌中曾提及有一種特別的竹子，即〈大坪頂〉中所言：「修篁四森布，巨可任舫艋」。查周璽《彰化縣志‧物產志》中即有一物名「空涵竹」其文曰：「產水沙連，腹空而大。各邑漁人取以駕筏。」大坪頂在今南投縣鹿谷鄉，即在水沙連內。此竹腹空而大，易於浮水，取之造筏最為恰當，《彰化縣志》所述與陳肇興詩句吻合，故其竹種極可能便是空涵竹。《諸羅縣志》中對此種竹子亦有所列述，謂之曰：「空涵竹，高二丈餘，圍二、三寸，質不堅，多產山中，草屋用為桷。或藩田間。」〔註95〕

　　然在《臺灣通史》中，另有「麻竹」一項，亦可用以造筏，其文曰：「麻竹，高如刺竹，葉幹俱大，林圯埔產者尤巨，用以縛筏。切筍曝乾，味極酸美，銷售外省。」林圯埔即今南投縣竹山鎮，與大坪頂同在清代水沙連界內〔註96〕，麻竹較「高四、五丈，大者圍尺五、六寸」的刺竹更高大，著實甚巨，取以縛筏，當亦十分適合，因此〈大坪頂〉詩句中所言「巨可任舫艋」的修篁，既可能是空涵竹，也可能是麻竹了，陳肇興在〈大水行〉詩中即曾記述木匠董文伐竹救人的善行，詩言道：

　　　　濁水村翁老木匠，眼見波濤如海樣。斬藤伐竹催乘桴，救得百人皆
　　　　無恙。

宅心仁厚的董文，在洪水巨波中，就地取材，取藤縛竹為筏，以輕便的竹筏往來搶救了許多男女，為竹子增添了感人的一段佳話。

　　丁、斑竹

　　陳肇興在〈陳烈婦鄭氏輓詩〉之一中有詩句云：「至今斑竹有餘青」。此詩乃陳肇興遊訪臺南，歌詠鄭經長子欽舍之婦的作品。雖非農村詩歌，但詩句中提及的斑竹，亦為臺灣竹子的一種，只是各方志中罕有記載，《彰化縣志》亦無，唯《臺灣通史》錄之，載曰：「斑竹，產於嘉義，皮有斑點，以製簫、管、床、几。」雖言「產於嘉義」，但查《諸羅縣志》則未得見。斑竹一稱湘妃竹，傳說乃舜之二妃哭殉其夫，淚灑於竹而形成斑點，故稱。以此斑竹稱

〔註95〕見陳哲三〈「水沙連」及其相關問題之研究〉，第35至69頁，《臺灣文獻》49：2，1998、6。

〔註96〕見周鍾瑄《諸羅縣志》，第222頁。臺灣文獻叢刊第141種，臺北：臺灣銀行經濟研究室，1962、8。

譽陳烈婦鄭氏，正是取原於此一傳說。

3. 檳榔

《陶村詩稿》中所提及的各項果品中，首要者自當推為檳榔。不僅次數高達三次，且幾乎皆為專作，分別為：〈檳榔〉、〈赤嵌竹枝詞〉之十五、〈消夏雜詩〉之十四共三首。在眾果品中，這樣的寫作，可謂僅有。檳榔是屬於熱帶及亞熱帶的植物，臺灣的中南部便較北部更為盛產。陳肇興詩作中的檳榔，亦分別描寫自今臺中王田、臺南及南投牛牯嶺，十分切合地域特點，在〈檳榔〉一詩中，陳肇興生動而深刻地捕捉了檳榔的形貌、特色，其詩曰：

> 蒲衣劍佩綠紛披，直幹亭亭出短籬。拔地數弓纏展葉，擎天一柱不
> 分枝。虛心似竹還多節，瘦骨如桄卻少絲。日暮蠻兒競猱採，山風
> 吹下子離離。

檳榔的外形直簡不亂，高拔挺秀，〈檳榔〉一詩即著眼於此。向周圍開展而生的葉，簇聚生於樹幹頂端，猶如蒲草編織而成的衣服，外罩於人體似的；而一脈脈直豎青利的葉片，更似破空而出的利劍，昂仰直指長天。檳榔直幹無枝，拔地數丈而後有葉。詩中所謂「數弓」，實為「數步」。自古「步」與「弓」為兩種相互通用的度量名稱，《儀禮・鄉射禮》：「侯道五十弓，弓二寸，以為侯中」一語〈疏〉云：「弓者六尺為步，工之下制六尺，與步相應。」〔註97〕可見古代一弓即一步。但時至清代，則以步為長度單位，以弓為土地面積的測量單位。《清會典》曰：「起度則五尺為步，三百六十步為里。丈地，則五尺為弓，二百四十弓為畝。」

另外，周璽《彰化縣志・田賦志》中也明白記載了當時臺灣丈量土地面積的測量制度，其文曰：

> 內地田園計以畝，臺灣田園計以甲。是故內地制，六尺為弓，積二
> 百四十弓為一畝。臺灣以一丈二尺五寸為戈，周圍一百戈為一甲。
> 其坵段橫斜曲直不等，率以開方法折算。臺田一甲，當內地十一畝
> 三分零一百四十四分弓之九十七。

可見清代之時，「弓」已成為面積單位，而非長度單位。陳肇興所稱「拔地數弓」，當取典於古制，而非以清制現況用之，其應為「拔地數步」才是。以清

〔註97〕見清代阮元校勘《十三經注疏——儀禮注疏・卷十三鄉射禮》，第1012頁。
又，其〈校勘記〉謂：「『弓之下制』，毛本『下』誤作『古』」，見第1014頁。
臺北：大化圖書公司，未示出版日期。

代一尺約為現今 32 公分〔註98〕計之，一步即為 160 公分，數步則在一、二丈以上。檳榔的確身高數丈，史志當中或稱其「高一、二丈」(《臺灣通史》)、或「高三、四丈」(彰化縣志)，甚「高五、六丈」(《諸羅縣志》)意謂檳榔的高度，自320 公分至 1920 公分不等。唯超過 1000 公分高度的檳榔樹，似乎並不常見。

檳榔在臺灣南部種植尤多，《臺海使槎錄》中曾記載：

> 臺地多瘴，三邑園中多種檳榔，新港、蕭壟、麻豆、目加溜灣最多，大佳七月，漸次成熟；至來年三、四月，則繼用鳳邑瑯嶠番社之檳榔乾。〔註99〕

引文所言新港、蕭壟、麻豆、目加溜灣社分別為今日臺南市新市區、佳里區、麻豆區、安定區；瑯嶠則為今日屏東縣恆春鎮。在熱情的南臺灣大地上，高高的檳榔樹「委實是比候鳥更喜歡天空的植物」〔註100〕。那奮力爭高的身影，幹旁流風，葉羽招展的舒爽美姿，著實令人感到清爽悅目。再加上秀麗淡雅的細白花兒，每當開花時節，「朵朵連珠，秀芬襲人」〔註101〕，真是色香宜人。陳肇興〈消夏雜詩〉之十四，所寫正是夏日晚間檳榔飄香的山居風情，其詩云：

> 蒼藤碧樹綠交加，乳燕雙飛日影斜。一陣晚風香不斷，檳榔破盈欲開花。

夏日黃昏山居牛牯嶺，翠色連峰，巧禽輕飛，晚風徐徐，既是目接美色，又能鼻嗅佳芬，為山間耕讀的生活，增添了無限的情趣。

檳榔是地跨熱帶與亞熱帶的臺灣各地，俱可及見的植物，在臺灣各時代的史志或許多不同的文獻中，幾乎都有相關於檳榔的不同記錄，其中尤以康熙年間周鍾瑄纂《諸羅縣志》與道光年間周璽纂《彰化縣志》中之〈物產志〉載之最詳，甚至《廣東通志》中亦曰：「臺之南路，最重檳榔」〔註102〕，來臺

〔註98〕見不著撰人《中國文化史工具書》之「歷代尺度變遷簡表」，第 305 頁。臺北：木鐸出版社，1983、9 初版。

〔註99〕見黃叔璥《臺海使槎錄・赤崁筆談》，第 58 至 59 頁。臺灣文獻叢刊第 4 種，臺北：臺灣銀行經濟研究室，1962、8。

〔註100〕見劉還月《臺灣土地傳・口口鮮紅檳榔歌》，第 98 頁。臺北：臺原出版社，1989、4 三版。

〔註101〕見周璽《彰化縣志・物產志》，第 87 頁。臺灣文獻叢刊第 156 種，臺北：臺灣銀行經濟研究室，1962、8。

〔註102〕見不著撰人《臺灣通志・物產》，第 87 頁。臺灣文獻叢刊第 130 種，臺北：臺灣銀行經濟研究室，1962、8。

遊宦的內地人士，亦多以檳榔為臺地特色見聞，詩文紀誌中所見多載。

除了高挺不亂的英姿之外，檳榔樹最引人目光與興趣的是其翠綠成穗的果子，周璽《彰化縣志・物產志》記載道：

> 檳榔……葉脫一片，內現一包，數日包綻，即開花，淡黃色，白色，朵朵連珠，香芬襲人。實附花下，形圓而光，宛若棗形，一穗數百粒。秋末採實，至三、四月乃盡，和荖藤葉夾灰食之，能醉人，可袪瘴，五、六月以熏乾者繼之。

其他史志所載亦大略如此，檳榔的果實即一般民間習稱「菁仔」，故檳榔樹一稱「菁仔欉」。唯高拱乾《臺灣府志・土產》區分其「向陽曰檳榔，向陰曰大腹」。檳榔一穗數百粒，相當多產，但其高掛在樹巔，令人仰之彌高。今人透過品種改良，使樹種矮化，方便採摘；稍早時期，則以長竹竿綁上鋒利割刀，伸竿仰割成穗的檳榔。而在清代也曾以攀爬採收為其方法，亦即陳肇興詩中所言之「猱採」。猱者猴也，意謂人如猿猴一般緣木爬高而摘，《番地采風圖考》中有一幅「猱採」圖〔註103〕，但見屋旁檳榔樹高高豎立，先住民數人歡喜攀摘的景況，其附文述曰：

> 番性善緣木，穿藤，攀棘，如履平地。檳榔，果實，番樣，樹皆高尋丈餘，採摘時飛登樹杪，捷於猿猴。又有雞足番，趾如雞趾，食息皆在樹間。其巢在深山中，與他社不相往來。

此言先住民習於崎嶇山路，善爬，能攀，登樹敏捷，有如猿猱，黃叔璥《番社雜詩》之十有詠〈猱採〉一詩，詩云：

> 盛植檳榔覆四檐，濃陰夏月失曦炎。猱升取子飛騰過，不用如鉤長柄鎌。〔註104〕

詩中所述正是先住民於炎夏徒手爬上檳榔樹，飛騰往復採取果實的景象。《六十七兩采風圖》中亦謂〔註105〕：「（檳榔）土人以長柄鉤鎌取之；番社則能騰越而上，名猱採。」則不僅內山原住民猱採，平埔族（番社）亦能猱採，陳肇興〈檳榔〉詩中曾言「日暮蠻兒競猱採」，若以此詩為陳氏一家避

〔註103〕見六十七《番社采風圖考・臺灣內山番地風俗圖》第94頁。臺灣文獻叢刊第90種，臺北：臺灣經濟研究室，1962、8。

〔註104〕見黃叔璥《臺海使槎錄・番俗雜記》，第176頁。臺灣文獻叢刊第4種，臺北：臺灣銀行經濟研究室，1962、8。

〔註105〕見六十七《番社采風圖考・六十七兩采風圖》，第42頁。臺灣文獻叢刊第90種，臺北：臺灣銀行經濟研究室，1962、8。

亂依親居於與彰化僅有一水之隔的今臺中市大肚區王田一地時所作而言，
則此處所謂「蠻兒」必非內山生番，而是與彰化平原相同的巴布薩（Babuza）
族群的平埔族原住民。周璽《彰化縣志・風土志・番俗》即就檳榔栽植與採
收有如下記錄：

> 舍前後左右多植檳榔，森秀無旁枝，修聳濃陰，亭亭直上。夏月酷
> 暑，掃除其下，清風徐來，令人神爽。漢人近亦廣植之，射利而已。
> 有至崇山社，在卑南者，言各社之植尤盛。

> 檳榔子生木杪，高數丈，漢人以長柄鉤鐮取之，番猱而升，攀枝而
> 過，頃刻之間，跳越數十樹。

足見原住民早已廣植屋間，且善於猱採，而漢人亦廣泛栽植，只是以取利為
目的而已，其採收法亦以省力的長鐮割取為方，前引《六十七兩采風圖》中
所謂：「土人以長柄鉤鐮取之」之「土人」，當為移民較早之漢人住民為是。在
漢番長期融合之下，原住民也逐漸學會利用帶鐮長竿割取檳榔，周鍾瑄《諸
羅縣志》所繪〈番俗圖〉中即有「採檳榔」一圖，圖中貫大耳插羽毛的原住
民，正是以猱採、長鐮並用的方法，同時進行採摘的工作。

　　檳榔最令人難以抗拒的部分，在其使人嗜之成癮的果實美味，清人施鈺
有〈檳榔子〉一詩專詠此一果實，詩云：

> 博物曾看選賦詳，仁頻著號即檳榔。平林幹聳千竿直，近宅花迎十
> 畝香。綠繞群呼青子熟，紅殘遍許白丁嘗。村墟趁市皆充案，閨閣
> 共珍半貯囊。淡可療飢醫苦口，津能分潤滴枯腸。非關飽腹有茶癖，
> 未必禎顏有醉鄉。盡日交遊持以贈，不時咀嚼味尤長。瀛壖自昔稱
> 多瘴，佳實功宜補藥方。

詩中道盡了檳榔廣受歡迎的情況，飢飽皆食，村市俱珍，不分男女，既有美
味又具療效，所謂「囊莢載酒啖檳榔，處處登高展齒忙」〔註106〕，事實上，
檳榔也的確是臺灣人歷久不衰的嗜好品，時至今日，大街小巷中依然是檳榔
攤四處林立，種植檳榔的山坡地，連峰遍野。嗜食檳榔不分番漢。朱景英《海
東札記》曾載道：「土人啖檳榔，有日費百餘錢者，男女皆然，行臥不離口。
啖之既久，唇齒皆黑，雖貧家日食不繼，唯此不可缺。解紛者彼此送檳榔輒

〔註106〕清代鄭大樞〈風物吟〉句，其詩云：「囊莢載酒啖檳榔，處處登高展齒忙。
　　　　黃菊正開秋未老，滿天紙鷂競飛揚。」見簡榮聰《臺灣農村民謠與詩詠》，
　　　　第190頁。臺灣史蹟源流會，1994。

和好，款客者亦以此為敬。」〔註107〕

　　臺人之嗜吃檳榔，已然幾近成狂了！且此風非僅一時流行而已，殆已流傳久遠，蔚為風俗了。張巡方有詩云：

　　　　丹頰無端生酒暈，朱唇那復吐脂香。饑餐飽嚼日百顆，傾盡蠻州金
　　　　錯囊。〔註108〕

傾囊購檳榔，一日嚼百顆，《廣東通志》所云：「臺之南路，最重檳榔，無論男女，皆日咀嚼不離於口」〔註109〕，洵非虛語。在周璽《彰化縣志・風俗志・漢俗》亦言本地嗜食之狀曰：

　　　　土產檳榔無益饑飽，云可解瘴氣。薦客先於茶酒，閭里雀角，或相
　　　　詬誶，大者親鄰置酒解之，小者輒用檳榔數十文之費，而息兩家一
　　　　朝之忿焉。然男女咀嚼或日費百餘文，黑齒耗氣，不知節矣。

一句「不知節矣」道出彰地漢人嗜食無度的情形。檳榔之誘人，在其「和以蔞葉、石灰啖之，微辛既而甘」〔註110〕的美妙滋味，然而其後遺症便是滿口污紅的黑牙，以及隨地亂吐的紅汁。陳肇興〈赤嵌竹枝詞〉之十五所寫便是，詩云：

　　　　檳榔蔞葉逐時新，箇箇紅潮上絳唇。寄語女兒貪黑齒，瓠犀曾及衛
　　　　夫人。

　　蔞葉即荖藤葉，黃叔璥雖言「字釋無『荖』字，乃土人誤作」〔註111〕。實則稍早的高拱乾《臺灣府志・風土志・土產》中已載記：檳榔「和荖藤葉食之，能醉人」，更向前推索，則宋代姚寬《西漢叢語》上亦載道：「閩、廣人食檳榔，每切作片，醮蠣灰以荖葉嚼之。」可見「荖」字不僅確有，且將檳榔、荖葉、蠣灰三者合和嚼食的方法，亦可推溯至宋代。臺灣日照充足，檳榔連生三季，臺民幾乎隨時可吃到新鮮的檳榔，所謂「自孟秋至孟夏，生生不絕」

〔註107〕見朱景英《海東扎記・記土物》，第40頁。臺灣文獻叢刊第19種，臺北：臺灣銀行經濟研究室，1962、8。

〔註108〕見董天工《臺海見聞錄》，第50頁。臺灣文獻叢刊第129種，臺北：臺灣銀行經濟研究室，1962、8。

〔註109〕見《臺灣通志・物產》，第87頁。臺灣文獻叢刊第130種，臺北：臺灣銀行經濟研究室，1962、8。

〔註110〕見連橫《臺灣通史・風俗志・飲食》，第607頁。臺灣文獻叢刊第128種，臺北：臺灣銀行經濟研究室，1962、8。

〔註111〕見黃叔璥《臺海使槎錄・赤崁筆談》，第58頁。臺灣文獻叢刊第4種，臺北：臺灣銀行經濟研究室，1962、8。

〔註112〕，一年之中有長達八個月的時間生而不絕，更加助長了檳榔癮君子的口慾。而此三物更可謂之為最佳拍檔。遊宦臺灣的彰化縣令楊桂森曾作〈紅潮登頰醉檳榔〉一詩，細細品味了檳榔醉人的滋味，其詩云：

> 仁頻號美上林中，品藻曾誇庾信同。紫鳳卵含金露滿，赬虯乳抱翠雲空。心知雅愛昌盤供，牙慧閒將玉液融。陡覺溫顏流汗雨，真教鐵面亦春風。頰端渾認餐霞赤，潮勢憑看吐沫紅。渴斛未容茶社解，醉鄉不藉酒兵攻。自因正氣培千實，博得清香擅四功。欲倩錦郎作芹獻，丹忱依舊戀宸楓。〔註113〕

誠如詩中所敘，翠卵紅汁的檳榔，細嚼如酒，香醉迷魂，霞赤飛頰，最是令人戀戀難捨。只是若徒以檳榔送口，不加他物，便會「澀口且辣」〔註114〕，三物合嚼，便立即口唾如血，雙唇盡染絳紅，人之齒牙盡黑，甚不雅觀；女子若黑齒，不雅尤甚，故陳肇興詩中語帶告誡，當效《詩經·衛風·碩人》之瓠犀皓齒方為美態，檳榔雖醉人，仍該適可而止，周璽《彰化縣志·藝文志》錄陳學聖詩有〈檳榔〉一作，其義殆為相近，詩曰：

> 鮮葉流丹似飲醇，盤堆手捧藉相親。卻嗤年少瓠犀女，化盡蠻方烏齒人。

足見清代彰化女子之嗜食檳榔，瓠犀盡烏齒，實令人印象深刻，也可由詩歌中，一再提及的女子烏齒猶好食之，看到當時的臺灣民眾嗜好檳榔竟達如此境地，也由於普遍性的食用與愛好，令來臺游宦的內陸人士，莫不見而奇之，引為臺地土產名物。康熙年間高拱乾《臺灣府志》將之列名「土產」，《彰化縣志》亦以土產稱之，檳榔雖非臺灣獨產，但卻也早已成為臺地特色植物。

（二）季候

在現代科技發達之前，農業生產幾乎全都要看老天爺的臉色。臺灣雖然地富土肥，夙稱「閩粵穀倉」，但臺灣地跨熱帶與亞熱帶，又介於太平洋與歐亞陸塊（世界最大的海洋與最大的陸地）交會處，境內陡高的中央山脈，縱貫南北，山地面積又占全島面積一半以上。特殊的地理環境，導致氣候變化

〔註112〕見董天工《臺海見聞錄·臺果》，第50頁。臺灣文獻叢刊第129種，臺北：臺灣銀行經濟研究室，1962、8。

〔註113〕見周璽《彰化縣志·藝文志·詩》，第479頁。臺灣文獻叢刊第156種，臺北：臺灣銀行經濟研究室，1962、8。

〔註114〕見郁永河《裨海紀遊·卷上》中〈臺郡竹枝詞〉之八註語，第15頁。臺灣文獻叢刊第44種，臺北：臺灣銀行經濟研究室，1962、8。

複雜，氣候若穩定，便可民慶豐收，氣候若不穩定，也經常釀成災害，使得農民遭受重大損失。

　　彰化地區位於臺灣中部，以地理位置之優越，颱風災害較之於南部、北部、東部，似乎尚能略輕。但觀諸清代各文獻記錄，彰化地區所曾經遭遇過的重大颱風災害，仍然歷歷可見，往往殺人毀屋，漲河沖田，損失慘重，令人膽顫心驚，聞颱色變。在氣象科學不發達，防護設施未盡完善的傳統農業社會中，颱風所帶來的風雨禍害，恐怕是臺灣民眾心中最恐慌的天然災害。茲依所見資料，彙製「清代彰化縣颱風洪水災害年表」，以便於概觀百多年前颱風災害之肆虐。

表 15　清代彰化縣颱風洪水災害年表

時　　間	災　　情	災　　後	出處
康熙五十七年	大肚溪漲，阿束社幾遭淹沒	阿束社移居岡山	I.
康熙六十八年八月十三日夜	颱風突發，倒屋，沒船，傷民，損禾	蠲免三縣當年額賦，並開倉發帑賑恤	B.C. D.I.
雍正三年秋七月	大風		D.E. F.
雍正九年	大風雨	豁免彰化縣水沖沙壓舊額，新墾田園 1398 甲	D.
乾隆三年夏六月	大水	奉旨豁免水沖田園 153 餘頃	E.
乾隆五年閏六月二十四日	大風雨四日始息，屋倒民斃，禍甚烈	發帑兩百兩以賑	A.B. D.E.
乾隆七年	濁水溪漲，沖決圳道，淹沒田園		M.
乾隆八年夏	臺灣府屬廳縣，被風被雨		B.
乾隆十三年七月二、三日（註）	大雨狂風，倒屋 1800 餘間，彰化城內浸水高數尺，提防不及，村莊衝淹	賑貸被災貧民，並豁免水沖沙陷田園 79 甲餘及減供粟，緩徵丁銀	A.B. D.E.
乾隆十四年秋七月	大雨水		E.O.
乾隆十五年秋七月	大雨水，沖陷田園	賑貸臺灣所屬各廳縣被水災民，並豁免三縣當年被水沖陷田賦及無徵丁銀	D.E.
乾隆十五年八月	大風，毀壞民舍無算		D.E. F.
乾隆十七年秋七月	大風夾火而行（俗稱火颱，麒麟颶）	被處草木皆焦（按，即今焚風）	D.E.

乾隆十八年夏五月	大雨水	詔賑貧民，彰化縣豁免東西螺二保及廣福寮等地 220 餘甲，並減供粟 1296 餘石	E.
乾隆十八年秋八月	大風，損傷禾稼		D.E.
乾隆十九年秋九月	大風雨，傷禾	詔緩徵粟，發倉賑濟。蠲免三縣被水田園官莊 20165 甲，銀 1660 兩，粟 11740 石。另部份緩徵	B.D. E.
乾隆十九年冬十月	大風		E.
乾隆二十三年冬十月	大風雨三晝夜，晚稻多損	賑濟飢民，詔緩徵粟	B.D. E.
乾隆三十年六月	大雨，沖陷田園，橋樑漂流殆盡		M.
乾隆三十三年夏六月	大雨水	豁免彰化縣水沖沙壓田園約 25 甲，並減免供粟	E.
乾隆三十七年秋七月	大雨水	豁免彰化縣水沖田園 96 餘甲，折田園 1058 餘畝，減徵粟 184 餘石	E.
乾隆四十九年八月二十四日夜	大風雨，拔大木，壞民舍，海舶登陸碎		E.
乾隆五十二年秋八月	霪雨連旬，平地水深三尺	詔蠲本年地丁租稅	E.
乾隆五十九年冬十月	大風		E.
嘉慶元年秋九月	大風雨，倒屋斃民損禾，風尤猛烈	撥解二十萬兩分恤，並留兵穀 34000 餘石賑糶，且詔蠲正供粟（全臺分作三年輪免）	E.
嘉慶二年八月	臺灣縣廳，猝被颶風，吹損晚稻民居	撥銀賑恤，碾穀平糶	A.B.
嘉慶六年夏六月	大風		E.
嘉慶七年七月	大雨數日，濁水溪氾濫，民舍多被漂流		G.
嘉慶九年秋七月	大雨水，暴風竟日，高地水深四、五尺，洿地水深七、八尺，沖壞民舍無數		E.O.
嘉慶十一年	東螺溪氾濫，沖壞東螺溪街至慘	舉街遷移，建北斗街	E.M.
嘉慶十四年六月	先遭颶風，繼被霖雨	撫卹貧民	C.G.

嘉慶二十年冬十月	大風損禾稼		E.
道光元年夏五月	大雨水		E.
道光元年秋七月	大雨水		E.
道光六年秋八月	大風		E.
道光八年秋九月	大風，壞民舍		E.
道光九年	大水，沖壞橋樑		E.
道光十二年秋八月	大風，海水驟漲丈餘，近海民舍多被淹倒，田園亦被浸鹹	賑濟災民，緩徵新舊額賦	A.C. E.
道光十三年	大風雨，橋樑道路多被沖毀		E.
道光三十年六月十二日	大雨水，山頹海漲，沒屋溺民，濁水溪氾濫	東螺東堡沙仔崙街被洪水所毀，大舉遷移至田中央，建新莊	F.
咸豐三年六月	大風雨，觸口溪水漲，沙壓田園，民居傾沒		H.
咸豐四年	濁水溪暴漲，漂沒香園腳數十家	（緩徵本年新舊額賦）木匠董文造筏裹飯活民	C.J.
咸豐六年六月	大風雨，屋破田流		J.
同治三年五月一日	大雨翻盆，三晝夜不止，溪漲海奔，風驟，毀田碎船，損貨，漂溺百餘人		K.
光緒二年	風雨成災	賑撫各屬被風被雨災民	B.
光緒四年四月	暴風成災	賑恤災民	B.
光緒六年六月	颶風大雨，溪水陡漲，淹沒民田，傷死人口		H.
光緒六年八月	颱風大作，壞民廬舍甚多		H.
光緒十六年六月	全島風雨為災，低處積水高至丈餘，吹倒民房，沖坍田園淹斃人口	賑恤災民	N.
光緒十八年	濁、清二溪皆漲，附近村屋內水深數尺		H.
光緒十九年	濁、清二溪皆漲，附近村屋內水深數尺		H.

＊資料來源：

A. 明清史料戊編

B. 清歷朝實錄選輯

C. 《光緒會典事例》（臺灣文獻叢刊第二二六種）
D. 高拱乾《臺灣府志》（臺灣文獻叢刊第六五種）
E. 周璽《彰化縣志》（臺灣文獻叢刊第一五六種）
F. 沈茂蔭《苗栗縣志》（臺灣文獻叢刊第一五九種）
G. 陳國瑛等《臺灣采訪冊》（臺灣文獻叢刊第五五種）
H. 倪贊元《雲林縣采訪冊》（臺灣文獻叢刊第三七種）
I. 黃叔璥《臺海使槎錄》（臺灣文獻叢刊第四種）
J. 陳肇興《陶村詩稿》（臺灣文獻叢刊第一四四種）
K. 吳子光《臺灣紀事》（臺灣文獻叢刊第三六種）
L. 連橫《臺灣通史》（臺灣文獻叢刊第一二八種）
M. 劉枝萬《臺灣中部碑文集成》（臺灣文獻叢刊第一五一種）
N. 馮用〈劉銘傳撫臺檔案整輯錄〉，《臺灣文獻》八卷一期
O. 謝金鑾《續修臺灣縣志》（臺灣文獻叢刊第一四〇種）

註：此次災害，周璽《彰化縣志》記載為「乾隆十三年夏六月，大雨水」，茲據《高宗純皇帝實錄、乾隆十三年夏八月癸未朔》條、《明史料戊編》第一本修正之。

　　以《陶村詩稿》中所載之咸豐二年（1852）至同治二年（1863）的十二年間言之，人禍頻頻，但天災罕見，加以陳肇興所述，農家亦多物阜民樂之情，想來當年必定天時兼地利，唯欠人和而已！以詩歌所記觀之，咸豐六年（1856）夏季颱風所帶來的連日風雨，是對農民損害較大的一次災難記錄。

　　颱風是每一個臺灣人所熟悉而恐懼的災害，每年夏天颱風季節來臨，總會帶來或大或小的災害或不便。對颱風來臨之前的觀測，便顯得非常重要。清代康熙年間高拱乾編纂之《臺灣府志》中〈風土志‧風信〉一篇幾乎可說是臺人長期觀察颱風變化的經驗彙聚，內中曾析言道：

> 風大而烈者為颶，又甚者為颱。颶常驟發，颱則有漸。颶或瞬發倏止，颱則常連日夜，或數日而止。大約正、二、三、四月發者為颶，五、六、七、八月發者為颱。九月則北風初烈，或至連月，俗稱為「九降風」。間或有颱，則驟至如春颶。船在洋中，遇颶則猶可為，遇颱，不可當矣。……

> 過洋……最忌六月，九月，以六月多颱，九月多「九降」也。……颱、颶俱多帶雨，「九降」則無雨而風。

　　可見清代初期的當時，已經能夠很清楚的區分颱風和大風的不同特性，及其在不同時節出現的頻率，並且十分符合於事實。颱風往往狂暴劇烈，挾風帶雨，尤為肆虐。史志之中少用「颶」、「颱」諸字，而多以「大雨風」、「大風」、「大雨水」等詞彙記錄颱害。

　　陳肇興於咸豐六年夏季，至大墩（在今臺中市區）拜訪秀才廖滄洲，恰遇狂颱，連日風雨，居留期間作歌行律絕多首，寫錄當時見聞，包括有：〈大墩與廖滄洲茂才夜話〉、〈連日風雨〉、〈揀中大風雨歌〉、〈在揀淫潦欲歸不得〉、〈村館雜興〉、〈再疊前韻留別滄洲〉等六題十三首詩，其中〈村館雜興〉之一有「茅齋六月爽於秋」之語，可見這是一次六月颱風的經歷，在颱風登陸之前，早已風雨先至，且看其詩言：

> 吹燈風捲竹，打屋雨淋蕉。……更聞茅屋上，簷馬〔註115〕響飄蕭。
> （〈大墩與廖滄洲茂才夜話〉之二）

> 狂風吹館徒，驟雨罷朝講。……移鐙與之談，忍凍縮頭項。……朝看田水高，老農不敢耩。飄零及林木，天心何其悖。……（〈連日風雨〉）

風狂雨驟的天氣使氣溫下降，六月暑中竟須縮頭忍凍，其勢甚銳。致使林木飄零，田水高漲，其雨必大，雖然風雨之日可以使人在屋內享受談心賞景的難得閒逸，但狂暴的颱風所帶來的恐懼和摧殘，才更令人無助。陳肇興在〈揀中大風雨歌〉中好生描繪了狂颱的威勢，其詩曰：

> 昨夜狂颱振林木，千聲萬聲動巖谷。橫吹黑雨捲山來，飛灑如麻亂相撲。鞭策百怪驅蛟龍，雷公電〔註116〕母紛相逐。半空純是金甲聲，時有赤虯飛貼肉。使風挾雨雨倒吹，駕雨助風風更速。朝南暮北一旋轉，有若天輪迴地軸。

好一幅狂颱驚夜寫真呀！閱讀之中只見亂雨橫風，旋天裂地而起，雷電交加，聲光大作，龍蛇竄奔，山川倒拔，彷彿即將世界末日般，朝暮混沌，南北顛倒，令人好不心驚！

　　俗諺有云：「六月一雷止三颱，七月一雷九颱來」，根據統計，本省確有六月雷多而颱少，七月雷少而颱多之情形，因為六月太平洋副熱帶高壓甚強，颱風不易過來。七月鋒面南下時，有鋒面雷雨，颱風容易被吸引過來〔註117〕，但陳肇興所經歷的這次六月颱風，卻是雷電交逐，猛厲無比，就一般情形而言，這恐怕是一次特例吧。如此來勢洶洶的颱風，勢必造成面目全非的破壞，

〔註115〕簷馬是指屋簷下所掛的風鈴。
〔註116〕此字楊氏本以次各本，包括史文本，俱誤作「雷」字。茲據鄭喜夫《陶村詩稿全集》校訂，依原刊本改正為「電」字。南投：臺灣省文獻會，1978、6。
〔註117〕見劉昭民《臺灣先民看臺灣・絕妙好辭透天機──臺灣先民的氣象諺語》，第46頁。臺北：臺原出版社，1994、6一版二刷。

且看陳肇興緊接而下的描述，其詩云：

> 十圍杉楠摧作薪，萬叢梨柿散如雹。洶洶波浪天外來，頃刻平地
> 為川瀆。東鄰纔報流麥田，西舍還聞破茅屋。野水平添七尺高，
> 漲痕遙沒千畦綠。黃雲滿地抽鍼芒，餘粒但供鳥雀啄。（〈揀中大
> 風雨歌〉）

以詩中所述景象，這或許是一次強烈颱風的侵襲，中臺灣由於地勢上的優
勢向來颱害較輕，若如詩言足以折巨木，飛群果，湧洶波，沒千田，則此颱
非同小可。受害最慘的，當以耕作看天田的農民為甚。此時為夏季六月，早
作待穫，晚作才播，如此亂風橫掃，長成的稻麥應聲全倒，淫雨傾盆之下，
新栽的秧種，盡付東流。農民連月的辛勞，轉眼之間，徒勞無功；往後的生
活，尋思千百，或許也只能空嘆問天，陳肇興寫出了颱風過後的農家情境，
詩曰：

> 詰朝〔註118〕雨止風亦停，鄉村十家九家哭。一春無雨苗不滋，今茲
> 雨多反殺穀。田頭軋軋連耞鳴，但有滯穗無圓粟。（〈揀中大風雨歌〉）

經過這一夜的大風雨，第二天清早終於風雨俱息，正如陳肇興詩歌所述，恢
復平靜的天氣，是多麼舒爽可人，其詩曰：

> 朝曦紅上簷，瓦雀雙雙喜。咿嚶語窗前，似喚幽人起。（〈在揀連日
> 淫潦、欲歸不得〉之二）。

> 宿雨初晴暑氣收，茅齋六月爽於秋。舉頭忽訝青天轉，無數白雲如
> 水流。（〈村館雜興〉之一）

只是走出門戶的農民，眼見一夜的摧殘結果，內心的悲風暴起，雙眼的哀雨
滂沱了。好淒慘的農田呀！

　　彰化縣令楊桂森也曾有〈泥路行〉一詩寫出淫雨傷禾的苦境，其詩曰：

> 天公淫雨何太久？行人咨怨十八九。劇憐晚稻困薔薇，既耕而不穫
> 兮，太息空倉塵釜之農叟。〔註119〕

行人怒雨久路泥難走，老肩負輿難當；農人太息雨久損稼，生計艱難，這樣
無奈而深重的辛酸，真是痛苦的折磨！臺灣中南部的降雨分布並不平均，冬
春時節易旱，夏秋之際則易澇。咸豐六年（1856）當年春、夏二季，似乎就出

〔註118〕詰朝即明朝、明旦。
〔註119〕見周璽《彰化縣志・藝文志・詩》，第478頁。臺灣文獻叢刊第156種，臺
　　　　北：臺灣銀行經濟研究室，1962、8。

現了旱澇失調的情形。雖然自春至夏長久落雨，但似乎水量不足，使稻作苦於荒旱。在拜訪大墩廖滄洲秀才之前，陳肇興在詩作中提到了困雨惰病的心情：

> 滿地榆錢莫療饑〔註120〕，一春將盡雨霏霏。……自養盆花舒惰氣，不鋤庭草見生機。……（〈春興〉之一）

> 多病仍為客，思歸屢望晴。……雨久衣裳潤，天昏燈火明。……（〈夏雨〉）

可見當年久雨不晴，引人寂悶，這應該是暮春初夏的梅雨季節所致。但梅雨時期雖連日跨月，雨量並不一定豐沛，陳肇興在〈村館雜興〉之四中即抱怨道：

> 一春苦旱稻田荒，入夏甘霖忽渺茫。養得參差苗暴長，半畦青間半畦黃。

育秧求水時，苦雨不足；稻成忌水時，卻苦雨不止。農民期盼的滋潤，此時已成淫潦，詩句中的「甘霖」二字，看來似乎格外諷刺，在滿目瘡痍的大地上，堅毅勤勉的農民，沒有被打倒，回到田地裡，努力收拾，陳肇興含蓄載道：

> 風定樹還號，雨霽雲猶濕。朝陽有畏心，徘徊上原隰。水鳥帶波飛，啄禽曬衣立。叉魚漁荷蓑，割稻農戴笠。日暮各還家，蛙在水中泣。
> 欹枕一以聽，閣閣鳴何急。……（〈在揀連日淫潦，欲歸不得〉之一）

乍看之下彷彿表現農家適意情景。實則字字悲情，颱風過後，天氣尚未穩定，風仍吹，雨還飄，陽光不烈，田水未洩。該是穫稻乾土的田地裡，不僅有水鳥帶波，竟然可以荷蓑叉魚！稻田成了水塘，農民成為漁夫，真叫人哭笑不得！農民戴著斗笠，十分無奈地割著僅存的成熟穀稻，他們的心裡，該是多麼淒苦呀！夜晚農家的蛙叫聲，原本親切動人，現在聽來，卻只覺得泣聲連連，憂急如焚！沉寂的夜晚，有誰能解農民心中的苦悶？或許只有蛙兒閣閣的鳴叫能給欹枕失眠的苦楚心靈一些些的慰藉吧！雖然大風雨過後，農民依舊鳴耞取穫，但田地裡穗無圓粟，農民作為無非是試圖減少損失的補救措施而已，天災真是惱人啊！

然而天災固然可怕，人禍卻更加無情，那才是農民心中真正的痛哪！陳

〔註120〕榆錢是指榆樹的果實。榆樹未生葉前先生莢，形似錢而小，聯綴成串，也稱榆錢，可食。庾信〈燕歌行〉便有「榆莢新開巧似錢」之語。見《庾子山集·五》。

肇興為飽受天災人禍壓力的殷實農民發出了不平之鳴，其詩控訴道：

> 老農垂淚前致辭，乞減半租救饘粥。里胥下狀來催租，悉賦輸將
> 苦不足。輸官不足還賣田，稻田雖廢硯田贖。舌耕筆耒幾多年，
> 歲歲陰陽無愆伏。滿城風雨供嘯歌，有田不如無田樂。（〈揀中大
> 風雨歌〉）

僵化的官租比颱風更可怕，農民將搶收的米穀，全數輸繳，不足之數尚須賣
田繳官，鄉吏不僅未能代為陳情，減租賑災，竟頻頻催租，罔顧民生，將農民
饘粥餬口的乞求，拒絕不理，這是保民？還是欺民啊？

　　清代承接明鄭建設的基礎，統領臺灣，田賦制度因而有舊制與新法之別，
周璽《彰化縣志·田賦志》中詳細記錄道：

> 舊制：賦法分上、中、下則三等。田、園皆然。上則田一甲，徵粟
> 八石八斗。中則田一甲，徵粟七石四斗；下則田一甲，徵粟五石五
> 斗。園上則一甲，徵粟五石；中則一甲，徵粟四石；下則一甲，徵
> 粟二石四斗。

> 乾隆九年奉旨，凡雍正七年以後，陞墾田園，按照同安下沙則例定
> 賦，化甲為畝。以一甲作十一畝。……合計上則田，每甲應徵粟二
> 石七斗四升有奇；中則田每甲應徵粟二石八升有奇；下則田每甲應
> 徵粟一石七斗五升有奇。上則園視中田，中則園視下田，下則園每
> 甲應徵粟一石七斗一升有奇，彰化新墾田園，得輕稅者較多，視舊
> 法僅及三分之一焉。

　　以此看來，新法遠比舊制的稅賦減輕許多。而彰化地區開墾較晚，因而
有約三分之二的民戶，皆比照新法繳納稅賦；並且由於彰化地域廣袤，田園
亦依肥瘠不同，區分為五等，按級收賦，周璽《彰化縣志·田賦志·序》詳載
其分級云：

> 統而計之，其田園率有五等，平疇沃野，水泉蓄洩，不憂旱澇，厥
> 田惟上上；內無停蓄，上有流泉，出其人力，築陂開圳，灌溉咸周，
> 厥田惟上中；附近溪港，桔橰任牛，多秕少粟，旱澇時憂，厥田惟
> 中中；溪壑無泉，雨集而盈，潦盡而涸，陂曰涸死，徵幸有秋，厥
> 田惟下中；土瘠而磽，阡陌空存，遇旱逢晴，石田無異，厥田惟下
> 下。彰化之田，膏腴固多，磽薄不少。……至於田瘠，而賦有減則
> 之恩，田沒而賦有豁免之例。惟賴賢有司憫其疾苦，履勘以達於廷，

庶幾民無萇楚之詠矣。

「萇楚之詠」是指《詩經‧檜風‧隰有萇楚》之詠嘆，朱熹《詩集傳》謂此詩：「政煩賦重，人不堪其苦，歎其不如草木之無知也。」〔註121〕分級繳賦，甚為合理，也是十分體恤民情的作法，而遇災沒田更能豁免賦稅，使人民減輕忍飢負稅之苦，真是皇恩浩蕩，愛民如子呀！但事實上並不盡然，否則怎會有陳肇興筆下「乞減半租救饘粥」、「輸官不足還賣田」的情事發生呢？其關鍵在「賢有司」，有司若賢，則得減賦活命，有司若不賢，則得賣田繳官。清初之田賦依舊制，然民力有餘，連橫《臺灣通史‧田賦志》載道：

> （康熙）六十一年，巡臺御史黃叔璥，以臺灣田賦較重內地，臺之一甲，得內地十一畝三分一釐有奇。內地上田，各縣徵法不一，約折色自五、六分以至一錢一、二分而止，是一甲不過徵至一兩三錢為最多矣。今臺徵穀八石八斗，使穀最賤，石為三錢，已至二兩六錢四分餘，況又有貴於此者。而民不以為病，地力有餘，上者無憂不足，中者截長補短，猶可藉以支應。

有司尚且認為田賦太重，然人民有餘，不以為意。後起之新法較舊制減輕數倍，理當使得人民額手稱慶，宛若樂園才是，又怎會「悉賦輸將苦不足」呢？連橫於同文中直率言道：

> 全臺正供之粟，支給班兵十五營，需米四萬四千八百五十一石八斗。又配運福、興、漳、泉平糶以及兵米眷米十六萬六千五百石，又運督標兵折粟一萬五千五百七十石（詳在〈糧運志〉）。顧全臺徵收粟數，不敷起運，每年以運糶四府粟價發臺，分給四縣，糴補足額，其耗粟之銀，則為官署公費，而有司且加之數倍，以入私囊。故例：有司催科，凡得八成者錄其功，而八成以上則吞沒之。一行作吏便為富翁，故俸祿甚薄，而供奉酬酢多取之民也。

這便是「里胥下狀來催租」的真正實情了！政策上使臺灣稻米求過於供，逼民納粟，又放縱有司橫徵暴斂，中飽私囊，如此政治，何能安民！若是風調雨順，太平豐收，或許尚能相安粉飾；若是節候不濟，失時欠收，再加以里胥嘴臉不改，則可憐的是無數無勢的農民百姓，即使作牛作馬，或許都不足以供其需索。連橫《臺灣通史‧田賦志‧序》中議論批評道：

〔註121〕見朱守亮《詩經評釋》，第399至401頁。臺北：臺灣學生書局，1984、10初版。

民所自有之田，又從而賦之，亦曰以保之也。故民之輸將不怠。若已不能保，而又橫征之，使之蕉萃〔註122〕於虐政之中，是直以民為隸而已。

陳肇興詩中「老農垂淚前致辭」的哀憐形象，不也就是呼應「直以民為隸」的側面抗議嗎？有田者應能養生自給才是，而如今卻反而淪為飽受驅役的弱勢者，豈不哀哉？若長久如此，必將官逼民反，釀為大禍。數年之後，同治元年（1862）的戴潮春事件，其起事原因正與失德失行的惡吏有關，吳德功《戴施兩案紀略》，便評論道：

揣戴逆之初心，倡舉此會，陽以保身家為名，實陰以拒北協副將夏汝賢之索賄，而禍水一杯，風波頓起。……誰為民牧而職為屬階乎？此君子所由防微杜漸而思患預防也。〔註123〕

戴案延宕逾三年而猶有餘波，當初為爭田租，結黨自保，復因惡吏貪酷，相約以拒，清代臺灣亂事頻繁，不良的制度與官吏，實在難辭其咎。陳肇興在詩末嘆詠無田之樂，其實是一種極端的諷刺，舌耕筆耒可以避免季候失常之苦，可以不受輸將不足之勞，即使風雨滿城，亦憑添歌詩長嘯的情趣而已，較之農民為賦稅而愁，豈不樂哉！真是好沉痛的快樂呀！這樣的一首〈中大風雨歌〉，豈不就是柳宗元〈捕蛇者說〉的臺灣翻版？該文之末所說：「孰知賦斂之毒，有甚是蛇者乎？」〔註124〕正是此詩所欲表達的：孰知賦斂之毒，有甚是颱者乎？

二、詠賢讚歌

《陶村詩稿》詠古多以人物為主，詠今則以事為眾，但其詠時人卻能獨具慧眼，非為酬唱而已。茲分古今二項論之：

（一）誌昔賢

《陶村詩稿》所誌古人，上自春秋下迄明鄭，跨時甚長，大體上以志節為主要取向。其中尤其以明鄭君臣詠詩，最值得注意，蓋能由此概括本土子弟陳肇興對明鄭的看法與態度。

〔註122〕蕉萃當為焦悴。
〔註123〕見吳德功《戴施兩案紀略》，第4頁。臺灣文獻叢刊第47種，臺北：臺灣銀行經濟研究室，1962、8。
〔註124〕見謝冰瑩等註譯《古文觀止‧捕蛇者說》，第518頁。臺北：三民書局，1992、9修訂再版。

1. 延平郡王鄭成功

　　咸豐三年（1853）陳肇興前往府城參加秀才考試，乘時遊歷名勝，包括有赤嵌城、法華寺、五妃祠、寧靖王墓等處。其中〈赤嵌懷古歌〉以長篇歌行獨寫鄭成功，最顯突出。詩歌之中將鄭成功趕走荷蘭人的史事，比喻為「鯨魚上岸鮫魚泣」，龐大而可親的鯨魚喻鄭氏，以凶惡暴烈的鮫魚喻荷人，在此詩歌一起首的比喻中，可以很明顯的感受到，陳肇興給予鄭成功率眾來臺的形象是巨大而無法抵擋的沉穩氣勢，不僅沒有敵意，似乎還隱含著欣喜之情。以鯨魚喻鄭成功非自陳肇興始，乃民間早有類似之傳聞，吳子光《臺灣紀事、鄭氏紀略》述之較詳，其文曰：

> 時臺地屬荷蘭左賢王，忽夜夢一偉人，盛服騎鯨魚入鹿耳門，侍衛甲兵甚眾，道無阻者。及寤，異之。未幾，報鄭兵至矣。……
>
> 初，鄭氏兵起，深為中國邊患。時有異僧某頗明因果。或問成功何許人？曰，此東海長鯨也。問何時可滅？曰，歸東即滅矣，後果應其言。〔註125〕

東海長鯨之說，增添了幾許神祕色彩，為鄭成功叱吒東南海疆，每至險要，往往水漲風利，助其成事的幸運，提出合理的解釋。詩歌中的鯨鮫之喻，當出自此一傳說。陳肇興對鄭成功的態度是友善的，並且也可以說是尊敬的，詩歌中稱鄭氏直用「將軍」、「英雄」二詞，坦率不諱，不再如清初時期多以「偽鄭」稱之，而其對鄭成功的事蹟，也都是正面的批評。談及鄭氏幼時，更語帶稱許地說道：

> 將軍落地便驚人，救火奔波走四鄰。七歲讀書知大義，灑掃應對皆經綸。

詩歌雖僅四句，但句句驚嘆，字字好感，對幼年鄭成功無異推崇為神童，彷彿為其日後事蹟預設伏筆。使長成之後，對鄭氏父子二人的作為，也分別有褒貶之辭，詩中有言：

> 君家叔伯公侯伍，自立唐藩擅開府。爭班談笑卑徐常，撤成投降似芻狗。回首招君君有辭，兔今身已屬隆武。

曾經掌握龐大財富與權勢，威控一方，幾可敵國的鄭芝龍，談笑用兵，常戰連捷，不可一世。最後卻接受投降，屈意投誠，陳肇興以「芻狗」譬喻之，貶

〔註125〕見吳子光《臺灣紀事·鄭氏紀略》，第35頁至36頁。臺灣文獻叢刊第36種，臺北：臺灣銀行經濟研究室，1962、8。

損之意甚明，況且鄭芝龍後來慘遭清廷棄市，子孫在京者皆戮，其如清廷呼之即來，揮之即棄的駑狗，不亦宜乎？亦不亦可悲乎？反視鄭成功，詩歌中以「兒今身已屬隆武」的第一人稱口氣，強調了對大明矢志不二的忠貞，表現了鄭成功秉義辭親，以忠代孝的大勇大智。鄭成功領軍退走，正是以一孤臣孽子之身，力圖最後的振作，詩云：

> 五羊城頭啼杜鵑，千艘萬騎來銅山。英雄誓不臣二主，事成不成唯
> 憑天。

末世英雄的悲壯氣概，畢顯無遺！詩中以「啼杜鵑」表達對故國眷戀的悲情，卻同時以「千艘萬騎」彰顯其氣勢浩蕩的雄壯，在衝突的意象中，彷彿寄託了作者對悲劇英雄的些許同情。陳肇興對於鄭成功的不臣屬於清廷，並未以其身為大清子民的立場責備之，反而看重鄭氏守志不貳的氣節，似乎能夠「誓不臣二主」，方得稱其為英雄，若改志易節如鄭芝龍，大言「喪亂之天，一彼一此，誰能常之？」〔註126〕，自以為乃識時務者，則後世訕笑，譏為駑狗，英雄與駑狗之別，不在一時而在千秋呀！足見陳肇興並非鄉愿，對於力圖反攻，卻壯志未酬，同樣表達了遺憾的同情，其詩曰：

> 可憐觸起毒龍怒，白浪掀天風捲樹。出師意氣吞金陵，一戰孤軍失
> 南渡。

鄭氏整軍，以「甲士十七萬，習流五萬，習騎五千，鐵人八千，凡號八十萬。弋船八十，揚帆北上。」〔註127〕，進吞金陵，無奈「大風驟至，巨艦自相撞擊立碎，損人船十七八」〔註128〕，彷若毒龍怒掃，致使大軍鎩羽而歸。

「毒龍怒」一詞當有所典故。《後漢書‧西域傳論》言曰：「身熱首痛，風災鬼難之域。」其〈注〉引釋法顯《遊天竺記》曰：「蔥嶺冬夏有雪，有毒龍，若犯之，則風雨晦冥，飛沙揚礫，遇此難者，萬無一全也。」而根據郁永河所載，鄭軍兵敗，乃觸怒山神所致。其文曰：

> 至江南羊山，山有神，獨嗜畜羊，海舶過者，必置一生羊而去。日
> 久蕃息至遍山，不可數計。鄭氏戰艦泊山下，將士競取羊而食，干

〔註126〕見連橫《臺灣通史‧顏鄭列傳》，第371頁。臺灣文獻叢刊第128種，臺北：
　　　　臺灣銀行經濟研究室，1962、8。

〔註127〕見川口長孺《臺灣鄭氏紀事‧卷之中》，第40頁至41頁。臺灣文獻叢刊第
　　　　5種，臺北：臺灣銀行經濟研究室，1962、8。

〔註128〕見郁永河《裨海紀遊‧鄭氏逸事》，第49頁。臺灣文獻叢刊第44種，臺北：
　　　　臺灣銀行經濟研究室，1962、8。

　　　　神怒，大風驟至，巨艦自相撞擊立碎，損人船十七八，大失利返。
　　〔註129〕

山神之怒，猶如毒龍之怒。陳肇興詩典故，當出於此。

　　鄭軍之敗，其咎不在人謀，陳肇興以「孤軍」、「毒龍怒」為之緩頰，並以「可憐」二字疼惜之，其不忍責備之情躍然紙上。即使鄭成功退守臺灣，亦不以敗軍之將看之，反而稱慕其功，詩中有言：

　　　　從此將軍識天意，轉身卻慕田橫義。百艦驅來鹿耳門，一朝奪取牛
　　　　皮地。紅毛樓上草雞鳴，彼蒼藉手開東瀛。

因天時不予而退走臺灣的鄭成功，陳肇興詩中並無絲毫貶損，反而以羞為漢臣，寧死不事二姓的田橫相比擬，再一次強化了作者對其志節堅貞，忍辱負重精神的高度推崇。

　　以田橫比於鄭成功，早自清初始然，以目前所知，當以清初康熙中晚期，閩海鄭亦鄒所著《鄭成功傳》末所載為最早，其文載道：「（明永曆）三十九年，上（按：指清康熙帝）念成功明室遺臣，非吾亂臣賊子，特賜成功及子經歸葬南安，如田橫故事。」〔註130〕由此可以推測，大清朝廷仿效漢高祖劉邦「發卒二千人，以王者禮葬田橫」〔註131〕的想法和作法，恐怕才是後世以田橫比鄭成功之濫觴。文人取之入詩者，則當推康熙年間滿人齊體物〈澎湖嶼〉其詩云：

　　　　海外遙聞一孤島，好風經宿到澎湖。蜌含玉舌名西子，蚌吸冰輪養
　　　　綠珠。蕩漾金波浮玳瑁，連環鐵網出珊瑚。登臨試問滄桑客，猶有
　　　　田橫義士無？〔註132〕

可見清初朝野對鄭成功雖視為逆臣，但就其忠於明室，仍予以相當敬重。相對於前述「一戰孤軍失南渡」的落魄，陳肇興以「百艦驅來鹿耳門，一朝奪取牛皮地」寫其戰功，頗有為鄭氏重振雄風的意味，塑造其東山再起的英雄形象。

〔註129〕見《四史・後漢書》卷二八，第1821頁。臺北：文化圖書公司，1970、3，臺版。郁永河文同前注所載。
〔註130〕見鄭亦鄒《鄭成功傳》，第38頁。臺灣文獻叢刊第67種，臺北：臺灣銀行經濟研究室，1962、8。
〔註131〕見司馬遷《四史・史記・田單列傳（附田橫）》，第456頁。臺北：文化圖書公司，1970、3，臺版。
〔註132〕見高拱乾《臺灣府志・藝文志・詩》，第288頁。臺灣文獻叢刊第65種，臺北：臺灣銀行經濟研究室，1962、8。

　　荷蘭人當年以牛皮剪絲，圈地圍城，騙取臺灣，挾軍號令百姓。鄭亦鄒《鄭成功傳》云：「荷蘭人遭風飄此（按：指臺灣臺南），借地於倭，不可，給之曰：『願得地如牛皮，多金不惜』許之。乃剪皮為絲，圈城里許，盤踞臺地，兵不滿千，南北土酋咸砥屬焉。」〔註133〕故詩中以「牛皮地」代稱臺灣，即出於此一故實。

　　荷人以軍事和經濟的雙重目的佔據臺灣三十八年（1624～1662年），尤其自鹿皮貿易中獲得了豐厚的利潤。據曹永和《臺灣早期歷史研究‧荷據時期臺灣開發史略》，記載：

> 在明崇禎十一年（1638）荷蘭人輸往日本牛皮有一五一四零零張。鹿的數量雖然由於濫捕而減少，但在荷蘭人有效地管制狩獵之下，每年乃有五萬至七、八萬張鹿皮輸於日本，以及一萬擔的鹿脯出口到大陸去。從這些貿易，荷蘭人得到了很大的利益。〔註134〕

　　臺灣不過是荷蘭人刀俎下的一塊肥肉而已。鄭成功能夠趕走紅毛夷，實在是功，不是過。雖然民間傳說：萬曆中雷震一石，有『草雞夜鳴，長耳大尾』凡五十六言，以為鄭氏興亡之讖〔註135〕。此或為無稽之談，但臺灣在鄭成功率民進駐拓墾之後，逐漸由草萊之地，開化為富足之鄉，老天爺藉著國姓爺的力量，開創了東瀛小島的歷史新頁，先後陸續來到臺灣的移民，其實等於都分享了鄭成功開拓疆土的功勳德澤，鄭成功因此而有「開山聖王」的稱號。來臺之後的鄭成功，殫精竭慮，綢繆興化，於百事待起之時，竟以三十九歲的英年因疾勞殞世，陳肇興有詩嘆曰：

> 冠帶東騎赤龍去，迄今故壘猶縱橫。我來赤嵌訪古蹟，舞殿歌臺長禾黍。

全詩至此陳肇興率以友敬之情出之，在尊崇之外，還有著一份憐惜之意，鄭成功日夜操勞，內外交煎，終於在明永曆十六年（1662）五月初八日含恨嚙齒而卒。沈雲《臺灣鄭氏始末》載道：

> （康熙元年二月）成功切齒苦等，未及報，病肝急。……五月癸酉

〔註133〕見鄭亦鄒《鄭成功傳》，第20頁。臺灣文獻叢刊第67種，臺北：臺灣銀行經濟研究室，1962、8。

〔註134〕曹永和《臺灣早期歷史研究‧荷據時期臺灣開發史略》，第59頁及60頁。臺北：聯經圖書公司，1985、9，初版三刷。

〔註135〕見沈雲撰，沈垚註《臺灣鄭氏始末》，第79頁。臺灣文獻叢刊第15種，臺北：臺灣銀行經濟研究室，1962、8。

朔，成功病，強披黃安登將臺，望澎湖，有船東至否？安曰：『無
之。……中萋事隱，安見顯悅非為梧賣者？願王勿疑，疑則左右皆
義、祿、霸等。父子至親且若是，他更何以自處？』成功益忿怒，
狂走。越八日庚辰（初八日），嚙指而卒，年三十有九。〔註136〕

蓋援傳不至，加以鄭經私通違命諸事，使鄭成功憂憤交加，怒急攻心，終至
嚙指殞命。其翩然乘龍西歸，徒留舊城故壘，令人追緬，人世無常的變化，往
往令人不勝唏噓！在訪遊府城名園法華寺時，陳肇興的感觸便十分深刻，他
說：

> 遺老昔曾稱菩薩，名園今已屬頭陀。夢中蝴蝶迷人慣，世外鶯花奉
> 佛多。（〈法華寺〉）

> 烏鵲飛飛過寺門，數聲鐘磬又黃昏。茶煙禪榻都零落，誰識當年夢
> 蝶園？（〈春日重遊法華寺〉之二）

法華寺原名夢蝶園，為明鄭搢紳李茂春故居。參軍陳永華為之題訖。李
茂春「性恬淡」、「手植梅竹，日誦佛經自娛，人稱『李菩薩』」〔註137〕，明鄭
亡後，僧人入居，至康熙四十七年（1708）重修後，易名「法華寺」。如今景
物依舊，人事已非，人事遞變，猶若莊周夢蝶，李茂春為居所取名夢蝶園，不
也就是從佛法當中參透人生無常，寄形宇內的禪機嗎？人身如此，朝代亦如
此，眼見他起高樓，眼見他樓榻了。滄海之變，禾麥之歌，憑添後人許多慨
息，在陳肇興為渡海再遊赤嵌城之時，也有類似的慨歎，〈赤嵌竹枝詞〉之十
三曰：

> 紅毛樓下草昏昏，訪古人爭說北園。霸業銷沉歌舞歇，空留初地在
> 沙門。

歌樓丘墟，滄海桑田，在赤嵌古城看得最是動人心魄。當年威震東瀛的鄭氏
王朝，如今早已人迹散，城老草衰了。若綜合此二詩觀之，則似乎在感慨之
餘，別有訓戒警示的隱喻，意即亂臣賊子聲威再顯赫，也只能成就一時的霸
業，而無法建立長治久安的邦國。王者與霸者，其區別在此。因而其詩末所
言，便意有所指的說道：

〔註136〕見沈雲撰，沈垚註《臺灣鄭氏始末》，第55頁至56頁。臺灣文獻叢刊第15
　　　　種，臺北：臺灣銀行經濟研究室，1962、8。
〔註137〕見連橫《臺灣通史・諸老列傳》，第752頁。臺灣文獻叢刊第128種，臺北：
　　　　臺灣銀行經濟研究室，1962、8。

聖主當陽魑魅消，頻年不見揮兵革。唯餘無恙水西流，滄海茫茫接
天碧。

陳肇興畢竟生於清代臺灣較為穩定的時期，雖然內部仍有民間爭鬥時起，
但究竟已經不存在清初兩朝對立，滿漢嚴峙的局面，「聖主當陽」實是識時務
的說法，其言「魑魅」，則應當是指像當年據臺的荷蘭紅毛人一樣，非我族類
的來犯者，在長年兵革止息中，彰顯清廷治世之和平，並對比鄭成功在臺時
的困窘動盪，頗有以現勢自豪，並兼嘲訕鄭家天下的意味。這樣的想法，在
同年〈登赤嵌城〉中之詩句，表達得更為明白，其詩曰：

嶒嶸山勢接蒼穹，俯瞰茫茫大海中。此日萬家登版籍，當年三度據
梟雄。（之一）

包羅山海誇雄鎮，鎖鑰東南據要津。卻喜時清無暴客，重關雖設不
防人。（之二）

赤嵌城所在處，位居顯要，地勢雄偉，詩中陳肇興將清廷納臺灣入版圖，
稱之為「登版籍」，將鄭成功父祖三代開臺經營稱之為「據梟雄」，其間顯然
以聖主對比海逆，以合法對比非法，以正大光明對比蠻強專橫，以萬民幸歸
對比黎庶苦困。陳肇興正是站在滿清的立場，回看曾經頑強抵抗的亂民，這
恐怕是囿於時代所造成的認知侷限。

以生於斯，長於斯的本土子弟而言，幾乎無人不曾聽聞鄭成功的奇功異
事，對此一人物多存敬畏；而對其領軍據臺抗清一事，則在「勝則為王，敗則
為寇」的現實政治消長中，使清領時期臺灣人，仍視鄭氏為逆寇，尤其受教
育求功名，食朝廷奉祿的士大夫，在傳統忠君報國的理念下，更是如此。陳
肇興寫作〈赤嵌懷古歌〉等詩時，正是選考鄉試之際，對於朝廷與前途正充
滿了無限期待與抱負。他的說詞正是典型士大夫想法。而〈登赤嵌城〉之二
所言無暴客之喜，則正面強調了清廷政府的大有為，帶來了重關空設的承平，
與「聖主當陽魑魅消，頻年不見揮兵革」，同聲一氣，相互呼應。總而言之，
陳肇興對於鄭成功的態度，頗有其人可敬，而其事不可苟同的意味。

2. 寧靖王暨五妃

鄭成功之外，陳肇興並歌詠了明室遺胄寧靖王朱術桂，作〈寧靖王墓〉
一首，詩曰：

卅年憔悴落蠻鄉，故國河山感慨長。留得數莖華髮在，九原歸去見
高皇。

朱術桂乃明太祖九世孫遼王之後，明末受唐王封為寧靖王，因明師抗清屢敗，鄭成功禮待避亂宗室，朱術桂於是在永曆五年（1651），從鄭成功居金門、廈門二島。成功歿後，永曆十八年（1664）鄭經奉王渡臺，至三十七年（1683），鄭克塽等議降清廷，寧靖王以身為皇族貴冑，義不可辱，寫下〈絕命詞〉一首，從容自縊而死，時年六十六歲。墓在今高雄市湖內區湖內村，即寧靖王當年墾田之地竹滬。其〈絕命詞〉曰：

> 艱辛避海外，總為數莖髮。於今事畢矣，祖宗應容納。〔註138〕

此詩從容沉重，視死如歸。不負王室風範，而忍辱守節，俯仰無愧的精神，尤其令人感佩！陳肇興詩中所表述的主題，亦正在此。身為沒落王族之後，且後半生俱在顛沛流離中渡過的寧靖王，陳肇興以極表同情的「憔悴」二字形容之，對於他的處境，也頗能感同身受，為之長嘆！而正如同〈絕命詞〉完髮以終，全其忠貞的心意，陳肇興也以肯定的語氣，表達認同。顯然詩中並未被政治立場的不同所左右，全然著重於其志節之可敬而歌詠之。與此相配對的是〈五妃祠〉一詩，其詩曰：

> 玉帶歌成萬古愁，君王節義自千秋。可憐同死不同穴，芳草萋萋各
> 一邱。

五妃是指從寧靖王殉節，先縊而亡的五名姬妾：袁氏、王氏、荷姑、梅姑、秀姐。陳肇興在詩中，再度稱揚寧靖王千秋不朽的節義，此外並歌頌了五妃對寧靖王的高情厚義，甚至在此詩之中，五妃情愛的感動力，彷彿較親王節義更為動人。陳肇興認為同死不同穴的遺憾，使這則時代的悲劇，加添了永遠不能圓滿的淒涼，這首詩中更不具有政治反省，我們在悲壯與哀怨之中，反而看到了一個多情重義的詩人陳肇興。

3. 陳烈婦鄭氏

無獨有偶的〈陳烈婦鄭氏輓詩〉三首，所寫也側重在鄭氏夫婦的情感上，陳烈婦乃參軍陳永華季女，鄭經長子鄭克臧夫人。克臧遇害，女絕食，自縊於柩旁，從容殉夫而死，亡年二十歲，康熙年間高拱乾《臺灣府志》即記其事甚詳，其〈人物志・貞節〉列傳文曰：

> （婦）少知書守禮……兵將入，克臧顧謂陳（按：陳烈婦鄭氏）曰：
> 「耳目殊異，恐不能相保。」陳曰：「夫在與在、夫亡與亡，必不相

〔註138〕見連橫《臺灣通史・寧靖王列傳》，第 732 至 734 頁。臺灣文獻叢刊第 128
　　　 種，臺北：臺灣銀行經濟研究室，1962、8。

　　負！」克塱既幽於別室，諸弟怨克塱尤深，即於是夜命烏鬼拉殺之！董氏遂立克塽；以永華為國之望，猶禮待陳氏。躬親撫慰，詢其所為？陳氏曰：「昔為箕帚婦，今為罪人妻；官民禮隔，願出居別室。待亡夫百日後，及往地下相從耳！」……至卒哭，懸帛柩側，遂沐浴整衣冠，自縊而死。從容就義，陳氏有焉。董氏命同克塱柩，以禮合葬焉。墓在臺灣縣武定里洲仔尾。〔註139〕

陳氏深情堅貞，一心從夫，視死若歸，淒美而感人！陳肇興感其情意，以絕句詠弔之，其詩云：

　　當年帝子泣湘靈，錦瑟淒涼不可聽。一自英風傳〔註140〕海嶠，至今班竹有餘青。（之一）

　　升天入地路茫茫，指引全憑藥一觴。再拜靈前和淚飲，不知人世有瓊漿。（之二）

　　海誓山盟願已違，黃泉攜手笑同歸。他年墓樹生連理，定有鴛鴦作對飛。（之三）

兒女情長的纏綿，分外引人遐思，陳肇興以湘靈泣淚，染竹成斑的美麗神話，表述鄭夫人陳氏的貞烈。屈原〈遠遊〉有詩云：「使湘靈鼓瑟兮，今海若舞馮夷」，湘靈即湘水之神，乃舜之二妃娥皇和女英。相傳二妃聞舜死，傷心淚下，灑於竹上，成斑不退，故名「湘妃竹」；又鼓瑟彈琴以迎帝子。陳烈婦鄭氏的深情貞烈如同二妃一般，英偉揚芳，後人至今哀讚不絕。再以明皇思貴妃「升天入地求之遍」、「兩處茫茫皆不見」〔註141〕泣訴生死兩別的哀淒與思念。最後取〈搜神記〉中韓憑夫婦兩冢相望，墓樹卻盤根錯枝交抱，鴛鴦交頸恒棲不去的淒美故事，比喻二人生死不渝的深摯愛情。郁永河〈陳烈婦傳〉曾載一傳聞，文云：

　　既葬，臺人士常見監國（按：即世子鄭克塱）乘馬，呵殿往來，或時與烈婦並出，容服如生，導從甚盛，人以為神云。〔註142〕

〔註139〕見高拱乾《臺灣府志·人物志·貞節》，第213～214頁。臺灣文獻叢刊第65種，臺北：臺灣銀行經濟研究室，1962、8。

〔註140〕此字據鄭喜夫《陶村詩稿全集》校訂，依原刊本改正為「傳」字。南投：臺灣省文獻會，1978、6。

〔註141〕白居易〈長恨歌〉句。

〔註142〕見郁永河《裨海紀遊·偽鄭逸事（附陳烈婦傳）》，第54頁。臺灣文獻叢刊第44種，臺北：臺灣銀行經濟研究室，1962、8。

鄭氏夫婦黃泉鴛鴦的情深義重，令聞者莫不動容，直「可以貫金石而泣鬼神」者矣〔註143〕。明鄭時期臺灣文化初興，如五妃，如陳烈婦，雖皆女流之輩，但其懿德佳行，卻都突破時空，成為後人感懷追思的對象，在臺灣史上留名千古。

綜合而論：陳肇興對明鄭的態度是溫和的，在詩人敏銳的觸發上，陳肇興不僅反省了明鄭歷史，對其人物也都能體貼設想，推其精神，實為可貴。

（二）誌時賢

《陶村詩稿》所誌時賢，除開應酬之作不計之，當首推〈磺溪三高士詩〉，次而〈大水行〉。磺溪是彰化之雅稱，雖置縣不早，但民風質樸，地靈人傑，能人才子，逐世輩出。陳肇興以其個人獨見，特為治才修德，卻不求名利聞達的三位民間高士，為詩高詠，既稱揚其事蹟，亦欲以為文士進德之楷模。此三位高士之里籍、名姓、生卒俱難備全，然流風所及，無不欽敬。三人事蹟亦俱列傳於周璽《彰化縣志》，可見三人皆有名於時，而〈大水行〉則歌頌疏財救民的木匠董文，其樂善好施的義行。茲分述之：

1. 詩人洪壽春

洪壽春字士暉〔註144〕，福建同安人，寄寓二林保。清代二林保一個土瘠民貧的地區，周璽《彰化縣志》描寫道：

> 惟二林、深耕、海豐、布嶼四保，田少園多，土少沙多，海濱廣斥，
> 未潯，眹澮，故土瘠而民貧也。〔註145〕

在民生不甚富裕的環境中，洪壽春以糊紙為業，是一位隱居里巷，善文能吟的詩人，陳肇興起詩便大言對他的賞識之處，詩云：

> 磺溪有詩客，隱居於市闤。甘心執賤役，不肯事長官，吟詩祇自適，
> 不予俗人看。

所謂「大隱隱於市」便是如此。洪壽春風骨奇絕，寧執凡業，不求仕進，

〔註143〕見連橫《臺灣通史‧烈女傳》，第1013頁。臺灣文獻叢刊第128種，臺北：臺灣銀行經濟研究室，1962、8。

〔註144〕見周璽《彰化縣志‧人物志‧流寓》錄「洪士暉」，無「洪壽春」，第266頁。臺灣文獻叢刊第156種，臺北：臺灣銀行經濟研究室，1962、8。又見《臺灣省通志稿‧卷七‧人物志》錄「洪士暉，名壽春」，第15343頁。茲綜合併用之。南投：臺灣省文獻會，1992、12。

〔註145〕見周璽《彰化縣志‧田賦志》，第162頁。臺灣文獻叢刊第156種，臺北：臺灣銀行經濟研究室，1962、8。

亦不奈俗，他的自負與不隨眾附媚，反映其品識之高，而且「見古人詩集必購，雖薪水弗繼，晏如也。」〔註146〕足以見得他是一個追求精神滿足遠超過名利需求的傲骨詩人。其所為詩也只給懂詩者欣賞，翰林邑令楊桂森便是。故其詩集《集古串律詩莊》四卷著成之時，曾持之往求為序，洪壽春對自我作品的信心及盼得知己的心情，由此可見一般。

楊縣令素孚民望，曾喜贈一序並題其照賀之。周璽《彰化縣志・人物・流寓・洪士暉列傳》（簡稱為《縣志》），錄其全文，唯與賴熾昌《彰化縣志・文化志・藝文篇》（簡稱為《縣稿》）、《臺灣省通志稿・人物志》（簡稱為《臺志》）及《陶村詩稿》所記略有出入，茲綜合校勘記敘如后：

> 二林佳勝（《縣志》作「勢」字）屬詩人，白髮書生像逼真。早識文章根性柢（《縣志》、《臺志》作「祇」字），能將老將（《縣志》作「健」字）敵清新。浮雲不肯污窮骨（《縣志》作「污骨」），明月偏教現後身。苦海涸羈差（《臺志》作「嗟」字）似我（《縣稿》作「戰」字），好將忠孝（《縣志》、《縣稿》作「孝忠何以」語）勸斯民。

各版本之間的差異，大都是文字形音誤漏所致，唯最末一句，各家皆同，唯陳肇興詩注所引者獨異，但陳肇興於其詩序中自言：

> 予昔曾得《集古詩》一卷，今已失去，欲付梓不可得矣！

其詩中亦明述得而復失的自責與痛愕，詩云：

> 我昔幸得之，琅琅誦百環。誓得付剞劂〔註147〕，用以表微寒。孰料霓裳曲，不許傳人間。神龍破壁飛，萬古去不還。至今思片羽，激烈摧心肝。

陳肇興曾經確實擁有洪壽春的詩集，親見楊桂森所作之序，其注言：「楊贈詩有『好將忠孝勸斯民』句」，當是眼見所得。雖然周璽《彰化縣志》的時代較陳肇興咸豐五年（1855年）所作之時要早，但編纂者恐怕未必親見洪壽春之詩集。且《彰化縣志》在其傳末言道：「士暉集古詩，及自著若干卷，並藏於家。」語氣之中彷彿表示：洪氏詩集乃自作自藏，一般人罕能見及。因而周璽《彰化縣志》所錄，或屬資料整理所得，其有錯漏，亦為宜也。

〔註146〕見周璽《彰化縣志・人物志・流寓》，第266頁。臺灣文獻叢刊第156種，臺北：臺灣銀行經濟研究室，1962、8。

〔註147〕賴熾昌《彰化縣志稿・文化志・藝文篇》，引陳肇興詠洪壽春詩中作「誓將付剞劂」，見第1444頁。臺北：成文出版社，1983、3臺一版。

　　此外，賴熾昌《彰化縣志稿·文化志·藝文篇》所錄陶村詠詩與《陶村詩稿》比對，也有數處異文，附誌如下：

　　　　讀詩（《縣稿》作「書」字）識忠孝，萬卷胸中蟠。採花釀成蜜，百代供（《縣志》作「共」字）一餐。我昔辛得之，琅琅誦百環。誓得（《縣稿》作「將」字）付剞（《縣稿》作「敥」）劂（《縣稿》作「厥」字），用以表微寒。

以楊桂森與陳肇興對洪壽春的推許來看，其詩特色在於老健深厚，啟忠教孝；其人學識廣博深固，自有洞見；能博觀群書，下筆謹慎珍重；身居瘠地，操持賤業，而風骨不減，桀傲不馴，實為里巷一奇才！

2. 畫工蔡催慶

　　這是一位流寓彰邑的顛浪才子！陳肇興稱已「失其里居」，周璽《彰化縣志·人物志·流寓》敘其列傳，文中記載：

　　　　蔡催慶，人呼慶舍，晉江人。有識之者曰：某總戎第六子也，不得志於時，遊臺寓彰邑。

　　「催慶」與「推慶」音近形似，易相訛誤。《臺灣省通志稿·人物志》蔡氏列傳內文同周璽《彰化縣志》，但取名則用「推慶」二字，不知是否有所依據？惟根據早年仍為人所見的蔡處士墓碑，上刻「處士蔡催慶之墓」碑文〔註148〕來說，完全吻合周璽《彰化縣志》上之記載，也可知「推慶」實為後世訛誤，「催慶」方為其真名。《陶村詩稿》中所記若非印刷版刻有誤，也有可能是陳肇興以訛傳訛所誤記。

　　人呼蔡氏為「慶舍」，據郁永河《裨海紀遊》言曰：「閩俗：父為官，其子皆得稱「舍」。」〔註149〕此一習稱在明鄭君臣身上可以印證：例如，鄭成功本名森，小字稱森舍；鄭經小字錦舍；鄭克塽小字秦舍；即女亦然，如參軍陳永華夫人洪氏，小字端舍。而蔡催慶籍貫正是福建同安人，可見其小字慶舍，蓋因身為官人之子所致，人謂其為總戎之子，即使不盡全然，當亦近似矣！加以相傳蔡催慶卒於清乾隆四十四年冬，則或許是明代遺臣之後裔，持節不仕異姓而放浪不羈吧！

〔註148〕見林文龍〈記清初處士蔡催慶及其作品〉，《臺灣史蹟叢論》第139至148頁。臺中：國彰初版社，1987、9。

〔註149〕見郁永河《裨海紀遊·偽鄭逸事》，第47頁。臺灣文獻叢刊第44種，臺北：臺灣銀行經濟研究室，1962、8。

蔡催慶個性灑脫，輕名薄利，陳肇興詩詠道：

> 如何斷三餐，不受千金值。睥睨視公卿，風塵謝物色。自非逢高人，
> 不肯留真蹟。

這也是一個恃才傲物，不慕名利的奇人，同洪壽春一般，並不著意營生，所謂「寓彰數年，寒暑唯著一袍，雖爨火久虛，淡如也。」〔註150〕對金錢的鄙夷，更凸顯了他對繪畫的酷愛與執著。在同樣雅好書畫的陳肇興眼中，這才是最可貴之處，其詩云：

> 傳聞大風雨，山林晝昏黑。隻身走荒崖，性命了不惜。乃知畫入神，
> 妙不關筆墨。大造具化工，眼前取自得。邱壑羅心胸，雲水蕩魂魄。

蔡催慶對繪畫的喜愛，已到了狂熱的境地，但他能從大自然的視察中體驗繪畫的精神，無非是最佳的途徑。畫之佳劣，決於神韻，能親自走入山林風雨之中，切身體會其中感受，其訴之於筆端，方能墨酣神暢，意氣飽滿，蔡催慶深得個中三昧，其畫必佳，故而有富人置千金禮求之，有得尺幅者，珍如拱璧，陳肇興亦極言道：

> 海外數畫筆，蔡君得第一。……

可見「能吟詠，時作淡描，水墨畫亦佳」〔註151〕的蔡推慶，畫譽甚高，雖然他落拓不羈，似顛似迂，人莫之能測，但其個性分明，不輕為外在左右，認真的活出屬於自己的特色，不也是十分可愛的一面嗎？其卒後，街人葬之於八卦山上，並以「處士蔡催慶之墓」題名，可見在地方百姓的心目中，他實在是一位頗得尊敬的里巷才子！

3. 隱者林先生

這是一位飄然若神仙的傳奇人物，彰化子民受其德惠最多。陳肇興有〈隱者林先生〉、〈林先生祠〉二詩專詠之，欽敬之情可見。林先生祠奉祀至今已二百餘年，香火不斷，足見彰化居民感戴之深。然而，林先生之生平，卻一直是一個難解的謎，茲就各項所見史料而論，約可得以下三類說法：

甲、不知何許人

這是最常見的說法，包括周璽《彰化縣志・人物志・隱逸》列傳，連橫

〔註150〕見周璽《彰化縣志・人物志・流寓》，第265頁。臺灣文獻叢刊第156種，臺北：臺灣銀行經濟研究室，1962、8。

〔註151〕見周璽《彰化縣志・列傳》，第265頁。臺灣文獻叢刊第156種，臺北：臺灣銀行經濟研究室，1962、8。

《臺灣通史・施世榜傳》、《彰化市志・人物志》，不同時代的三部史志，皆不知其名號里籍，或曰：「有林先生，見問其名，不答」（《臺灣通史》），或曰「不知何許人也。……問以名字，笑而不答，固請，乃曰：『但呼林先生可矣。』」（《彰化縣志》）、或曰「不具名之林先生」（《彰化市志》），蓋僅知其姓為林氏，餘盡闕如。此或以志史者態度謹慎，不敢妄加採錄，有疑則闕所使然；亦藉此以彰顯隱者但利民生，不欲名揚之謙恭自牧，其自稱「林先生」，殆亦便人稱呼而已，非為傳世之計，其高品絕才，益發令人景仰！陳肇興詩歌中，亦主要持此看法，其詩語曰：

> 名、字、里各不傳。……問其名，曰：「呼林先生可矣。」（〈隱者林先生〉詩序）

> 先生無名字，不知何許人。……問名嗒然笑，再問言津津。天地我父母，埏埴我鄉鄰。……（〈隱者林先生〉）

> 先生不知何許人，……我道先生隱者徒。（〈林先生祠〉）

由此可見，「隱者」、「林先生」是較為普遍共識的認知。

乙、林大喜先生

這是日治時代的說法。以筆者目前所知，僅吳德功《瑞桃齋文稿・林先生傳》及〈八保圳碑記〉採用此一說法。且前者成書於大正六年（1917年）左右〔註152〕，後者刻立於大正八年（1919年）十月，時間上十分接近，同為日治時期，但二者俱未言其出處為何，不知何以時代在前的清代史志，未見林先生之名，反而時代在後者能詳其名姓？然而若此一說出自民間傳聞，史志未得其證，不敢採錄，至日治時代地方文士，為聊備一說而載諸文字，此亦不無可能。

除了名姓之外，對於林先生之來處，史志多闕如，陳肇興詩中則言道：

> ……折葦渡滄海，信腳行陽春。……天地我父母，埏埴我鄉鄰。……五柳非吾徒，角里非吾身。孤山梅花婿，乃我有服親。（〈隱者林先生〉）

> 先生不知何許人，人言遺仙之子孫。我道先生隱者徒，名且不計況

〔註152〕中村忠誠〈瑞桃齋文序〉繫年於「大正六年（1917）丁巳十月」，且省文獻會所據版本，該序題目下有「大正八年四月二九日吳德功寄贈」字樣，可知《瑞桃齋文稿》當成書於大正六年至八年（1917至1919）之間。見吳德功《瑞桃齋文稿》。南投：臺灣省文獻會，1992、5。

利乎！（〈林先生祠〉）

以引詩首句言之，則顯然陳肇興認為林先生乃乘船渡海來到臺灣遊歷的內地人士，而且是一位浪遊四方的奇人，故假第一人稱，代言天地為其父母，無邊的大地為其鄉鄰，並同人們將之與宋代梅妻鶴子之處士林逋相提並論，以其同為不趨榮利的高人逸士。而陳肇興並且認為他與植柳於宅邊的陶淵明不同，因為林先生來去飄然，人不知其所自來，亦不知其所終；並且也與「上不能致之」的角里〔註153〕不同，能純為生民之利，自薦助修堤圳，不卑求爵祿，亦不恃才傲官，其不為俗世利害所拘，又一難得也。陳肇興之言，多係推想意會所得，主觀論評較重，由之可見其內在稱許嚮慕之意。若求對林先生本身介紹較詳細者，則非吳德功〈林先生傳〉莫屬，其文載曰：

> 先生不知何許人也，名曰大喜，人稱為林先生。衣大布之衣，冠大帛之冠，年五十許，飄然有神仙之度。遍遊名川大澤，來寓於彰。雖蔬食菜羹，晏如也。……問其里居，林不答。時或歌詠自適，或遍遊名川，殆孤山梅花婿之流歟？………
>
> 考《縣志》載先生不知其姓氏，亦不知其所終，世遂以葛洪之輩目之，豈知施公開圳時，去鄭氏不遠，殆聖朝之遺老，或其子孫，避世逃名而隱於此耶？〔註154〕

這是所見各文獻中，最具體真實的認知。林先生的神秘令人們的想像空間無比寬闊，加以築圳之功，嘉惠萬民百姓，民間以為非神仙之力不能，故而將林先生神化，認為乃是葛洪之流，方術道法之能人仙才。但吳德功以現實的角度推考，認為林先生極可能是明末遺臣，或其子孫，雖身懷絕世之才，但為避亂世，而棄號埋名，遷游隱逸。

以康熙二十二年（1683），臺灣收為清廷版圖，康熙五十八年（1719）林先生慨授方略修築八保圳完工，其間相隔三十六年而言，如吳氏文中所稱，時年五十餘歲的林先生，當生於康熙八年（1669）之前數年，成長於鄭經主政時期的明永曆晚年（永曆十六年至三十五年，即1662至1681），並恰好於

〔註153〕司馬遷《史記·留侯列傳》云：「留侯曰：『顧上有不能致者，天下有四人，四人者，年老矣，皆以為上慢侮人，故逃匿山中，義不為漢臣。……曰東園公，角里先生，綺里季，夏黃公。』」見《四史·史記·留侯列傳》，第350頁。「角里」亦作「甪里」。臺北：文化圖書公司，1970、3。

〔註154〕見吳德功《瑞桃齋文稿·林先生傳》，第225頁至227頁。南投：臺灣省文獻會，1992、5。

其成年前後，遭逢改隸之變，成為跨越明鄭與清朝兩大政治時代的見證者，吳德功的想法是十分具有可能性的，其稍後所作的〈八保圳碑記〉則直言：

> 因叩其名，曰：「但呼林先生可矣。」先生名大喜，明遺也，終不知其所。〔註155〕

吳德功的推測待考之說，至此已成肯定語氣的敘述，則日治時代有此一說，蓋亦甚明矣！唯其雖皆言之鑿鑿，卻未能明見論據之所出，實在不無遺憾！

丙、林三媽化身

這是筆者於民國八十七年（1998）中元節當天由父親與二伯父導引，前往二水鄉鼻仔頭林先生廟參拜時，無意間巧識田中鎮世芳宮管理委員會總幹事賴榮獻先生，經賴先生熱誠面告，並慷慨導遊惠予資料，方才明曉此一流傳已久的民間傳說，及林媽娘娘之傳奇。特錄之。

世芳宮俗稱「林媽廟」，位於田中鎮大社里大社路，正是八保一圳、二圳會合、分流的交匯處，廟中供奉大媽、二媽、三媽三尊神像，二百多年來與二水林先生廟一再為人們相提並論，因為相傳：林先生係林三媽之化身。清康熙四十八年（1709），施世榜籌資開圳，費時十載，修造埤圳，屢次導引，卻都無法將濁水溪水導入圳內，田園依舊無水可用。林三媽悲憫農人無水耕耨，倍嚐燥旱之苦，為使早得灌溉之利，優裕民生，於是化身為老者林先生，下凡指點施工人員，以「土工法」攔導溪水，果然一舉成功，沛然成渠，順利完成八保圳的工程。功成之後，微笑翩然而去，不復出現。後人感念其德澤，於圳寮建「林先生廟」奉祀牌位，請受馨香俎豆，以表黎民謝忱。而傳言顯身指點迷津的林三媽，更加深受百姓崇敬，香火鼎盛，歷久不衰。

林媽娘娘的淵源十分富有傳奇性，且錄存如下：傳說林媽娘娘三姐妹生於北宋神宗熙寧十年（1077），大媽俗家名林妙蓮，法號至妙；二媽林妙怡，法號至善；三媽林妙真，法號至仁。姐妹三人自小茹素，發願渡化眾生，雲遊勸化，遍及半個中國。後返駐浙江省灘縣，興建青蓮寺。坐化後，由信眾恭塑金身，敬奉於青蓮寺內。後青蓮寺不幸慘遭祝融之禍，一名陳姓信徒，持其香灰，渡海來臺，途中不幸遇到颱風，在暴風雨中香灰飄至濁水溪，順勢浮盪，在流經田中鎮時，巧由林姓人士拾獲，並受託夢於田中大紅毛社建廟，為林媽廟之始。此地距離今二水林先生廟僅僅不到 15 公里。據聞初時祠廟簡

〔註155〕見洪英聖《彰化八堡圳傳奇史料圖輯・日治時期八堡圳碑記》，第80、81頁。彰化：彰化縣政府，1996、6 一版三刷。

陋，後經三次翻修，直至民國五十八年（1969）在眾多信徒的熱心奔走之下，取得較廣闊的土地，並經執筊請示，遂於距離舊廟不到一百公尺的八保一圳、二圳分合處之上，擴大建廟，名為「世芳宮」。建廟至今三百餘年以來，庇佑當地，從無旱潦之患。

八保圳自濁水溪引進水流，至林先生廟前經第一、二圳分水門分流而出，又至林媽廟旁交會合而為一，隨即再經分水門分流擴散，遍及百餘莊，可以說，林先生廟與林媽廟正好是八保圳的二大吞吐咽喉，二者交相輝映，似乎也呼應了林三媽化身林先生築成八保圳的傳說。若果如此，林媽娘娘指導修圳在前，又庇佑子民在後，其濟世利民的慈悲，實在令人感動！凡我彰化子民，如何能不焚香禮敬，聊表深謝！

飲水思源是做人的本份。林先生廟立祀二百多年，香火未曾斷絕。在最近的一個世紀內，曾有過二次較大型的整修：一為日治時代大正八年（1919）十月，「因恐其之〔註156〕湮沒，改築林先生祠堂，使民所向。」立八保圳碑敘之；另一次在民國六十五年六月，由彰化農田水利會籌款，按照原來式樣，重新修建，並配祀開圳有功之施長齡與黃仕卿二位先生，且廣植花木，美化環境〔註157〕。如今造訪，只見一片清幽雅潔，花木扶疏，彰化農田水利會亦設址於廟園之內，其感念與傳承的意義，令人會心。

為了表達飲水思源的感謝，並祈求護佑，彰化農田水利會每年均於中元節當天，準備豐盛的祭品和節目，於林先生廟和八保圳源頭所在的南投縣名間鄉同源圳頭，分別舉行祭拜林先生並普度好兄弟的「圳頭祭」，以保佑來年取水順利。而林媽廟也必定每年派員參加祭典，表達對先生的尊敬。兩會之間始終往來密切，彰化農田水利會亦派遣專人蒞廟朝拜。今日廟中仍有「慈雲廣被」木匾一方，即其所獻。另有「飲水思源」「德澤開源」等許多匾額。都呼應了林媽娘娘化身林先生開導水源的傳說。林媽除化身為林先生受百姓感念之外，由於相傳有求必應，十分靈驗，長久以來，流傳著許多傳奇故事，也因此信徒日眾，遍及全省。每年林媽聖誕之日，總是十分熱鬧，其中尤以三媽聖誕最為盛大。林媽娘娘的聖誕分別為：大媽，農曆三月十六日；二媽，農曆二月十八日；三媽，農曆十一月十六日。據聞，林媽娘娘有求必應，尤其

〔註156〕「之」字疑為衍文，去之或較通順。暫存之，以待學者辨之。

〔註157〕見彰化農田水利會編《八保圳與林先生廟簡介》，第6頁。彰化：彰化農田水利會，1995、3。

以求子最為靈驗。

　　林三媽化身為林先生的傳奇，雖然無從考稽。但若能因此啟示後人悲天憫人，飲水思源的胸懷，其於端正人心，意義至為恢宏！

　　林先生的來歷，雖然眾說紛云，但他造福百姓的功勞，卻是不爭的事實。康熙年間，半線地方仍是荒原一片，「尚以曠土視之」〔註158〕，郁永河在康熙二十六年（1697）來臺北上途經今彰化縣境內時，記錄其見聞道：

> 初十日，渡虎尾溪、西螺溪，溪廣二、三里，平沙可行，車過無軌跡，亦似鐵板沙，但沙水皆黑色，以臺灣山色皆黑土故也。又三十里，至東螺溪，與西螺溪廣正等，而水深湍急過之。轅中牛懼溺，臥而浮，番兒十餘，扶輪以濟，不溺者幾矣！既濟，值雨，馳三十里，至大武郡社，宿。是日所見番人，文身者愈多，耳輪漸大如碗。〔註159〕

　　虎尾溪、西螺溪、東螺溪同為當時濁水溪的三大支流〔註160〕，大武郡社在今彰化縣社頭鄉松竹、東興、廣福里一帶，為平埔族洪安雅族的故居，這一帶可說是半線地方水源最充沛的地區，也正是彰化平原的母親河——濁水溪八保圳興築的所在。墾戶施世榜為利益墾殖，遂於康熙四十八年（1709）不惜巨資募集流民大興水利「以開東螺之野，並引濁水歧流以溉」〔註161〕，費時十年，至康熙五十八年（1719），雖竣工卻水流不通。施世榜正當苦惱之際，林先生飄然來到，告以助成之意，「當時富民侯，延座列上賓，」（〈隱者林先生〉），富甲一方的施世榜，欣逢貴人，立刻待為上賓，越日，林先生邀請施世榜一同利用夜晚，引燈勘度山川形勢，示之曰：「某也邱高宜平之，某也坡低宜浮之，某也流急宜道之，某也溝狹宜疏之。」〔註162〕並且繪圖告以祕

〔註158〕見連橫《臺灣通史·疆域志》，第121頁。臺灣文獻叢刊第128種，臺北：臺灣銀行經濟研究室，1962、8。

〔註159〕見郁永河《裨海記遊·卷中》，第18頁。臺灣文獻叢刊第44種，臺北：臺灣銀行經濟研究室，1962、8。

〔註160〕周璽《彰化縣志·封域志·山川》云：「濁水溪……分為虎尾、西螺、東螺三條圳。」見第15頁。臺灣文獻叢刊第156種，臺北：臺灣銀行經濟研究室，1962、8。

〔註161〕見連橫《臺灣通史·施（世榜）列傳》，第806頁。臺灣文獻叢刊第128種，臺北：臺灣銀行經濟研究室，1962、8。

〔註162〕見連橫《臺灣通史·施（世榜）列傳》，第806頁。臺灣文獻叢刊第128種，臺北：臺灣銀行經濟研究室，1962、8。

訣，林先生所傳授的祕訣稱為「土工法」：

　　土工法是用藤紮木或竹，編製方錐型與圓錐型之壩籠，形狀如倒筍（俗稱「角筍」或「圓筍」），上廣下狹，壩籠高度一、二至三、三公尺不等。裝置壩籠於河中，一個接一個連結成圍攔堵水流導入圳內。壩籠之裝置，必須由熟諳水性且熟練之專業工人下水，俟壩籠裝妥後，再以石塊填實。〔註163〕

　　竹木壩籠即俗稱之「石筍」，以石筍築成攔水堰，再配合地勢開鑿，以引導流水，這是質樸而合乎科學的方法，陳肇興詩中所謂「白石齒齒水粼粼，灌溉良田萬千畝」，正是此一累疊石筍的土工法。此法至今仍在本省各碑圳堰堤廣泛使用，在臺灣水利史上具有重要的地位，因此可以說是林先生的智慧嘉惠全臺灣人民，而不僅僅止於彰化地區而已。

　　施世榜完全依循林先生指導的方法施工，彷彿林先生「手牽濁流地上走」（〈林先生祠〉）似的，滾滾濁水，因勢利導，順利疏通，直灌田園，這真是令人興奮的成果，為了慶功並感謝林先生，施世榜大張宴席，奉致千金。林先生竟辭而不受，其後亡去不知所終。林先生隱其傳名在先，繼又辭受巨財在後，其個人既不求名，也不求利，卻助成埤圳，利益古今彰化百姓難以數計。與富戶相交，有所為，亦有所不為，既不傲慢也不卑順，正如陳肇興詩中所贊：

　　　　功成不受賞，長揖辭金銀。……不夷又不惠，能屈亦能伸。（〈隱者林先生〉）

　　　　功成長揖辭東家，黃金白璧如泥沙。掉頭一笑渺然去，溪上還種千桃花。（〈林先生祠〉）

　　他超然的品格，卓越的貢獻，實在令人欽佩敬重！林先生的生活態度，正如他所傳世的七律一首云道：

　　　　第一峰頭第一家，鶉衣百結視如花。閒時嚼雪消煙火，醉後餐虹補歲華。欲得王侯為怎麼？悉須富貴作波查。看來名利終何益，笑起蛟龍背上跨。〔註164〕

　　如此才高功大的人物，卻是抱持這樣隨遇而安，不慕榮華的態度，益發

〔註163〕見臺灣省彰化農田水利會編《八保圳與林先生廟簡介》，第3頁。彰化：彰化農田水利會，1995、3。

〔註164〕見周璽《彰化縣志・人物志・隱逸》，第265頁。臺灣文獻叢刊第156種，臺北：臺灣銀行經濟研究室，1962、8。

難能可貴，陳肇興詩中便對林先生充滿了無限的追思，其詩云：

> 掉頭一笑渺然去，溪上還種千桃花。花開花落自今古，先生一去花
> 無主。唯有荒祠對白雲，悠悠千載長行雨。(〈林先生祠〉)

詩中所用的意象，令人頗有「人面桃花」的聯想，真是好景依舊在，未
見故人歸！在白雲飄空，細雨長行中，愈加顯得對林先生長誌不忘的聯想及
引人景仰，農民百姓感念其恩德，於是在圳頭處建廟奉祀，並以築圳有功的
施世榜，黃仕卿配祀，接受後世子孫永恆的追思與感恩。

林先生指導完工的水圳，眾人以施世榜出錢出力最多，遂名為「施厝圳」；
又因此圳灌溉範圍涵蓋了當時彰邑十三個半保區中的八個保區，於是又名「八
保圳」，為清代臺灣最大的水利建築，並且一直沿用至今。依洪英聖《彰化八
保圳傳奇史料圖輯・八保的區域》指出八保所在的今日行政區域分別為：

（1）東螺東保：今天二水鄉全部，永靖鄉、田尾鄉、田中鎮的局部。

（2）東螺西保：今北斗鎮全部及埤頭鄉、溪州鄉及田尾鄉局部。

（3）武東保：今社頭鄉、田中鎮、員林鎮的局部。

（4）武西保：今員林鎮、溪湖鎮及田尾鄉的局部。

（5）燕霧上保：今花壇鄉全部，秀水鄉局部。

（6）燕霧下保：今大村鄉全部，員林鎮大部分。

（7）線東保：今彰化市全部，和美鎮局部。

（8）馬蘭上保：今鹿港鎮及復興鄉、秀水鄉、埔鹽鄉的局部。

據此可知：八保圳灌溉了當今彰化縣共十八個鄉鎮市，是當時彰化縣最重要
的水圳。又據彰化農田水利會統計表示：八保圳主幹線長 96 公里，支線 209
公里，分線 332 公里，全長 637 公里，灌溉面積達 18282 公頃〔註165〕，至今
仍是彰化縣境內最重要的水利工程之一。自清代康熙年間築成以來，至今不
廢，甚至經過陸續的修建整治，更在原有的基礎上擴大其規模，其歷程有幾
次重要階段：

（1）康熙五十八年（1719）八保圳完工，據周璽《彰化縣志》記載，當時灌
　　溉範圍可達「五十餘里之田」(《規制志・水利》)，施氏因此「年收水租
　　穀以萬計」(〈人物志・隱逸〉)

（2）明治四十年（1907）原十五莊圳合併於八保圳，由日治時代「公共埤圳

〔註165〕據彰化農田水利會編《彰化農田水利會簡介》之〈工程設施〉。彰化：彰化
　　　農田水利會，1995、3。

聯合會」管理，自此，原八保圳稱「八保一圳」，原十五莊圳稱「八保二圳」。十五莊圳乃康熙六十年（1721）武西保大埔心庄（在今彰化縣埔心鄉）人黃仕卿斥資 2000 兩於大武郡保，首倡開築。據〈八保圳埤記〉記載，八保一、二圳「至此蜿蜒百里注入於海，灌溉八保百餘莊二萬餘甲」。又於昭和七年（1932）修建八保一、二圳共同進水口，並設第一、第二圳分水門，其幹渠暨支線總計長達 920 公里，灌溉面積擴及 23000餘甲。

（3）現今之八保圳，以民國八十四年（1995）為例，據彰化農田水利會統計：灌溉系統分由五條幹線，十二條支線，十三條分線及小給水路 116條，總長度 566 公里。灌溉面積則第一圳達 11001 公頃，第二圳達 7281公頃，總計 18282 公頃。〔註166〕

　　八保圳的完工，奠定了清代彰化及中臺灣開墾的基礎，八保圳的歷久不衰，更是養民無數，成就了此地的繁榮與富庶。（參附表：「**彰化八保圳與濁水溪孕育出的農產**」）二百八十年來，彰化生民受其滋養而得以茁壯，念及先人篳路藍縷，以啟山林之勞；不趨名利，仁民愛物之德；滋苗養人，利濟蒼生之功，誠宜銘誌不忘，感恩珍惜，以謝前賢之大惠宏澤！而林先生謝辭千金，利享大眾的偉大人格，更為臺灣子民樹立了為人處世的最佳典範！

表16　彰化八保圳與濁水溪孕育出的農產統計表

（轉引自：洪英聖《彰化八堡圳傳奇史料圖輯》）

產品別（一年）	全　　省	全　　縣	彰縣佔全省（%）
水稻（公噸）	395777	65686	16.60
蔬菜（公噸）	185957	22327	12.00
水果（公噸）	225400	7799	3.46
花卉（千打）	7451	3417	45.286

4. 木匠董文

　　這是一則真人真事的記實之作，表彰濁水溪畔活民數百於既溺的一次善行義舉。陳肇興〈大水行〉一詩，以歌行體詠讚善人董文的難能可貴，在詩序中首先記述了事件發生之梗概，其文云：

〔註166〕據臺灣省彰化農田水利會《八保圳與林先生廟簡介》，第 2 至 4 頁。彰化：彰化農田水利會，1995、3。

木匠董文，居彰之濁水莊。歲甲寅，大水淹至，漂沒香園腳數十家，文傾囊僱善泅者伐竹〔註167〕為筏，裹飯往援，存活男女百餘人。予聞其事，作為此行，用以勸世之好善樂施者。

歲次甲寅，即是咸豐四年甲寅（1854），當年狂風大作，亂雨橫掃，致使山洪暴發，濁水溪迅速氾濫，波浪濤濤，勢不可遏，陳肇興力述了這驚人的狂水，其詩云：

黑風吹海使倒立，百川水從內山入。排雲駕雨鞭蛟龍，白浪高於天一級。千年古木摩蒼穹，隨波漂蕩西復東。砰巖撼嶽相激搏，巨石旋轉如飛蓬。

此段詩文，頗類似於咸豐六年（1856）狂颱來襲時陳肇興所作之〈揀中大風雨歌〉，中臺灣一般是在夏秋之交，颱風季節來臨時，才比較可能產生如此風怒雨號的景象。因此〈大水行〉一詩，當可視為咸豐四年（1854）彰化地區受到颱風肆虐的一次縮影記述。

從詩歌驚悚而滂礡的描繪中，可以清楚的想像昏天黑地，樹拔石飛的恐怖，如此的急風勁雨，必然帶來嚴重的災害，源自內山的濁水溪一夕暴漲，洪水如排山倒海般狂奔下洩。濁水溪有三大支流，南端的虎尾溪，中部的西螺溪，及北端的東螺溪。清代濁水溪以多沙、急流著稱，成書於道光十年（1830）左右、陳國瑛等所編纂之《臺灣采訪冊》有〈羅水〉一文專述之，其中便曾提到當時的濁水溪〔註168〕：

羅水者，濁水也（原註：土人謂濁為羅）。其源不知所自出，水道自水沙連牛相觸山，由鼻仔頭山下，至東螺、西螺及虎尾溪。其水與沙相半，勢甚浩大，輪囷旋轉，自上而下，大小石塊，隨波逐浪，下落深溪，聲若巨雷。涉者一失足，則水重、沙埋、石壓，決無生理。泅者、渡者，或遇大木橫撞而跌，命亦難全。……水之形勢，迴環若螺，若虎尾，因以名溪。

濁水溪之沙濁泥厚，水大流急，令人望而生畏，其溪流之命名，也正是湍急險惡水紋之寫照。也因此，日本學者伊能嘉矩，曾將之與黃河相比擬，

〔註167〕此字臺銀本、先賢本及史文本俱誤作「木」，茲依鄭喜夫《陶村詩稿全集》校訂，依原刊本改為「竹」字。南投：臺灣省文獻會，1978、6。
〔註168〕見陳國瑛等《臺灣采訪冊・羅水》，第13、14頁。臺灣文獻叢刊第55種，臺北：臺灣銀行經濟研究室，1962、8。

而稱之為「小黃河」〔註169〕，這種情形到了夏秋之交雨季時期，尤為明顯。咸豐十年（1860）秋天，陳肇興有〈濁水溪〉一詩〔註170〕，描繪了親見水文的觀察，其詩云：

> 滾滾沙兼石，奔流疾似梭。九州添黑水，一笑比黃河。雷雨馳聲壯，
> 滄桑閱世多。不堪頻喚渡，平地有風波。

流急聲壯，沙石滾滾，乃是此詩之中描寫的重點，此亦正是濁水溪最為引人的特色。而陳肇興詩歌，將濁水比黃河之擬，亦多可於清代詩文中見及。

　　含沙量巨大的濁水溪，極易淤積，因此沙洲發達，改道頻繁，也使得百姓可以於旱季時，行走河谷栽稻種瓜；雨季時則可能沒田倒屋，汪洋漂流，甚至棄市移居。彰化縣境內便有此例，如嘉慶十一年（1806）東螺溪氾濫，洪水衝崩，東螺舊社街被水衝壞，面目全非，居民不得不向北移居，建立北斗街，以為新樓之地。至今〈東螺西保北斗街碑記〉、〈建北斗街碑記〉歷歷在目〔註171〕；再有田中鎮沙仔崙地區亦然，此地於乾隆末年已成繁華街肆，然而道光季年濁水溪氾濫頻繁，尤以道光三十年（1850）最甚，幾稱毀街，居民無奈，紛紛遷居田中央，再建新街；光緒二十四年（1898）濁水溪再度大汛，餘民相率遷居田中央，蔚為大街，沙仔崙沒落，因此以「舊街仔」別稱之，至今仍是。訪之於地方，耆老多能談論。

　　洪水害民之烈，人力難擋，前編「清代彰化縣颱風洪水災害表」，舉其史載之犖犖大者，觀之令人怵目驚心！濁水溪順如淑女，溫靜可人；怒如妖魅，捲天翻地。雖然如此，它仍是百姓依存的憑藉。濁水溪的故事，不也代表了中臺灣流域居民的生存奮鬥歷程嗎？〈大水行〉所寫便是清代濁水溪下游香園腳一次大水氾濫的可怕，以及期間發生的一次善心救人的義舉。陳肇興以長篇七言歌行，詠歌以勸世。

　　香園腳，道光年間《彰化縣志・規制志・保（莊社附）》及光緒年間《雲林縣采訪冊・沙連堡》俱作「香員腳」，且皆隸屬於沙連保區。則介於其間的

〔註169〕見依能嘉矩《臺灣文化志》下卷〈濁水溪流域〉，第1005頁。臺北：南天書局，1994、9臺北一版。

〔註170〕〈濁水溪〉一詩介於〈清水巖〉與〈秋風曲〉之間，〈清水巖〉詩中有「其時秋八月，楓葉紅炎炎」句。〈秋風曲〉自寫秋思無疑，以《陶村詩稿》編輯均依時繫作，因此〈濁水溪〉一詩，當為秋季之作。

〔註171〕見劉枝萬《臺灣中部碑文集成・甲・記》，第16頁、28頁。臺灣文獻叢刊第151種，臺北：臺灣銀行經濟研究室，1962、8。

咸豐四年（1854）陳肇興之作「香園腳」，想必是同音相假的緣故。

　　事件發生的地點香園腳，正位於今日彰化縣二水鄉與南投縣竹山鎮交會處。原為濁水溪下游的一處沙洲，民國八十七年（1998）最新編訂的臺灣地圖中，即以「香園腳沙洲」一名標示之。然而經筆者親臨造訪，今日的香園腳早已因長年的河沙淤積，與相鄰的二水鄉連為一地。此一地點於倪贊元《雲林縣采訪冊》亦記載道：

　　　　濁水溪……由集集順流至濁水莊〔註172〕象鼻山、香員腳、鼻仔頭山
　　　　等處。溪北為彰化縣地，南則雲林界也〔註173〕。

　　一個與濁水溪如此接近的地方，是十分危險的！當「黑風吹海使倒立，百川水從內山入」的時候，本為沙洲的香園腳，便十分汲汲可危。

　　筆者特地造訪自幼居於香園腳的表伯父，表伯父帶著回到過去的神情表示：他居住香園腳近三十年，對於當地做大水（氾濫），早就習以為常了。香園腳居民家家都有防洪逃難的準備和經驗。但也正因為淹水太頻繁，表伯父一家後來終於決定搬家，喬遷到最接近故居的二水鄉，而寧願每天往返香園腳耕作。

　　民國四十年（1951）左右，香園腳當地約有居民一百多戶，員林客運公司尚且在此設立站牌，一天要往返數次運載乘客。後來居民紛紛遷徙，員林客運公司自然也就取消此處的服務。前幾年尚且還能看到棄置不用的站牌，孤立在原處，現在則已完全不見蹤影了。

　　香園腳經常性的遭遇洪害，影響最嚴重的一次，便是民國五十一年（1962）的濁水溪暴漲。當年上游草嶺附近因洪水導致山崩，大水直瀉，濁水溪流迅即暴漲，數小時之間，整個香園腳幾乎已為之淹沒。在田地中耕作的農夫們，甚至還來不及收拾回家，就已經被大水困住，求救無門。那一年，突來的暴雨加上迅漲的溪水，情況十分危急，讓習於水患的香園腳居民深深震驚。而毫不止息的大水，甚至漫淹至二水鄉街道上了。大水奔來，轉眼之間，洲島盡沒，村毀莊滅，頓失所依。筆者聆聽至此，也才能夠體會陳肇興在〈大水行〉中所說的，並非只是形容詞而已，其實是可怕的真實景象：

　　　　頃刻民廬看不見，百里哀呼叫水變。緣木果然可求魚，為巢自恨不

〔註172〕濁水莊即今南投縣名間鄉濁水村。
〔註173〕見倪贊元《雲林縣采訪冊·沙連堡·川》，第149頁。臺灣文獻叢刊第37種，
　　　　臺北：臺灣銀行經濟研究室，1962、8。

如燕。黿鼉白日上山遊，人鬼黃泉隨處見。可憐環溪百餘家，一時
淹沒為魚蝦。洲沈島沒無所避，誰肯中流浮仙槎。(〈大水行〉)

這一段描寫不就是與表伯父的回憶，完全一致嗎？陳肇興所寫的這一段
詩文，也就不能簡單地以修辭學上所謂的「誇張法」來解釋，反而是相當寫
實的描繪了。陳肇興詩作的寫實主義風格，由此又有一證。

經歷了這一次駭人的大水，居民們不敢再繼續住下去了，紛紛舉家遷移，
香園腳從此迅速沒落，至今早已完全渺無人居。遼闊的河床上，只見青蔥翠
綠的各式作物，遍布其間，在中臺灣溫暖和煦的陽光下，閃耀著明朗燦爛的
光彩。只是，這樣的景象感受實在與「排雲駕雨鞭蛟龍，白浪高於天一級」
(〈大水行〉)的水災，有著天壤之別！

香園腳目前除了濁水溪河道的部分，其餘幾乎皆為農田。然而溪流氾濫
的情形仍然經常發生，危害甚劇。溪流氾濫的原因，除了溪沙天然淤積、雨
季水量激增之外，還有一項人為的因素，即是濁水溪砂石濫採太嚴重。以小
小的香園腳一地而言，便有三處砂石採收場。被開採的河道面目全非，河床
斷層處處可見。開採出來的砂石，堆成一座座的小山，仰之彌高。現在，據
說二水鄉公所為了保障農民們生命財產的權益，計畫要在近期之內，於原
本的大堤防之外，修築一道更接近濁水溪常流河道的內堤防，以防止大水
淹沒農田。此外，也計畫對砂石採收進行法律約束，以遏止生態環境的繼續
惡化。

香園腳一地，據《雲林縣采訪冊》記載：光緒年間住居「七十八戶，五
百七十七丁口」，屬於中等聚落，地勢低窪，早為往來津渡。乾隆年間余文
儀《續修臺灣府志‧規制‧橋樑》錄有〈彰化縣濁水溪渡〉一名，此津渡復
見於道光年間周璽《彰化縣志》及光緒年間《雲林縣采訪冊》，二書並記載
道：

濁水溪渡在沙連，為社寮、林圯埔通行要津，距邑治五十里。(《彰
化縣志》)

濁水溪渡在香園腳，為彰鹿適沙連要津。岸北屬彰化東螺堡，岸南
屬沙連堡。設船一隻，距邑二十五里。〔註174〕

足見香園腳是交通往來要津，就乾隆四十九年（1784）余文儀著《續修

〔註174〕見倪贊元《雲林縣采訪冊‧沙連堡》第155頁。臺灣文獻叢刊第37種，臺
北：臺灣銀行經濟研室，1962.8。

臺灣府志》〔註175〕，以迄光緒二十年（1894）倪贊元編輯《雲林縣采訪冊》
〔註176〕止，此處津渡已有超過百多年的歷史，而漢人墾拓香園腳的歷史至今
也已超過二百年了。香園腳一帶的濁水溪沿岸，由於雨季洪水的緣故，經常
氾濫，改變河道，渡口亦因之作彈性調整，林文龍在其《社寮三百年開發史》
中曾為文見證道：

> 社寮渡（濁水渡）的航道，並非一成不變，而是在上下界址之間，
> 每年隨著河道的改變而作彈性調整。……每年夏季大水之後，清水
> 溪河道必定改變，渡口也隨之遷移，即使後來的搭建竹橋，也是年
> 年易位。這種情形是我幼年時所目睹，頗能為社寮渡（濁水渡）設
> 定範圍作見證。〔註177〕

可見香園腳濁水渡一處，乃是常年性的洪災，〈大水行〉所記，便是其中一次
感人的故事。陳肇興以詩歌表彰了活人數百的木匠董文之義行，其詩云：

> ……洲沉島沒無所避，誰肯中流浮仙槎。濁水村翁老木匠，眼見波
> 濤如海樣。斬藤伐竹催乘桴，救得百人皆無恙。翁非有餘欲市恩，
> 動於不忍仁乃存。……

　　在洪水濤天之際，人人有如泥菩薩過江，自顧不暇，何能助人？所幸在
此緊急時分，濁水莊木匠董文捐金雇人買物，或伐竹造筏渡人，或裹飯往援
救飢，來回往復，如救己家，不辭辛勞。被洪水圍困的香園腳數十戶百餘男
女，終於安然無恙，獲得解救，這完全要感謝董文老先生的慷慨好義。俗謂
「救人一命，勝造七級浮屠」，董文盡力存活百餘人，其功至大，宛若菩薩呀！
況且其舉動全然不為私利，只因仁心不忍，愛人如己。古來倡愛談義者何其
多，但又有幾人能比得上董文的身體力行呢？陳肇興詩歌中詠贊道：

> ……世間詎乏千金子，目擊嫂溺甘不援。如翁惻隱合天意、必有餘

〔註175〕見余文儀《續修臺灣府志‧鍾（音）序》有言：「甲午冬，屬序於予。」，「甲
　　　　午」即是乾隆四十九年甲午（1784）。余文儀並未自述脫稿時間，茲以成書
　　　　求序之時視之。臺灣文獻叢刊第121種，臺北：臺灣銀行經濟研究室，1962、
　　　　8。

〔註176〕臺灣文獻叢刊第37種《雲林縣采訪冊》有周憲文撰〈弁言〉一篇考查道：
　　　　「原抄本……無著者姓名及脫稿年月。經察。此書係倪贊元所編輯，時在光
　　　　緒二十年（倪贊元任雲林縣訓導），原為供纂修《臺灣通志》之用。」今從
　　　　之。

〔註177〕見林文龍《社寮三百年開發史‧渡船頭的興廢》，第84頁。南投：社寮文教
　　　　基金會，1998、5。

慶貽子孫。君不見，宋祈救蟻中狀元，況乃回生起死人一村。

所謂「積善之家必有餘慶」，在各人自掃門前雪的現實社會中，董文的義行顯得特別可貴，陳肇興也對董文致上了無限的尊敬與祝福。

董文即董郁文，據吳淑慈〈永濟義渡──一個清代臺灣義渡的個案研究〉記載[註178]：

> 董郁文約於道光七年至道光十七年（1827～1837）由福建漳州府長泰縣隻身渡臺，由鹿港上岸，時年約在二十一至三十一歲，為一木匠，從事建廟的工作。後來輾轉來到沙連堡濁水莊口定居，仍以木匠為業，並曾投資鹿港大街上之協和號，從事藥材生意。……家業逐漸興盛。……考董郁文逝世之年代為同治二年（1863）。

由引文中可以推知，董文當生於嘉慶十二年（1807），享年五十七歲。〈大水行〉所記，為其四十八歲時的一次善行。

董文白手起家，終能成就事業，是唐山過臺灣的又一次成功例證。四十八歲的董文樂於傾囊救溺達百多人，其家業即令不富厚，亦當屬有餘。只是財厚之人，非僅董文而已，但他卻能疏財仗義，樂善好施，這才是真正值得稱揚的所在。

關於董文的義行，官方史志均未及見，陳肇興特為之表彰並寄予勸世之意的〈大水行〉七言歌行一詩，便可說是最早的文獻了。再者，董文逝世之後十六年，其生前的大願──設立義渡，終於在光緒五年（1879）正式運作，號為永濟義渡。當時曾立石銘識，成〈永濟義渡碑記〉一文。此為關於董文的另一項重要文獻。此碑現存濁水溪兩岸，在南端的竹山鎮紫南宮旁碑亭，與北端的名間鄉濁水村福星宮旁。在這一篇由陳肇興同年舉人簡化成撰寫的碑記上，再一次明白地記錄著董文急公好義，惠民利眾的悲心善舉，碑文載道：

> 如彰屬之沙連保濁水渡者，當內山南北溪流之衝，湍激漲急；加以春夏之間，久雨纏綿，山水暴至，溜急似箭，浪湧如飛，舵工稍一鬆手，即翻船觸石，凶占滅頂，論者謂：『臺灣一小天地，濁水之勢與黃河等。』非虛語也。

> 董君郁文，家濁水之濱，深痛其事，嘗與化成董業師大經論興義渡。師勸而勉之，董君遂倡捐佛銀六百員。時有吳君聯輝、陳君再裕等

〔註178〕本文收錄於《南投縣永濟義渡古文契書選》，第12頁。南投：南投縣立文化中心，1996、6。

同心贊成。而董君遽逝，事遂中停。茲其令嗣鍾奇心存繼志，念切
扶危，再邀吳君朝陽等協力勸捐，共得銀二千八百員，買置美田十
段。……〔註179〕

　　從碑文中可以很清楚地看到，永濟義渡的緣起與過程中，董文實在具有
重要的地位。因為有感於濁水凶急，使百姓往來困阻，並且危害生命財產甚
為嚴重，因而慈悲發心，欲興義渡，不取分文，給人方便。在悲心濟眾的信念
中，相信在其過逝前九年發生的〈大水行〉濟溺的經歷，應當曾經產生過相
當程度的影響力。

　　董文雖然未能在其謝世之前親見義渡的完成，但其子董鍾奇（榮華）能
稟承父志，奔走籌畫，終於使得永濟義渡的悲願實現，利人無數，其積善傳
家的風範，亦是地方佳話。董文實在是一位功德無量的善心人，足以為人法
式，史傳未載，實為遺珠，然幸得陳肇興深具史識，以詩代史，詠其懿德佳
行，使能流芳千古，永誌不朽！

三、風俗記實

　　歲時風俗最能表現地方民情特色，臺地居民，五方雜處，風俗各有所承，
各具特色。《陶村詩稿》中於一年四季歲時多有相繫之作品，大多抒懷，間或
敘事（參見：《陶村詩稿》歲時作品一覽表），既表現各人繫時之情，亦同時觀
察了民情風俗的內涵；既有漢人風俗，亦有原住民傳統，茲分述之。

表17　《陶村詩稿》歲時作品一覽表

歲　　時	詩歌篇目	詩作數量
1. 元旦（正月初一）	元旦（卷五）。元旦（卷八）。	二題三首詩。
2. 人日（正月初七日）	人日（卷八）。	一題一首詩。
3. 上元（正月十五日）	上元夜看煙火有感（卷八）。	一題一首詩。
4. 花朝（二月十五日）	花朝喜聞官軍羅山大捷（卷八）。	一題一首詩。
5. 清明	掃墓感作（卷一）。清明同友人遊八卦山（卷二）。清明（卷八）。	三題四首詩。
6. 端五（五月初五日）	端陽（卷二）。赤嵌竹枝詞之十一（卷四）。端午飲家與三茂才舍中（卷七）。	三題四首詩。

〔註179〕見劉枝萬《臺灣中部碑文集成・甲・記》，第54至55頁。臺灣文獻叢刊第
　　　　151種，臺北：臺灣銀行經濟研究室，1962、8。

7. 七夕（七月七日）	七夕示内（卷七）。	一題一首詩。
8. 建醮	到鹿津觀水陸清醮普度（卷四）。	一題八首詩。
9. 重陽（九月九日）	重陽（卷七）。	一題一首詩。
10. 冬至	冬至（卷七）。	一題一首詩。
11. 臘日（十二月八日）	臘日（卷七）。	一題一首詩。
12. 除夕（十二月廿九日）	除日（卷三）。除夕（卷七）。	二題五首詩。
13. 過年	番社過年歌（卷三）。	一題一首詩。
14. 賽神進香	西螺曉發（卷三）。赤嵌竹枝詞之十二（卷四）。	二題二首詩。

　　臺灣居民自大陸內地移入者眾多，據連橫《臺灣通史》之分期統計記載，清廷領臺之初，全臺灣漢番人數約十萬人；於嘉慶十六年（1811），不計土番已達二百萬三千八百六十一人，至道光二十三年（1823），全臺漢番共計二百五十萬人，光緒十三年（1887）更達三百二十餘萬人〔註180〕，清楚可見二百餘年之間，大陸移民之洶湧競入，稱臺灣為「移民樂園」，實不為過。移民者因此逐漸凌駕於原住民之上，成為臺灣地區最主要族群。連橫《臺灣通史》詳於漢人行跡，略於原住民習尚，其《風俗志》序言中更謂：「臺灣之人中國之人也，而又閩粵之族也。」所載記風俗記內容亦純為漢人風俗，並未如同清代許多史志一般別出「番俗」一項，顯然連橫仍是純以漢人移民立場記俗。《臺灣通史》刻意略除原住民之載記，實亦一大憾事。

　　陳肇興本是漳州移民之後裔，《陶村詩稿》記錄了一位移民子弟階段生活的見聞點滴，而日常俗尚，便自然地呈顯於詩歌之中，諸作之中，尤以〈到鹿津觀水陸清醮普度〉一題八首詩最具采風之姿。

　　「作醮」是臺灣民俗信仰當中最典型的一項活動。臺灣人素來尚巫好鬼，加以移民住遷艱辛，祈祝祭祀之舉愈形重要而普遍，周鍾瑄《諸羅縣志·風俗志》便推原臺灣建醮日繁的淵源道：

> 俗傳荒郊多鬼，白日幻形，雜過客為侶，至僻地即罹其害。晨昏或現相獰猙，遇者驚悸輒病。故清明、中元延僧道誦經，設醮之事日多。〔註181〕

〔註180〕分見連橫《臺灣通史》之〈戶役志〉第 152 至 157 頁，與〈經營紀〉第 87 頁。臺灣文獻叢刊第 128 種，臺北：臺灣銀行經濟研究室，1962、8。

〔註181〕見周鍾瑄《諸羅縣志·風俗志·漢俗》，第 150 頁。臺灣文獻叢刊第 141 種，臺北：臺灣銀行經濟研究室，1962、8。

可見臺灣建醮事日多，乃是對鬼神的強烈敬畏所使然，以「祈天地神明為民人消災降祥」，也因此「凡作醮必普度」〔註182〕，普度意為普施濟眾，緣出佛經目蓮救母故事，演為廣祭無祀孤魂，臺灣向稱「埋冤」之地〔註183〕，為之更重普度，因惟恐施予不足，神鬼不滿意，往往大佈禽穀庶品以祀，「疊豬、魚、雞、鴨、鮮果、餅餌高五、六尺，積如岡阜為美。」〔註184〕

陳肇興詩歌所記「水陸清醮普度」即普施水、陸兩界無祀孤魂的祈安清醮，「是臺灣各種醮型中最典型的一種」〔註185〕。鹿港一地為清代臺灣最重要的港埠，市街繁華，稱冠中臺灣。咸豐九年（1859年）的這一次清醮普度，舉辦於陳肇興渡海自福州參加鄉試，高中金榜回家鄉的十月之後。蓋〈到鹿津觀水陸清醮普度〉一詩正緊接著於「我行十月颱颶息」（〈由港口放洋望海上諸嶼〉）之後。

依民間習俗，相傳農曆十月初三日為水仙尊王大禹聖誕，十月十五日習稱下元節，相傳為水官大帝聖誕，則或許此次建醮，便是與此二神之祭祀有關，並且該年做醮一連舉行七天，陳肇興詩中所謂「信男善女七宵忙」（之五），建醮的天數愈多，規模自然也就愈大〔註186〕，「而清醮的醮期有一朝、二、三朝、五朝、七朝……之分，一朝即表示一天，二朝兩天，餘類推，其中以三朝最多，舉行最為頻繁。」〔註187〕，五朝以上的大醮便不常見，臺灣南鯤鯓代天府於1968年舉行過一次轟動盛大，全臺矚目的慶成醮，規模也僅五天而已〔註188〕，可見《陶村詩稿》所記錄咸豐九年（1859）的七朝大醮，是少見的

〔註182〕見不著撰人《安平縣雜記·僧侶並道士》，第14、22頁。臺灣文獻叢刊第52種，臺北：臺灣銀行經濟研究室，1962、8。
〔註183〕連橫《臺灣通史·開闢紀》曰：「臺灣原名『埋冤』，為漳州、泉州人所號。明代漳、泉人入臺者，每為天氣所虐，居者輒病死，不得歸，故以埋冤名之，志慘也。」見第24頁。臺灣文獻叢刊第128種，臺北：臺灣銀行經濟研究室，1962、8。
〔註184〕見丁紹儀《東瀛識略》，第35頁。臺灣文獻叢刊第156種，臺北：臺灣銀行經濟研究室，1962、8。
〔註185〕見黃文博《臺灣風土傳奇·唱一齣法戲》，第94頁。臺北：臺原初版社，1989、1初版。
〔註186〕見劉還月《臺灣的歲節祭祀·醮典祭儀》，第115頁。臺北：自立報系文化初版部，1991、8一版一刷。
〔註187〕見黃文博《臺灣風土傳奇·唱一齣法戲》，第94頁。臺北：臺原初版社，1989、1初版。
〔註188〕見劉還月《臺灣的歲節祭祀·醮典祭儀》，第115頁。臺北：自立報系文化初版部，1991、8一版一刷。

大規模醮典，也因此十分隆重而熱鬧，正如陳肇興詩所描寫：

> 沸天鑼鼓徹宵喧，一片靈風閃彩旛。十字街中人似織，不知何地著
> 孤魂。（〈到鹿津觀水陸清醮普度〉之一）。

鹿港境內鑼鼓喧天，遊人如織，充分瀰漫著歲時節慶的熱鬧氣氛。而迎風招展的旗旛，則清楚標示了普度孤魂的醮典特色。高高的燈篙是建醮必有的景物，乃於青竹之上繫燈插旗，以便引導各路陽神陰鬼前來降臨受饗，所謂：「剪綵裁絨豎幾竿，大千會食集盂蘭」（之八）。

燈篙之上的燈與旗，依黃文博《臺灣信仰傳奇・彩旛引孤魂》的研究指出：廟壇邀請陽間神靈當樹陽竿，其上布置紅色長條「天旗」（一稱「祈安旗」）、青藍色長形「天布」、紅色方形「醮旗」（一稱「令旗」）、金箔製圓筒「天錢」（即紙錢），以及一盞上覆草笠的天燈（又稱「玉皇燈」）；招引陰間鬼魂，當樹陰竿，其上布置白或黑色長條布「招魂旗」（一稱「孤魂旗」），黃或黑色長條「地布」，銀箔製圓筒「地錢」，以及七盞上覆草笠的「七星燈」。除此之外，陽竿底部有時會另加金紙「天金」，陰竿底部有時也加銀紙「高錢」，「高錢」則尚分白、黃、五彩三種。宅第燈篙則多懸蜈蚣旗，並依家中男丁人數，懸掛等量的孤燈（平安燈）。

即如現今各地建醮之時，區域範圍內，家家戶戶門前也都會高掛紅色或黃色的醮燈。透過「晝升旛旗夜升燈」來招引各界神鬼。藉此可以想像，白晝之時鹿港全境戶戶懸旛，一片旗海飄揚的壯麗景象；入夜之後則又是萬家燈火，熱鬧閃爍的炫麗景觀，若再加上如山金紙引火一燒的烈燄衝天，民眾大開筵席的宴客場面，便是陳肇興詩中所描繪的「沸天鑼鼓徹宵喧，一片靈風閃彩旛。」（之一）、「萬枝燈火綺筵開，金紙如山化作灰」（之二）。

天燈篙之多彩尚不止如此，黃文博同文指出，不論廟宇或宅第，每一枝燈篙「豎起之際，都要焚香燒金，之後必須馬上纏燒紅綢布至兩三尺高」，並且「燈篙所立竿數因地而異，無關醮局大小，或循舊俗而來或依醮期而定」（如三朝醮豎三支，五朝醮立五支等等），有時還外加「斗燈五主會」五支，陳肇興詩中雖未明示所立燈篙的竿數，但也表現了一種數大之美，其詩云：

> 惟天冪地耀紅綾，九曲屏風萬炬燈，也似石王鬥元寶，紫絲錦障一
> 時增。（之四）

顯然當年所立的燈篙不只一竿，否則如何能夠形成「惟天冪地」、「九曲屏風」？以前文所言依醮期而定，則七朝大醮當豎七支燈篙。民國七十三年

十一月二日至十二月二十日為期七七四十九天的臺南市鹿耳門天后宮羅天大醮，乃臺灣地區有史以來之首見，其中各項醮典，小者如二朝奠安土府福醮，大者如七朝祈安清醮，共豎燈篙十二支〔註189〕；民國七十七年歲末，臺南市麻豆區代天府亦建「祈安七朝清醮」，卻一共豎立了一百三十六支燈篙，數量之多，全臺僅見。則咸豐九年的鹿津清醮燈篙數量，或許超過七支以上，也不無可能。可以想見：當每支高度超過一丈以上的燈篙全部排立起來的時候，是多麼儡人的氣勢啊！彷彿石崇與王愷在鬥富般，建醮期間高懸密佈、豪華侈麗的錦幛燈牆，不也競相誇耀著彼此的財富嗎？

　　建醮的鋪張，尤其表現在飲食祭品上。陳肇興對此提出了嚴厲的批評，且看其詩曰：

狼藉杯盤等布金，給孤園裡肉成林。不知一例談功德，可有慈烏反哺心。（之三）

新開殺戒禮金仙，人自茹蔬鬼逐羶。一樣無辜皆就死，雞豚終古怨西天。（之六）

剪綵裁絨豎幾竿，大千會食集盂蘭。世間不少窮饕餮，冷炙殘羹未許餐。（之八）

　　連連諸詩，陳肇興清楚的提出了反省：在普施濟度可憐孤鬼的同時，何以卻要造成更多枉死魂魄？既是源於盂蘭盆會的精神，何以卻大開殺戒，祭肉祀葷？人間尚有許多貧飢之民，祭壇之上卻是金山肉林，普渡竟是濟死而不濟活嗎？清醮旨在祈安植福，立意甚佳；普渡博施三界，尤顯慈悲，但奢靡浪費勞民傷財，實在罪過。

　　盂蘭盆會普渡之儀自西方佛教而來，臺灣之普渡即是由大陸移民傳入，但臺灣普渡之規模，卻遠遠超過內地。丁紹儀觀察兩岸風俗之異曰：

福州諸郡亦興出海（按：即祭瘟王以逐疫），船與各物皆紙為之，象形而已；即普度，亦弗如臺。……每年需費番銀千圓，少亦數百圓，胥斂之署以內。其雞魚皆生獻，越宿已臭，未免暴殄。僉日不但葷腥易敗，祭後諸品雖存形質，食之均無味云。〔註190〕

〔註189〕見《南臺灣文化專輯‧鹿耳門天后宮醮典》，第 1 至 102 頁。南投：臺灣省文獻會，1996、6。

〔註199〕見丁紹儀《東瀛識略‧習尚》，第 35 至 36 頁。臺灣文獻叢刊第 2 種，臺北：臺灣銀行經濟研究室，1962、8。

祭品的豐盛與典禮的豪華，固然代表了信徒虔心禮敬的誠意，但無謂的浪費，
也實在是不必要的。尤其若存有競富的心理，便更是要不得了！《安平縣雜
記》中便有坦率的記錄：

> 每一醮動費數百金，省亦近百焉。雖窮鄉僻壤，莫敢吝者。……若
> 民間祭祝神祇之禮，歲逢神誕，里人鳩資建醮，演戲備物致祭，或
> 分區段互賭勝負，以牲牢豐盛者為勝。〔註191〕

臺灣人「輸人不輸陣」的心理，似乎在此類時節尤其凸顯。

四、社會史詩

清代臺灣械鬥民變頻傳，勞民傷財，毀命亂世，影響深巨。械鬥民變幾
乎已成為臺灣地區的特點，所謂「三年一小反，五年一大反」〔註192〕，「七、
八年一小鬥，十餘年一大鬥」〔註193〕，正是臺灣多亂的最佳寫照。清代臺灣
分類械鬥正乃隨著移民開發的路徑，由南而北發展〔註194〕。彰化地區位居中
部，自雍正元年（1723年）建置以來，依文獻所載，於「乾隆四十年（1775
年；壬寅）（十二）月，泉、漳民分類械鬥」乃彰化械鬥之始，周璽《彰化縣
志》直敘緣由曰：

> 縣治西門外四里有莊曰莿桐腳（按：在今彰化市莿桐里），地當大路
> 之衝。有設賭場者，適泉人與漳人同賭，因換呆錢起釁，始僅口角，
> 繼即鬥毆，終釀械鬥巨禍。邑之有分類自此始。〔註195〕

自此之後，終至清世，械鬥民亂時起不斷，其中與南路朱一貴事變並稱
「臺灣三大民變」的大里杙（在今臺中市大里區）林爽文事變、四張犁（在今
臺中市北屯區）戴潮春事變，皆發生於清代彰化縣治區域內，彰化械鬥民變
之烈可見一斑。再者，據林偉盛先生「分類械鬥區域分布統計表」〔註196〕統

〔註191〕見不著撰人《安平縣雜記》，第12、19頁。臺灣文獻叢刊第52種，臺北：
臺灣銀行經濟研究室，1962、8。

〔註192〕見徐宗幹《斯未信齋文編》，第7頁。臺灣文獻叢刊第78種，臺北：臺灣銀
行經濟研究室，1962、8。

〔註193〕見劉家謀《海音詩》。臺灣文獻叢刊第28種，臺北：臺灣銀行經濟研究室，
1962、8。

〔註194〕見林偉盛《羅漢腳——清代臺灣社會與分類械鬥》，第59頁。臺北：自立晚
報社文化出版部1993、3一版一刷。

〔註195〕見周璽《彰化縣志・雜識志・兵燹》，第363頁。臺灣文獻叢刊第156種，
臺北：臺灣銀行經濟研究室，1962、8。

〔註196〕見林偉盛《羅漢腳——清代臺灣社會與分類械鬥》，第60頁。臺灣文獻叢刊

計：清廷治臺二百多年間，以中部地區總計二十次的械鬥次數最多，冠於其他各地；其中彰化地區又以乾隆、道光、咸豐三朝名列前茅，亂事頻率最高。而詩人陳肇興所處的時代——道光、咸豐、同治恰巧正是清代中部民亂最遽之時。茲就此三朝期間中部彰化歷年械鬥民變彙製成「清代道光、咸豐、同治三朝彰化縣分類械鬥表」，俾便體察《陶村詩稿》諸詩之時代背景：

表 18　清代道光咸豐同治三朝彰化縣分類械鬥表

時　　間	發生地區	領導人	事　　由	蔓延地區	性質	出處
1. 道光 6 年 4 月至 8 月	睦宜莊（今田尾鄉睦宜村）	李通	私竊豬隻，引發糾眾格鬥	南至虎尾溪，北沿至大甲溪以北	閩粵分類	A
2. 道光 10 年	彰化縣	王溪水	糾夥造謠，焚搶，抗官拒捕			B
3. 道光 12 年	彰化縣	莊辦梁文一	張貼激烈字樣之告示			C
4. 道光 12 年夏至 13 年春	嘉義店仔口（今臺南市白河區）	張丙	摘芋被欺報復且不滿官府	南至鳳山縣，北至淡水廳幾為全臺。	閩粵分類	B、C、D
5. 道光 13 年	彰化縣				閩粵械鬥	E
6. 道光 14 年	彰化縣（今臺中市）	陳長	謀藉米貴造謠滋事			B
7. 道光 18 年	彰化縣（今臺中市）	蔡水藤張心	平素搶劫，官府嚴拿乃結會抗官。			B、C
8. 道光 21 年	彰化縣	陳全	集眾未遂被捕			C
9. 道光 22 年	彰化縣（今南投縣）	陳勇黃馬	地方士豪，築造石圍聚眾滋事。			BC
10. 道光 24 年 8 月至 10 月	葫蘆墩（今臺中市豐原區）	陳結	越界賣菁仔口角糾眾焚搶	彰化、嘉義	漳泉分類	D

第 128 種，臺北：臺灣銀行經濟研究室，1962、8。

11. 道光 30 年	彰化縣		漳泉口角		漳泉械鬥 F
12. 道光年間	龍目井				漳泉械鬥 H
13. 咸豐元年 3 月	彰化縣	鄭弔燈	口角互毆，造謠搶奪。	葫蘆墩，淡水廳之大甲一帶	漳泉分類 D
14. 咸豐 3 年 12 月	東螺堡（今二水鄉、北斗鎮）		因開溝相爭鬥擄殺焚掠。	延及淡水廳屬迤南至北	漳泉分類 D
15. 咸豐 10 年	彰化縣				械鬥 I
16. 同治元年至 4 年	彰化四張犁（今臺中市北屯區）	戴潮春	豪姓爭租不滿官府	遍及全臺。	土豪漳泉互鬥 B、C D
17. 同治 13 年	彰化縣	廖有富			C
18. 同治年間	彰化縣		爭利益		三姓械鬥 F

＊資料來源：

A. 周璽《彰化縣誌》
B. 劉玲妮《清代臺灣民變研究》
C. 鍾孝上《臺灣先民奮鬥史》
D. 林偉盛《清代臺灣分類械鬥之研究》
E. 《臺灣省通志》
F. 林偉盛《羅漢腳——清代臺灣社會與分類械鬥》
G. 陳其南《臺灣的傳統中國社會》
H. 許雪姬《龍井林家的歷史》
I. 陳肇興《陶村詩稿》

　　從上表統計中可知：自道光元年（1821）至同治十三年（1874）止三朝五十四年之間，彰化縣一地共發生械鬥民變十八次，平均每三年即發生一次，其中又有許多械鬥綿延數月至數年之久，可以說彰化縣長期處於動盪不安的狀態，百姓因此深受流離之苦，飽嘗身家性命之威脅，陳肇興佚詩〈械鬥竹枝詞〉即悲憤指出：

　　　　災及後龍彰化間，禍延錫口至宜蘭。羅東亦效相殘殺，人命如絲似草菅。（之三）

　　　　起止紛爭數十年，時停時作互牽連。腥污血染開疆史，斲喪菁英笑失筌。（之四）

面對動輒牽連各地的械鬥，臺灣各地的百姓俱受其災，鄉土染血，命如草芥，令人感慨！

《陶村詩稿》中言及械鬥之詩比比皆是，除了咸豐二、五、六、七、八年未見明顯載記之外，其餘七年，年年皆有有關械鬥之作，尤其同治元年、二年戴潮春事件記述特詳。咸豐三年陳肇興赴府城參加秀才考試，得第北上返家途中聽聞諸羅（在今嘉義）有警，必須改道避亂入水沙連內山，有〈羅山聞警〉一詩記其事：

> 半生山水有奇緣，避亂猶過萬嶺巔。一箭路穿牛觸口，千盤身入水
> 沙連。

陳肇興返家之後，不幸又逢亂局，舉家遷移，投靠親友，先至賴氏莊（在今臺中市北區賴厝里、賴村里），繼而又到王田（在今大肚區王田村），所謂：

> 聞亂拋城市，遷家就友生。（〈賴氏莊〉之一）

> 狂吟聊過日，安坐待時平。（〈賴氏莊〉之五）

> 家貧八口依姻戚，世亂頻年避虎狼。拋卻城中歌舞地，獨來野外水
> 雲鄉。（〈王田〉之一）

一年當中頻患亂事，疲於奔命，真是無奈！《陶村詩稿》中述及陳肇興親身面臨的械鬥民亂僅有如上所言，包括咸豐三年（1853）之經驗與同治元、二年（1862至1863）戴潮春事件的起身抗禦二事。

其實械鬥經年，衝突時起的見聞，令詩人頗為慨嘆！咸豐四年（1854）陳肇興往遊龍目井（在今龍井區龍目村），親聞父老泣訴械鬥禍害鄉里的悲憤，有〈遊龍目井感賦百韻〉敘其詳；咸豐九年（1859）高中舉人，衣錦榮歸的陳肇興，親見了民亂之後荒邱廢墟，流民四竄的葫蘆墩（在今豐原區），有〈葫蘆墩〉一詩為見證。此外，詩人也直敘其對械鬥不絕的煩憂，故有詩云：「歲歲干戈裡，爭雄氣未殘」（〈肚山漫興〉之一）、「干戈擾擾傳三楚，車馬勞勞走四方（〈揀中感事〉之二），尤其〈春日有感〉更指陳豺狼當道，連年為禍的不安，其詩云：

> 十年回首處，萬感上眉端。燕雀巢雖穩，豺狼馭尚難。

此詩繫於同治元年（1862），逆推「十年」，恰為咸豐二年（1852），亦即《陶村詩稿》起首之年，可見得《陶村詩稿》諸詩寫作的時代背景，正是械鬥民亂不斷的時期。因此書中詩作，不僅記載了當年械鬥民變的現象，也寄託了詩人觀察時的心情，與思考後的議論。

　　清朝統治臺灣二百一十三年（1683年至1895年）中，有案可考的械鬥反清事件，合計起來就有一百五十四件之多〔註197〕，雖然清代發生分類械鬥的區域，非僅臺灣一地而已，但臺灣械鬥民變之多之烈，絕不遜於他省。為何獨立海外的臺灣會發生如此頻繁的械鬥民變呢？陳肇興就其觀察，曾提出了幾點意見：

（一）吏治敗壞

　　這是《陶村詩稿》諸作中最常垢病的一點。敘述械鬥淵源及發展，最稱詳盡的〈遊龍目井感賦百韻〉中即直言指出官員的惡行惡狀，其詩曰：

> 嗣後太平日，文武多恬熙。黠吏若狡兔，健役如虎道貙。逢剽劫賊，
> 搖手謝不知。肩輿下鄘屋，凜凜生威儀。從行六七人，沿路索朱提。
> 更誘愚頑輩，鷸蚌互相持。就中享漁利，生死兩瑕疵。死者臥沙礫，
> 生者受鞭箠。黔妻殺黎首，倚頓遭羈縻。一紙縣官帖，十戶中人資。

　　就詩中所稱，官吏們惡劣的作為包括有怠忽職守、魚肉鄉民、挑撥分化諸項，也因此才使得「伊昔稱樂土，俯仰皆有資」的龍目井地區（在今臺中市龍井區龍目村），逐漸變成「靡靡逾阡陌，數里無煙炊。榛槤積碎瓦，頹垣壓茅茨」的荒涼景象。

　　清廷派遣來臺的官吏中，有不少勤政愛民之士，如〈遊龍目井感賦百韻〉中所稱「所賴賢父母，寬猛政並施。……堂堂楊明公，版築相地宜」，便是指彰化知縣楊桂森；而楊珠浦撰〈陳肇興先生傳略〉時所稱「提倡風雅」的翰林高鴻飛，也是令百姓讚譽懷念的彰邑好縣令。只是，因循苟且的官兵似乎更多。究其原因，恐怕與制度心態有所關聯。

　　清廷基於防制的考量，對於派遣赴臺任職者，多有設限。依周璽《彰化縣志‧官秩志》附載〈官秩例〉可見一斑，其中載道：

> 康熙六十年議准，臺灣文武大小各官，不許攜眷屬。
>
> 雍正八年奉准，嗣後調臺各員，到任二年，該督撫另選賢能，赴臺協辦。半年之後，將舊員調回。
>
> 雍正十八年覆准，臺灣道員，准其照鎮、協之例，三年報滿。知府、同知、通判、知縣准其照參將等官之例，二年報滿。

〔註197〕見許雪姬《龍井林家的歷史》，第57頁。臺北：中央研究院近代史研究所，1990、6。

雍正十二年，總督郝玉麟奏准，調臺官員，年逾四十無子者，准其

挈眷過臺。

雖然種種限制可能都是為了防制反清勢力的騷動，但俗謂「三年官兩年滿」，
也正是在此一吏制背景下產生。官員皆由內地賢能選揀，隻身飄揚來臺，易
於掛念內地父母妻小。並且其任期不長，亦易流於苟且因循。以《彰化市志》
所列〈彰化縣知縣表〉為依據，清代道光元年至同治十三年（1821～1874）五
十四年之間，清廷總共派調彰化知縣四十人次，平均每人任期僅一年四個月
左右。而龍目井所屬的北路理番同知，同一時期亦派調四十人次，平均每人
任期亦僅一年四個月左右。此二者皆屬地方重要職位，攸關建設至深，調動
卻如此頻繁，任期如此短暫。地方首長的頻頻去來，似乎也易於助長地方的
浮動。康熙末年，藍鼎元於〈論臺中時事書〉上早已直言指稱：

臺中時事，有大可慮者三：米貴兵單、各官窮蹙、政務懈散……。

邇者臺地各官，多以五日京兆，不肯盡心竭力，任地方安危之寄，

高守不敢思歸。又以戰船賠累，惟無米之炊是急，心灰氣憒，以脫

然廢棄為幸，何能得有餘力，整頓地方？〔註198〕

文中一針見血地道出：吏治敗壞，政務鬆懈的重要原因之一，便是官員任期
短暫，得過且過，不肯盡心治理。而藍鼎元所指出的弊病，即使到了清代中
期，依然不見好轉。陳肇興詩作中也多次就此提出不滿：

大吏輕裘暖，官胥快馬肥。聞雞應起舞，不必輒思歸。（〈與韋鏡秋
上舍話舊〉之二）

籌餉幾時勞大吏，徵兵此地拜將軍。貂蟬狗尾皆承寵，封豕長蛇競
冊勳。（〈揀中感事〉之八）

手捧文書暗自驚，非官非吏逐人行。……城狐社鼠多奇拓，誰信冰
壺徹底清。（〈揀中感事〉之十一）

是時四野盡成狂，燒香作會等兒戲。紛紛肉食不知謀，但坐高堂唯
臥治。（〈北投埔計議防亂事宜〉）

殺賊不聞諸將猛，梟渠誰錄義民忠。……寄語東征諸將吏，漫將紙
上競奇功。（〈感事漫興〉之六）

<hr>

〔註198〕見藍鼎元《東征集·論臺中時事書》，第 73 頁。臺灣文獻叢刊第 12 種，臺
　　　　北：臺灣銀行經濟研究室，1962、8。

諸如此類責備譏諷之語，屢屢可見。陳肇興用語直率，並不客氣。這正是在野士人對在朝官吏一種恨鐵不成鋼的著急。官吏怠忽職守，爭功諉過的情事不斷，不足以為民表率。而其執行公權力時，又如何能夠公正公平？令民眾如何能夠信服？社會如何能夠平靜？小則爭擾訟獄時起，大則械鬥民變頻傳。陳肇興有七律兩首，便是對於吏治敗壞的直接指控：

> 乾坤莽莽又今朝，憂憤填胸鬱不消。殺運未終天道渺，生機才轉吏人驕。祇聞攘臂爭金帛，可有驚心到斗筲。坐擁貔貅空束手，連營將帥已無聊。(〈揀中感事〉之六)

> 黃符歲歲下瀛東，萬里烽煙信息通。民為徵兵多聚鐵，官因省事諱修戎。妖謀詭秘三更裡，賊勢綿延七載中。為虺弗摧蛇又放，爭教海水不流紅。(〈感事漫興〉之二)

在社會動亂不安的同時，官吏卻只知道爭金搶功，作威作福，令人厭惡。尤其武備鬆弛，有名無實，更令百姓詬病。官府既然無力善盡人民保母的職責，民間自力救濟，結黨互保的組織也就應運而生。由各方移民所構成的臺灣社會，其族群相爭，聚眾生事的情形，也就無法避免地源源而出。道光年間，臺灣兵備道姚瑩即曾在奏議上指出：

> 太平日久，文恬武嬉，惟聲色宴樂是娛，故使奸人伺隙生心，得以緣結為亂。倉卒起事，官兵猶在夢中。致亂之由，言之令人痛恨！

乾隆五十一年（1786）林爽文起兵於彰化大里杙（在今臺中市大里區），清初官吏好利輕政，貪贓枉法，正是助長亂事的主因。《平臺紀事本末》中言道：

> 乾隆四十七年……水師提督黃仕簡、臺灣道楊廷樺挾重兵壓莊，搜求罪人。莊人以重利賄師，師退。其縛獻者一、二人，實非黨惡。由是諸無賴之徒益輕官兵，而奸民多生心矣。乾隆五十年……林爽文既邀結人心，時出劫掠，以其財招納亡命。又創為邪說，以所為天地會者煽惑民心。彰化縣屢遣官役捕之，皆自中途返，莫敢涉其境。……

> 臺灣鎮總兵柴大紀，浙江江山人也，由武進士洊陞總兵。為人陰鷙嗜利，自任臺灣三年，兵籍多缺額。其分防汛地兵丁，游手飲博，

事覺皆以利免。由是軍政益弛。〔註199〕

官兵們嚴重的腐敗好逸，直接提供了有心者的可乘之機，社會焉能平靜？

再以戴潮春事件為例，戴氏兄弟聚眾結黨已久，當政者任其擴張，至地方動搖，是官吏不能防微杜漸，已誤之在先；待其黨羽截途劫掠，囂張無度，縣令雷以鎮親率兵勇，欲予究辦時，竟懾於黨眾豪霸言語，折氣而回，又助長氣勢在後。而臺灣兵備道孔昭慈雖於事起之後馳蒞彰化，但蔡青筠批評他：

> 孔道仕臺有年，然平日徵歌選色，未饜巨黎。其所為形跡，故老類能言之。

> 狃於承平之嬉恬，無所備。即聞大突莊陳啞九弄等揭竿而起，遍地崔苻，使馳蒞彰化，猶思輔輯。〔註200〕

尤其是吳德功分析彰化城迅速淪陷於戴黨的原因時，正直指官兵的不是，曰：

> 彰邑之失守有三故焉：昇平日久，民不知兵，營兵糧餉甚薄，間以當道之刻扣銀米，餉期稽遲，不及時而發，故營兵半兼為商，全無訓練。除分守各汛外，以及隨林協得成同秋丞往勦，城中只有羸老兵三、四百名，雖遇烏合之眾，儼臨大敵。其不瓦解也難矣。〔註201〕

地方政府懈怠苟且嚴重，官府自上至下好逸徇私，政敗兵弱，不堪用事，使得彰化城迅速淪陷。陳肇興也因此十分痛心地怒責當道：

> 定寨城空誇犄角，望洋援已絕重圍。優柔養寇機先失，倉卒陳兵計又非。（〈二十日，彰化城陷〉）

官兵平日疏懶，欺善怕惡，又優柔寡斷，臨陣無謀，致使廣大的無辜百姓，卻必需為之付出流離奔逃的代價。為政者的怠忽職守，誤民甚烈啊！士大夫的歷歷指陳，已足以明白反映出：戴潮春事件的坐大蔓延，政府上下實在難辭其咎。而「上樑不正下樑歪」，使得到了戰事吃緊的時候，竟然還會發生「俗悍官依盜，村荒鬼弄人」（〈葫蘆墩〉）的惡劣情事。莫怪乎人稱「各省吏治之壞，至閩而極；閩中吏治之壞，至臺灣而極。」

〔註199〕見不詳撰者《平臺紀事本末》，第2至3頁。臺灣文獻叢刊第16種，臺北：臺灣銀行經濟研究室，1962、8。

〔註200〕見蔡青筠《戴案紀略》，第3至4頁。臺灣文獻叢刊第206種，臺北：臺灣銀行經濟研究室，1962、8。

〔註201〕見吳德功《戴案紀略》，第8至9頁。臺灣文獻叢刊第47種，臺北：臺灣銀行經濟研究室，1962、8。

　　吏治敗壞以貪贓枉法為首惡。清代臺灣官宦頗有此惡習氣，民間深受剝削之苦，禍亂亦往往因此而起。連橫《臺灣通史》曾毫不諱言地指出：

> 夫臺灣既為海疆重地，而官吏俸祿甚輕。……然貪婪之吏，以官為賈，舞弄文墨，剝民肌膏。三年報罷，滿載而歸。而臺灣府、縣之缺，遂為巧佞所爭矣。（〈職官志〉）

　　祿薄難以養廉，巧佞爭官妄為，此乃罪在朝廷制度之弊。然而承擔其禍害的，卻是無辜的廣大百姓啊！臺灣吏治之惡劣，恰足以逼民為賊。康熙年間朱一貴事變，正是以誅貪官起事，成為臺灣史上的第一大民變，《臺灣通史》之〈朱一貴列傳〉即敘述道：

> 康熙六十年春，鳳山知縣缺，知府王珍攝縣篆，委政次子，事苞苴，徵稅苛刻，縣民怨之。又以風聞治盟歃者數十人，違禁入山伐竹數百人，眾莫可訴。……謀起兵，誅貪吏。

　　雖然清代「臺地縣官無潤餘」〔註202〕，但官吏貪贓諸事，已然超乎衣食所需甚多，橫徵霸斂，令人反感。陳肇興筆下便是清代中期官兵的惡劣行徑：

> 肩輿下部屋，凜凜生威儀。從行六七人，沿路索朱提。……一紙縣官帖，十戶中人資。（〈遊龍目井感賦百韻〉）

真是擾民之兵啊！他們沿途催徵銀兩，無意地痞流氓之強索保護費，有官不如無官。

　　即以戴潮春起事而言，亦以酷吏貪索，驅動了百姓的結黨保身，從而釀成巨禍。吳德功《戴施兩案紀略》載道：

> 潮春世為北協署稿書。……前北協夏汝賢貪酷，偵潮春為富家，任意勒索。春遂回家。……
>
> 吳立軒曰：會盟結黨之宜禁也。揣戴逆之初心，倡舉此會，陽以保身家為名，實陰以拒夏汝賢之索賄。而禍水一杯，風波頓起。〔註203〕

所謂「官逼民反」，此又一端。假公濟私，需索無度，壓榨迫害，民何以堪？

　　戴潮春家境富裕，《東瀛紀事》、《戴案紀略》等作俱已明載。筆者特地親自走訪戴潮春故鄉——清代彰化縣揀東保四張犁莊，即今日臺中市北屯區仁

〔註202〕見徐宗幹《斯未信齋文編‧請籌議積儲書》，第 69 頁。臺灣文獻叢刊第 87 種，臺北：臺灣銀行經濟研究室，1962、8。

〔註203〕見吳德功《戴施兩案紀略》，第 3 至 4 頁。臺灣文獻叢刊第 47 種，臺北：臺灣銀行經濟研究室，1962、8。

美里。提起「戴潮春」之名，當地耆老並不熟悉，然對「戴萬生」一名則甚為
熟知。傳統民間社會習以字、號稱人，今日可得一實證。據當地耆老表示，戴
家當年實際擁有大片田產，十分富裕，是地方上的領袖。據傳戴潮春故居就
在今臺中市北屯區仁美里豐樂路上的陸光九村土地公廟「合福祠」附近，一
株老榕樹是其標誌。當年起事時，也曾在今日豐樂路與頭張路交會處附近建
立軍營，並架起高射砲，作為抵抗官軍，保衛家鄉的防衛工事。然而隨著起
事失敗，戴氏家族遭到朝廷抄斬，或死或逃，家產田地也完全充公，十分淒
涼。然而戴家富裕時常熱心鄉務，待人亦獲好評，當地百姓心中仍存有幾分
懷念，對事件的演變歷程，頗感唏噓。加以戴潮春伏法後，傳說其魂魄不散，
常在家鄉走動，後來住其故居者，多有不可名狀之異事發生。於是起初安置
石頭為憑藉〔註204〕，以「戴恩公神位」之名敬拜之。民國57年（1968）建立
合福祠後，北屯地區民眾雕刻戴潮春夫妻金身坐像奉祀之，升格為地方土地
公、土地婆，頗稱靈驗。人們不敢直呼其名諱，因戴家所有的土地當年都被
清廷「查封」，而尊稱為「查封公」、「查封婆」，至今香火不斷。

　　現在戴萬生之故居，早已片瓦不存。及今放眼所見，盡是遼闊的田地與
各式樓房而已。人事之滄桑，莫甚於此啊！幸而後世倖存的子孫，也偶爾還
會回鄉憑弔，以慰查封公在天之靈！

　　當戴潮春率眾入陷彰化城後，夏汝賢以其貪酷激變，一家隨即受辱而死，
這不也就是百姓平日積怨的宣洩報復嗎？而令人痛心的是，即令怒聲高吼，
民變已起，官兵不知警惕，趁亂魚肉百姓的情勢，竟仍時有所聞。陳肇興在
〈感事漫興〉中即痛加批判道：

> 處處迎降類犬羊，千秋誰復顧綱常。壺漿白晝供蛇豕，香火深宵拜
> 虎狼。城破猶聞官索米，兵來唯見吏徵糧。紛紛文武遭誅戮，敢信
> 捐軀盡國殤。（〈感事漫興〉之四）

奮勇保家衛民的官兵，自當不少，但同時也有迫民納糧的害群之馬。不僅破
壞了官民之間的相互信任，更助長了民眾的不滿情緒，紛紛倒戈向戴，官兵
因此更加疲於拼命。戴潮春事件能延宕三年之久，成為清代臺灣歷時最久的
一次民變，其中，官兵魚肉百姓所激起的民間宿怨，恐怕是最主要的原因之
一。

〔註204〕此石頭現仍供奉於四張犁合福祠於廟左樹下。據耆老表示，最早是三顆石頭，
　　　　現僅存一顆。

（二）五方雜處

臺灣是移民的天堂，自大陸沿海移臺者最眾，連橫《臺灣通史》中曾就數量與性情分別論析道：

> 臺灣之人，漳、泉為多，約佔十之六七；粵籍次之，多為惠、嘉之民，其來較後，故曰「客人」；亦有福建汀州。（〈戶役志〉）

> 臺灣之人，中國之人也，而又閩粵之族也。閩居近海，粵宅山陬，所處不同，而風俗亦異。故閩之人多進取，而粵之人重保存。唯進取，故其志大，其行肆而或流於虛。為保存，故其志堅，其行隘狹，而或近於隘。（〈風俗志〉）

連橫之語，明顯地遺漏了臺灣島上的原住民族，然而就移民者而言，則十分簡明。臺灣居民大多為來此謀求美好新生活的拓墾移民，隨著人口增加，摩擦也日益增多，草莽氣息使得間際衝突常演為世仇爭殺。閩粵之別，漳泉分類，異姓相爭，區域構釁，臺灣居民爭擾不休，械鬥盛行。來自不同地區的人們，離鄉背井，渡海謀生，本來就艱鉅，加以遊民眾多，伺機興亂，使得有清一代，臺灣始終難得平靜。因此陳肇興認為，五方雜處的社會本質，正是臺灣分類械鬥的重要原因，其〈遊龍目井感賦百韻〉明白指出：

> 五方錯雜處，王化所難治。太守自廉潔，縣令自仁慈。哀哀爾漳、泉，災害實自貽。東家持戈挺，西家列矛鎯。爾燬我田屋，我奪爾膏脂。均之一自殺，相去不毫釐。……

即使吏治清明，然而來自不同地區，文化習性各異的群眾若生摩擦，那麼同胞分類，自相殘殺，必將兩敗俱傷，實在是禍由自取，自貽其害。所謂「天作孽，猶可違。自作孽，不可活。」陳肇興謂其為「自殺」，實在是一語中的的見解。

況且，其間相爭諸事，往往只如芝麻綠豆般大小，也要視為蓄意挑釁。以致無法運用理智解決，卻訴諸於血氣拼鬥，造成莫須有的犧牲和傷害。陳肇興所作〈械鬥竹枝詞〉，便深為詬病，其詩曰：

> 淡水環垣病最多，漳泉棍棒閩粵戈。因牛為水芝麻釁，一鬥經年血漲河。（〈械鬥竹枝詞〉之二）

為芝麻小事大打出手，血流成河，其要不在事件本身，而在各分氣類，難以容忍。即以陳肇興所描述的「去歲東螺人，溝洫角雄雌」（〈遊龍目井感賦百韻〉）一事而言，便是指咸豐三年（1853）彰化東螺保因開溝引水所導致

的一次漳泉分類械鬥：

> 咸豐三年十二月間，彰化縣屬漳泉匪黨搆釁焚搶，路途梗塞。〔註205〕此次先緣淡北匪徒藉端搶米，結黨拒官，構成漳泉分類，剿撫間師甫有就緒，又因彰化縣屬泉人開溝，漳人阻止互相相鬥，不數日延及淡水廳屬迤南至北，翼成粵分類攻莊擄殺肆逞焚掠。〔註206〕

因開溝細故引發臺灣中北部的全面衝突，實在令人驚恐。陳肇興於「甲寅春三月，往教海之涯」（〈遊龍目井感賦百韻〉）「甲寅」即是咸豐四年（1854）距離發生械鬥的時間，僅約三個月左右而已，不幸受到東螺漳泉械鬥波及的龍目井地區，詩人眼中所見乃是一片殘破景象，其詩曰：

> 靡靡踰阡陌，數里無煙炊。榛樁積碎瓦，頹垣壓茅茨。十室無一存，存者唯石基。彳亍到井陘，蕭瑟尤堪悲。

斷垣殘壁，人煙渺茫的景觀，令滿懷遊興的詩人好生失望，也不禁慨嘆，藉著野叟感傷的口氣，回顧了分類械鬥所帶來的恐怖與不幸：

> 去歲東螺人，溝洫角雄雌。風波平地起，炮礮聲如遝〔註207〕。逃遁或不及，性〔註208〕命飽豽貜。而我六旬叟，奔走筋力羸。亦復攜童孫，馳騁效騾驢。衣服置昒照，農具去路岐。倉卒離鄉井，狼狽依山陸。渴飲澗中水，饑餐山上葵。隆冬寒氣裂，妻子服絡絺。中夜仰天臥，颯颯悲風吹。起視故閭里，曖曖見竿旗。涼月照荒野，白骨何纍纍。今春干戈息，花草無芳葳。歸來見空壁，膏血猶淋漓。房屋既蕩盡，竹木無條枝。

百姓扶老攜幼，流離失所，衣食無著，血河枯骨，廢墟荒田，如此難民逃亡的人間煉獄，又哪裡可以想像當年曾是「漳泉若家室，出入相怡怡。黍稷羅盤錯，醇醪滿缶卮」（〈遊龍目井感賦百韻〉）的和平富足樂土呢？清代械鬥民變

〔註205〕見《大清文宗顯皇帝實錄》卷200，總第3275頁。臺北：新文豐，1978初版。

〔註206〕見洪安全總編輯《清宮月摺檔臺灣史料》（一）咸豐八年六月六日裕鐸、劭連科等奏〈奏為遵旨查明剿捕分類等五案首從匪徒在事出力文武員弁紳士義首人等擇尤獎敘繕具清單〉，第310至314頁。臺北：國立故宮博物院，1994年10月初版一刷。

〔註207〕「炮」字，臺銀本，先賢本及史文本俱作「□」，此據鄭喜夫《陶村詩稿全集》校定改正。南投：臺灣省文獻會，1978、6。

〔註208〕此字楊氏本以次各本，包括史文本，俱誤作「怯」字。茲據鄭喜夫《陶村詩稿全集》校訂，依原刊改正為「性」字。

往往聚眾鬥毆，牽連擴大，以致無辜百姓紛紛倉皇遷徙避禍。事實上，東螺漳泉械鬥的蔓延，已曾迫使詩人陳肇興舉家遷居避禍，與龍目井野叟同時間經歷逃離的過程，〈感事〉、〈王田〉二題所寫，正是這一次的流離體驗：

> 家貧三口依姻戚，世亂頻年避虎狼。拋卻城中歌舞地，獨來野外水雲鄉。天晴臘月渾如夏，地暖三冬不見霜。今日生涯真冷淡，山花野草入詩囊。（〈王田〉之一）

詩中所稱「臘月」，正是咸豐三年東螺保發生漳泉械鬥的十二月，居住於縣城的陳肇興，已經迅速的受到波及而必須離鄉避難，足見械鬥規模之烈。而這一年的歲末當是一個可人的暖冬，使得自彰化城渡過大肚溪來到王田（在今臺中市大肚區王田村）的陳肇興，尚能苦中作樂，賞花賦詩。只是，如此的經驗恐怕並非首次，方才以「頻年避虎狼」之語，表示其厭煩長年走避戰禍的態度。則清代中臺灣械鬥之頻繁，由此再得見一斑。對於因細故引發大規模械鬥，陳肇興十分感慨其詩曰：

> 蕭牆列戟究何因，滿眼郊原草不春。豈有同仇關切齒，並無小忿亦亡身。揮戈舞盾賊攻賊，吮血吞心人食人。自愧未能為解脫，空將兩淚哭斯民。（〈感事〉）

分類械鬥猶如兄弟鬩牆，自毀毀人。但是最可憐的還是股實的老百姓，必須忍受身家性命的威脅，猶不得解脫。深具悲憫胸懷的陳肇興竟因此自責痛心不已！

　　分類之氣出現在清代臺灣大部分的紛爭之中，即如戴潮春之變，其始雖由會黨之無法掌握，擴張滋事而成，但很快的便出現漳泉分類，相互掣肘攻防的現象，助長了爭鬥的複雜與激烈。鹿港防剿一事，便是明顯的漳泉對立，文獻載道：

> 時股首皆漳人，惟葉虎鞭、林大用以泉人欲閧其間。漳人藉勢欺壓泉人，虎鞭積不能平。……今（彰化）城中漳人出入者不問，獨泉人搬徙皆遭劫殺。……虎鞭率其黨巡警北門，以護泉民之出城者，全活頗眾。（《東瀛紀事》）

> 彰化城陷後，……泉人三十五莊，念泉人一脈，率莊民為之固守。（《戴施兩案紀略》）

> （賊）適至茄冬腳，於是白沙坑莊中泉民共起邀截，擒斬彩龍、如璧、玉麟、李炎等二百餘級。

八月，葉虎鞭、陳大憨來降，遂帶勇守秀水。

十月，林大用來降。大用為賊守北門即城外枋寮，官均屢為所挫，

賊無能為，久有反正之意。至是率所部投誠。(《東瀛紀事》)〔註209〕

戴潮春黨大多是漳人，因狹隘的分類意識，以致部下趁勢欺凌泉人，使得原本參與起事的泉人，如葉虎鞭、陳大憨、林大用等人，紛紛倒戈反正，戴黨聲勢因之大減。

以今觀之，分類械鬥之舉，實在無甚意義。漳、泉、粵等之所以糾葛不休的基本原因，乃是在拓墾過程中，因利益衝突所導致的意氣之爭，而且常常隨著時間的增加，堆累彼此間的仇恨。陳肇興透過詩歌，表達了這樣的看法：

無人拓殖不居功，動輒刀槍奮起戎。利益均沾天地義，強爭惡奪是歪風。(〈械鬥竹枝詞〉之一)

起止紛爭數十年，時停時作互牽連。腥污血染開疆史，斲喪菁英笑失笭。(〈械鬥竹枝詞〉之四)

械鬥，為臺灣開拓史染上了血腥暴力的一頁。艱辛拓墾的移民生活，促使臺民勇於拼鬥；加以游民眾多，無所依歸，易於結聚，才使得刀槍相向連年，腥風血雨不斷。誠如前人所稱，臺灣械鬥民變之劇，實是其來有自：

臺灣大患有三：一曰盜賊，二曰械鬥，三曰謀逆。三者，其事不同，而為亂之人則皆無業之游民也。生齒日繁，無業可以資生，遊蕩無所歸來，其不為匪者鮮矣。(姚瑩〈上督撫請收養游民議狀〉)〔註210〕

緬懷在昔，我祖我宗，橫大海，入荒陬，臨危禦難，以長殖此土，其猶清教徒之遠拓美洲，而不忍為之輿隸也。故其輕生好勇，慷慨悲歌，十世之後，猶有存者。(連橫《臺灣通史》〈風俗志〉)

也因此，平時無事則已，一旦發生間隙，不僅揮戈相向，燒殺擄掠，甚至挖墳解骸，仇如不共戴天，無不殘暴。陳肇興〈遊龍目井感賦百韻〉曾描繪其可怖：

〔註209〕引文分見林豪〈《東瀛紀事‧鹿港防勤始末》，第12至16頁。及吳德功《戴施兩案紀略》，第11頁。臺灣文獻叢刊第8、47種，臺北：臺灣銀行經濟研究室，1962、8。

〔註210〕見姚瑩《中復堂選集》，第39頁。臺灣文獻叢刊第83種，臺北：臺灣銀行經濟研究室，1962、8。

或以眾暴寡，弱肉強食之。或以貧虐富，攘奪耕田犧。以此積習久，
氣類判蚩蚩。一人搆其釁，千百持械隨。甥舅為仇敵，鄉里相爛糜。
村莊縱燎火，田園罷耘耔。所爭非城野，殺人以為嬉。遺禍及泉石，
阿護身不支。健兒持刀來，僉謂龍在斯。長繩曳之走，斫碎如蛤蜊。
邇來又十載，人情更險巇。得失起雞蟲，殺戮到妻兒。發塚拋骸骨，
剖腹吞心脾。浮雲淡白日，十里無人窺。

如此以殺為戲，爭仇不厭，又如何只是一個「亂」字了得？這是清代臺灣人
共同的悲哀啊！

第五章　陶村詩稿之詩歌與淵源研究

第一節　詩歌特色與詩史之譽

　　早年陳肇興就讀白沙書院時，即以詩名見稱，為白沙書院五傑之一〔註1〕，所謂「文化大興，士競吟詠，就中陳肇興先生為傑出」〔註2〕。加以持續奮勉筆耕，致力詩歌寫作，即使兵馬倥傯，亦揮灑不輟。其寫作之熱情，加之以風雲際會之歷練，而能淬煉其神思妙筆，成就《陶村詩稿》一書之問世。這是陳肇興傳世的唯一一部作品，採編年方式分八卷，收錄詩人自咸豐二年以至同治二年（1852～1863）之間的生活體驗與心情，是陳肇興青年時期的生命寫照。

　　清代咸豐、同治年間的中臺灣，肥沃的土地上有著豐富的物產與美麗的山水，但卻同時也時常遭受著械鬥民變的困擾。生於斯，長於斯的彰化詩人陳肇興，接受著深刻的傳統儒學教化，透過詩歌，熱切地表達著他對鄉土的關懷與愛戀，也傳達其忠君保鄉的執著與付出。從《陶村詩稿》中我們看到了臺灣的土地與歷史，也看到了本土子弟的學養與志節。

　　而其中相當引人注目的是別稱《咄咄吟》的第七、八卷，《咄咄吟》正是詩人經歷戴潮春事件兩年期間的寫實詩歌集。卷七、卷八恰與戴潮春案起沒相終始，詳盡記錄此一期間詩人的親身經驗見聞，而別開一生面。《咄咄吟》之突出，正如日治時期詩人林耀亭所說：

〔註1〕白沙書院五傑是指陳肇興、曾惟精、蔡德芳、陳捷魁、廖景瀛。見連橫《臺灣通史‧陳肇興列傳》，第925頁。

〔註2〕見楊珠浦〈陳肇興先生略傳〉，載《陶村詩稿》第3頁。臺灣文獻叢刊第144種，臺北：臺灣銀行經濟研究室，1962、8。

　　讀至七、八卷，覺當日戴萬生之亂狀歷歷如現，可藉以知臺灣往昔

　　之史蹟；其關係於文獻，固不少矣。〔註3〕

可見作為文學作品集的《陶村詩稿》，也同時兼具著歷史反映的功能。戴潮春
事件時期的側面觀察，就在詩人陳肇興的筆下得到了不同角度的紀錄。

　　戴潮春，字萬生，清代彰化四張犁（在今臺中市北屯區四張犁）人，家
素富裕，世為北路協署稿識。「咸豐十一年，知縣高廷鏡下鄉辦事，潮春執土
棍以獻。北路協副將夏汝賢以其貳於己，索賄不從，革其籍。」〔註4〕時其兄
萬桂已死，潮春歸鄉，乃集其舊黨，立八卦會，團練鄉勇，隨官捕盜，以自衛
鄉里。後黨勢日盛，多至數萬人。而會眾滋蔓，潮春亦不能制，竟至起事。同
治元年三月攻破彰化城，戰火迅速蔓延開來。

　　彰化詩人陳肇興親身見聞了戴潮春的起事，同治元年至二年（1861～
1862）期間，他協助官軍，聯莊抵抗，奔走於彰化山區（今南投、彰化兩縣
交接山區），「日則奮練強悍民番，援官軍、誅叛逆；夜則秉筆賦詩，追悼陣
亡將士」〔註5〕，以詩歌寫下了親身見聞感受，也為戴潮春事件留下最真實
可貴的史料。

　　陳肇興《陶村詩稿》於光緒四年（1878）刊刻出版，為現存清代彰化最
早，保存也最完整的一部詩人別集。《陶村詩稿》所收詩歌數量可觀，共達208
題464首，近體詩、古體詩皆備；內容包羅豐富，佳作迭出，而多以時事見
聞為題材，或述家國，或明己志；或寫農家和樂，或記械鬥擾民。尤其「戴案
詩史」一譽更凸顯其特色，在文學與文獻的雙重價值上，陳肇興《陶村詩稿》
都具有不可忽視的意義。

一、詩歌特色

（一）形式上

1. 詩題甚長

長題可謂為乍見《陶村詩稿》諸詩的一項特色。例如：卷一〈羅山聞警，

〔註3〕見林耀亭〈林序〉，載《陶村詩稿》第1頁。臺灣文獻叢刊第144種，臺北：
　　　臺灣銀行經濟研究室，1962、8。

〔註4〕見連橫《臺灣通史‧戴潮春列傳》，第835頁。臺北：黎明文化事業公司，1985、
　　　1初版。

〔註5〕見楊珠浦〈陳肇興先生略傳〉，載《陶村詩稿》第3頁。臺灣文獻叢刊第144
　　　種，臺北：臺灣銀行經濟研究室，1962、8。

間道斗六門入水沙連途中口占〉、卷三〈在揀連日淫潦，欲歸不得，忽逢晴霽，喜而有作〉、卷四〈由港口放洋，望海上諸嶼，尋臺山來脈處，放歌〉等俱為長題，尤其卷七、卷八之長題，所在多有。全書中則以〈北投埔義士林錫爵招同林文翰舍人、邱石莊、簡榮卿孝廉、洪玉崑明經，及各巨姓頭人宴集倚南軒計議防亂事宜，即席賦贈〉一詩之題目最長，共計四十九字。茲製作「《陶村詩稿》長詩題暨簡稱一覽表」，俾便觀覽。

表19　《陶村詩稿》長詩題暨簡稱一覽表

詩題簡稱凡例：

一、段落取捨以語意完足為尚。

二、儘量以原題起首文字為取。

三、必與《陶村詩稿》中其他詩作題目文字有別。

四、簡稱後之字數基本上以十字之內為原則。

原　題	簡　稱	卷次
1. 自大墩歸五張犂書館遇雨口占	自大墩歸五張犂	卷一
2. 米元章墨蹟歌為張明經作	米元章墨蹟歌	卷一
3. 羅山聞警間道斗六門入水沙連途中口占	羅山聞警	卷一
4. 與韋鏡秋上舍話舊，即次其即事原韻	與韋鏡秋上舍話舊	卷二
5. 齒痛戲用袁簡齋拔齒原韻柬石莊	齒痛	卷二
6. 大墩與廖滄洲茂才夜話即疊原韻奉答	大墩與廖滄洲茂才夜話	卷三
7. 連日風雨，戲用三講全韻調滄洲	連日風雨	卷三
8. 在揀連日淫潦欲歸不得忽逢晴霽喜而有作	在揀連日淫潦欲歸不得	卷三
9. 九日同諸友烏石山登高用十研老人韻二首	九日同諸友烏石山登高	卷四
10. 由港口放洋望海上諸嶼尋臺山來脈處放歌	由港口放洋望海上諸嶼	卷四
11. 到鹿津觀水陸清醮普渡	到鹿津觀水陸清醮普渡	卷四
12. 登洪家天玉樓望火炎山諸峰	登洪家天玉樓	卷五
13. 前從軍行傚杜前出塞體九首	前從軍行	卷六
14. 後從軍行傚杜後出塞體五首	後從軍行	卷六
15. 北投埔義士林錫爵招同林文翰舍人邱石莊簡榮卿孝廉洪玉崑明經及各巨姓頭人宴集倚南軒計議防亂事宜即席賦贈	北投埔計議防亂事宜	卷七

16. 三月十六日奉憲命往南北投聯莊遇亂避居牛牯嶺即事述懷	奉憲命往南北投聯莊遇亂	卷七
17. 十八日秋雁臣司馬殉節大墩	秋雁臣司馬殉節大墩	卷七
18. 端午飲家與三茂才舍中聞大軍登岸口占示喜	端午飲家與三茂才舍中	卷七
19. 七月望後謀刺逆首不中幾罹飛禍口占記事	七月望後謀刺逆首不中	卷七
20. 自許厝寮避賊至集集內山次少陵「北征」韻	自許厝寮避賊至集集內山	卷七
21. 感事述懷集杜二十首（並序）	感事述懷集杜二十首	卷七
22. 九月十七日聞斗六失陷總戎殉節感賦二十韻	斗六失陷總戎殉節	卷七
23. 葭月二十六日喜晤石莊兼話大甲官軍捷信	喜晤石莊兼話官軍捷信	卷七
24. 花朝喜聞官軍羅山大捷嘉圍以解	花朝喜聞官軍羅山大捷	卷八
25. 祭旗後一日六保背約縱匪反噬燬陷義莊無數獨山頂一帶尚守前盟予一家四散幾遭闔門之禍在重圍中瀝血成詠	祭旗後一日六保背約	卷八
26. 六月十八日大戰濁水擒賊帥一名斬首百級	大戰濁水	卷八
27. 二十一日收復南投街連日大捷重圍以解	收復南投街	卷八
28. 二十九日攻克施厝坪等處	攻克施厝坪	卷八
29. 七月二十二日攻克集集斬首百餘級	攻克集集	卷八
30. 再克集集俘斬二百餘級溪水為赤	再克集集	卷八
31. 感事述懷五排百韻寄家雪洲兼鹿港香鄰諸友	感事述懷五排百韻	卷八
32. 自水沙連由鯉魚尾穿山至斗六門	自水沙連至斗六門	卷八
33. 玉潭莊與黃實卿明經夜話	與黃實卿明經夜話	卷八
34. 自林圯埔進師與官軍會約由溪州底攻克斗六逆巢越日襲取東埔蚋等處俘獲逆徒十三人作歌紀事	自林圯埔進師俘獲逆徒	卷八

　　統計《陶村詩稿》全書題目字數超過十字以上者，共三十四首作品，佔全書將近三分之一的比例，比例頗高。並且絕大部分集中在卷七、卷八，這與詩人遭遇戴潮春事件後，詩風更加趨向寫實的表現，應有密切的關係。

　　無論詩或文，題目的功能在於能由精簡的文字中，顯現作品最精要的主旨。如果題目過長，則可能表示作者對於詩文內容性質的掌握有所欠缺。綜觀陳肇興諸長詩題，其實要將其文字精簡，皆非不可。陳肇興以其擅長詩歌寫作稱名，應當不可能不知。因此，其長題之作，就有可能是有意為之的了。例如：〈羅山聞警，間道斗六門入水沙連途中口占〉詩中已言「一箭路穿牛觸口，千盤身入水沙連」表示其路程行徑，雖未指出途經斗六門，然此詩主在

　　寫景，是否特別說出間道斗六門，並不具有太大的影響。只是藉由題目中透露的路線，的確也能對讀者的欣賞與聯想有所增益。

　　長詩題雖然在稱說上較為不便，然而卻能對書寫內容的背景，提供概括的瞭解，在某些程度上，有助於欣賞詩歌的內涵。《陶村詩稿》中的長詩題，事實上是具有著詩序說明、交代的作用。就另一個角度而言，這未嘗不是顯現出了詩人篤實不虛華的寫作特色。例如：〈北投埔義士林錫爵招同林文翰舍人、邱石莊、簡榮卿孝廉、洪玉崑明經，及各巨姓頭人宴集倚南軒，計議防亂事宜，即席賦贈〉一詩中所提及參與的人士名姓，便是以詩歌形式所不容易完全表達清楚的。此一詩題的主要作用，或許正是在補足詩歌韻体形式侷限的不足，以散行文體據實交代詩歌詩言志之外的背景事實。

　　雖然《陶村詩稿》書中之長題甚多，但若置諸其當時而言，則或許只是反映了詩人寫作的一般現象。即以與陳肇興同時代、一起參與抵抗戴潮春事件的竹塹才子林占梅（1821～1868）之《潛園琴餘草》而言，其詩題在 20 字以上者，比比皆是；多達 40 字以上者，屢見不鮮，如〈夏初以來，四境不靖，園中花事就蕪，屆殘臘始報安堵。爰修小園，招諸韻士雅集，各有佳作，予忝主位，乃強顏續成五排一首〉的 48 字；甚至有 60 字以上者，如〈廈門楊石松（元華）司馬，六藝、星數，無不淵精。頃遊嵌城耳余名，雅蒙愛慕，第欲之官嶺表，行期既促一見未由切，托鄭培之二尹致意，情詞殷渥，深足銘感，作詩寄懷〉七律一題即長達 63 字。較諸陶村，可謂有過之而無不及。

　　此外，較陳肇興稍早的竹塹鄭用錫（1788～1858），其《北郭園詩鈔》亦多長題，如〈司馬薛耘廬（志量）、李信齋（慎彝）、曹懷樸、曹馥堂四公遺愛在民，余捐金奉栗主與婁秋槎司馬（雲）同祀於書院敬業堂，詩以誌之〉即達 49 字；稍晚的霧峰林癡仙《無悶草堂詩存》也有〈頌臣謝丈留鬚，余戲贈兩絕，有『長鬚國裡如求婿，跨鳳乘龍屬此髯』之句。後余弟烈堂果贈一姬，喜拙詩竟成佳讖。因次前韻，再賦二章，以博妝臺雙笑〉一詩達 58 字；尤有甚者，府城施士洁更有詩題長達百字以上之作三首，其中最長者多至 165 字，此即〈世宙陵夷，子衿佻達，抱道之士，悐然憂之。王子少濤秉資獨粹，績學彌劭，庸中佼佼，百不一遇。與予同里，夙不謀面。頃遊鷺門，恨相知晚。是固恂恂儒者，而又有志於為詩者也。鷺門旭瀛書院，學子薈焉，少濤實司訓導。暇輒文酒過從，出示「賞青廬」、「泊寄樓」諸吟草，句予釐定。邇復自署「曾經滄海」一圖，廣徵海內外名流鉅子題詠，兼及書畫，仿為百衲之製。予

維少濤年少美才，應求之雅，環球咫尺；斯圖特噆矢耳。爰志四絕，為異日券〉一詩。其詩題之長，已宛若一篇短文。

　　清代中晚期諸如此類之作家作品相當多，故而放在大時代的環境中來看，陳肇興詩歌中所表現的長詩題，則可說是詩壇寫作習尚的一種表徵了。

2. 七言律詩及長篇歌行佔多數

　　就律詩、絕句相比較，依據統計，《陶村詩稿》全書之中的絕句作品共有80首，其餘則若非律詩即為歌行，篇幅都比絕句長，是絕句作品的四倍弱，比例相差甚大。若以五言、七言相比較，五言作品共119首，七言作品則有257首，差距亦達二倍強。總體而言，《陶村詩稿》中以五言絕句的使用次數最少，總計只有〈村館雜興〉、〈蔡杏垣山水畫冊〉二題共八首。可見七言、長篇歌行是陳肇興表現的主要形式，而這也同樣是一般文人創作詩歌所常見的趨向。

　　一般而言，絕句之作貴在凝練，而較長的篇幅則常能容納更多的發揮，不論是敘事、抒情、言志，往往能將內容說得更詳盡，其意旨也較能發揮得淋漓盡致，是作者才氣暢旺的表徵。陳肇興善於運用長篇，更有助於其揮灑旺盛的氣勢，以及事件的觀察，亦足見其才學之豐沛。

　　舉例而言，陳肇興以絕句的形式歌詠鄭克璽之妻陳烈婦，作〈陳烈婦鄭氏輓詩〉三首。透過精練的詞語，簡潔地集中表現其夫妻情深，對於歷史背景的諸般細節，盡與割捨不論，節奏明快，淒美愁絕。而同樣是歌頌殉夫之烈婦，陳肇興在其軼詩〈題烈婦張沈氏殉節事（古體九解）〉〔註6〕中，即以古體歌行的形式詠讚烈婦張沈氏悲酸感人的事蹟。在長篇歌詩中由三言、五言以至七言，再至十三言一句的變化，其往復起伏之節奏、抑揚頓挫之音韻，將主人翁曲折纏綿、生死相許的情懷表現得淋漓盡致，十分動人心弦。絕句與歌行體所呈現出來的內容多寡不同，效果各有其趣。而《陶村詩稿》中頗為多見的歌行體，也正表現了陳肇興奔放而豐足的寫作情愫。

3. 聯章組詩數量多

　　陳肇興以長篇歌行為詩，十足表現其酣暢才情。此外亦喜用聯章組詩，在看似首首獨立的作品中，分別以不同角度來觀察事物，而內在卻又關關相連，能夠呈現較為全面的關懷與體會，這其實也可說是另外一種型式的長篇

〔註6〕見倪贊元《雲林縣采訪冊》。臺灣文獻叢刊第37種，臺北：臺灣銀行經濟研究室，1962、8。

歌行。聯章組詩在《陶村詩稿》中所佔的份量十分可觀，在全書 208 題 464 首作品中，聯章組詩合計達 79 題 328 首，佔總數的 70.69%，聯章組詩實可說是陳肇興詩歌寫作的主力形式。

《陶村詩稿》諸聯章組詩中以 2 首為一聯章的型態最多，而最大型的聯章詩則首推〈感事述懷集杜二十首（并序）〉。藉由杜詩的摘句綴集，表現遭逢喪亂的感慨與哀痛。二十首五言律詩的貫串而下，將古今同怨、家國憤恨的心情，無可抑止地宣洩而出；尤有甚者，是作者對於杜甫詩歌作品的熟悉，及其摘句運用的靈巧，更加令人讚嘆。再有作於咸豐九年（1859）的〈赤嵌竹枝詞〉十五首，記錄陳肇興當年南下府城時的見聞。其筆下記述此地特有的風土、民情，既緬懷先人的文風，也歌詠男女之間的情懷，從十五個角度，多方面地描寫赤嵌一地的特有風貌。在質樸不失雅致的筆觸中，透顯出臺灣本土風情的可愛。〈消夏雜詩〉則以七言絕句創作，十四首形式短小的詩歌彷彿十四張攝影佳作般，將亂世中偷閒的山居生活，呈現不同切面的觀察與體會。

（二）題材上

《陶村詩稿》中展現了多樣化的題材，歸納之約有以下諸端：

1. 民生關懷

陳肇興作品中，民生觀察是題材上的一大主體。他對時人時事的敘述，呈現了對時代人群特性的體會。他以其詩筆記錄了當時的經歷與省思，也表述了清代咸、同年間中臺灣為主的百姓所共同經驗的生活內容。他抱持著「先人之憂後人樂，我輩所存本如此」（〈玉潭莊與黃實卿明經夜話〉）的理念，以儒家精神保持著對庶民百姓的高度關注。民眾喜樂哀怒的經驗，在陳肇興筆下得到了側面的描寫。

《陶村詩稿》中詠時人時事的詩歌遠多於詠古人古事，顯現其留意於周遭人事的取向。〈大水行〉、〈磺溪三高士詩〉、〈殉難三烈詩〉、〈題烈婦張沈氏殉節事〉等，皆以詠賢的角度，推崇的口吻，雕塑出臺灣人民的高尚形象；〈遊龍目井感賦百韻〉、〈揀中感事〉、〈械鬥竹枝詞〉則為臺地民眾所遭遇的悲苦經歷，提出悲憤與控訴；自己親身經驗的社會不安，則在〈羅山聞警〉、〈感事〉、〈與韋鏡秋上舍話舊〉中如實地寫下；至於曾被清人讚譽的臺勇，則在其〈前從軍行〉、〈後從軍行〉筆下，悲憫地長篇著墨於參與弭平太平天國眾士卒的勞苦。在《陶村詩稿》中，陳肇興平實而關懷的態度，體貼而令人感動的心靈，使民生關懷成為其詩歌寫作的重要主題。

2. 農村觀察

詩人民生關懷中獨出一幟的殆屬農村詩歌一類。清代臺灣以農墾為百姓主要生活型態，陳肇興亦屬耕讀之家的子弟，《陶村詩稿》中便有許多的篇幅以農家生活片段為題材，集中地表現詩人對土地及民間情態的具體觀察。〈春田四詠〉、〈秋田四詠〉二組詩最足以為其代表作品，詩歌中細膩地描繪出農家四時勤耕的辛勞，潔淨的文筆中顯露出農家儉樸明朗的篤實生活；在〈中大風雨歌〉中表達同情農民飽受颱風摧殘，卻仍要面對惡吏催租的不忍與不滿；〈肚山道中即景〉、〈初夏郊行〉、〈稻花〉則輕快地彩繪出農鄉田野的怡人風光；〈齋前觀穫〉、〈賴氏莊〉也同樣寫下中臺灣農村鄉居生活的閒雅風情；〈王田〉則在書寫鄉野清冷生活的形貌下，含蓄地指控亂世的擾民；他歌詠名物，〈檳榔〉刻畫其曼妙形貌，也同時展現原住民猓採的景象，〈人面竹〉、〈佛手柑〉、〈釋迦頭〉極寫果實與眾不同的外型，展現臺灣特產的豐富多樣等，諸如此類的作品很多，高度呈現出清代彰化農村的生活實景、鄉野風光、名物特產、農民悲喜、耕讀體會。陳肇興允稱為是一位傑出的農村詩人。

3. 風土紀遊

他記遊，在詩中歌詠了臺地許多美好山川的風光景物。陳肇興家居八卦山下，八卦山之歌詠因此最多，〈待人坑〉、〈冬日漫興〉、〈清明同友人遊八卦山〉、〈亂後初歸里中〉等皆是，八卦山的四季風情都與詩人的歡喜悲愁緊緊相繫；他參觀名勝，在〈登赤崁城〉、〈法華寺〉中緬懷前人，在〈虎山巖〉、〈鰲栖觀音院〉、〈清水巖〉中發古剎幽情；他翻山渡水，寫下〈牛相觸〉、〈烏日渡〉、〈濁水溪〉、〈水沙連紀遊〉、〈登洪家天玉樓望火炎山諸峰〉描繪當日風光，以百年後的今日觀之，益發感慨滄海桑田之變化。陳肇興雖不以寫景為重，然而卻能以平實的態度擷取樸實的觀察，展揚蓬萊仙島之美，表現本土在地子民的有情眼光。

他更藉著四處遊訪，觀察臺灣各地的風土民情。如：在臺南赤崁，〈赤崁竹枝詞〉中一一觀察南臺灣的景致、物產、民俗、歷史、民情；在彰化半線，〈番社過年歌〉中難得地記錄下番社過年時奔放歌飲的盛況，對逐漸淒涼衰退的弱勢，寄予深沈的同情；在南投名間，〈虎子山歌〉中聽聞陳氏豪族的興衰史，從而警悟世人引以為戒；在嘉義諸羅，〈西螺曉發〉、〈諸羅道中〉、〈茅港尾〉等詩中點顯臺地不同區域的獨特風物；在海邊，〈海中捕魚歌〉生動描寫漁夫捕魚販賣的歷程；在鹿港，〈到鹿津觀水陸清醮普度〉不僅寫下普度競

富的豪奢盛況，更針對奢靡浪費的不良習俗，痛下批評與建議；在龍井，〈遊龍目井感賦百韻〉回溯此地漳泉械鬥的歷史發展，慷慨歌詩，寄語有司；在臺中，〈葫蘆墩〉、〈肚山漫興〉呈現械鬥民變所帶來的流離失所，……凡此種種，都足以見出陳肇興心繫黎民的悲憫情懷，汩汩流現。

4. 戴案記實

《陶村詩稿》中最具整體性的詩篇，首推《咄咄吟》。詩人以其敏銳的眼光，切中時代的脈動。詩集中的作品則與時推移，記錄下中臺灣民變歷程中點點滴滴的感動與見聞。〈奉憲命往南北投聯莊遇亂〉、〈自許厝寮避賊至集集內山〉、〈感事述懷五排百韻〉等詩娓娓道來逃難的艱困，讀之令人感同身受；在〈大戰濁水〉、〈攻克集集〉、〈再克集集〉中屍橫遍野的景象，戰爭的恐怖使人心悸；在〈秋雁臣司馬殉節大墩〉、〈斗六失陷總戎殉節〉、〈殉難三烈詩〉、〈羅山兩男子行〉等詩中，標榜官兵百姓的忠孝節義，具體塑造了臺灣人堅毅高貴的精神形象；〈北投埔計議防亂事宜〉、〈七月望後謀刺逆首不中〉、〈祭旗日示諸同志〉、〈自水沙連由鯉魚尾穿山至斗六門〉等詩忠實載記著詩人投筆從戎的艱困歷程。戴潮春事件引起的動盪，是當時代許多臺灣人共同的經驗，《咄咄吟》二卷便彷彿是一部戴案興衰簡史。

5、題畫賦詩

陳肇興工詩善畫，曾自言「點墨研朱手不停，小窗閒坐讀黃庭」(〈春興〉之二)，詩畫一家的文人形象已然鮮活托出。而詩人對於繪畫，也自有其獨到的見解，〈書齋偶興〉之二最可為其代表：

> 舐筆和鉛學點鴉，年年塗抹作生涯。揮毫直掃千人陣，握管俄開五
> 色花。漫道時文非載道，須知小技亦名家。諸君莫但貪坊樣，平淡
> 由來爛似霞。

陳肇興雖未以繪畫稱名，然其經年作畫賞畫，已可由詩中得知。詩集中的題畫詩數量雖不多，亦可自成一格。《陶村詩稿》中所作題畫詩計有：〈謝太傅東山士女圖〉、〈陶彭澤東籬采菊圖〉、〈白司馬潯陽送客圖〉、〈蘇學士南海笠屐圖〉、〈題楊妃出浴圖〉、〈線社煙雨圖〉、〈蔡杏垣山水畫冊〉、〈沈南蘋雙鳧蓮花畫〉，共 8 題 18 首詩。

有趣的是，前四題俱以古詩出之，後四題俱以絕句出之；且唯有〈蔡杏垣山水畫冊〉以五言，其餘皆以七言寫作。在這些詩作中，陳肇興或詠賢寄興，如〈謝太傅東山士女圖〉、〈陶彭澤東籬采菊圖〉、〈白司馬潯陽送客圖〉、

〈蘇學士南海笠屐圖〉四作，直可謂為心懷別寄之成套詩歌，既題詩以顯揚畫中旨趣，更藉詩言一灑胸腹逸興；或歌詠山水，如〈線社煙雨圖〉、〈蔡杏垣山水畫冊〉、〈沈南蘋雙鳧蓮花畫〉之作，小小絕句中，淡筆掃出畫境，讀詩如見其畫，樸實中不失清靈；或描摹鋪敘，如〈題楊妃出浴圖〉極寫楊貴妃嬌媚專寵，對其在安史之亂中的香消玉殞，既憫且諷。

從各個題畫詩作品中也似乎可以與「平淡由來爛似霞」一語相互呼應，顯現詩人欣賞畫作主要以其內涵與意境為取向，而不以色彩或技巧為勝。這樣的欣賞角度，與其詩歌作品中所展現的寫實手法及富於想像，其實是相接近的。

（三）風格上

詩人陳肇興著重關切社會現實，詩歌中所呈現出來的風格因而也以寫實色彩為基調，所謂「貴寫實，尚平易」〔註7〕者也。此外，櫟社詩人林耀亭曾讚賞陳肇興的詩歌道：

> 讀其遺著數篇，愛其質不過樸，麗不傷雅，洵足以光揚緝熙，昭章元妙。〔註8〕

林耀亭之言便指出了陶村詩歌質樸、雅麗的風格特色，實具卓見。

唯其四百多首詩作之風格並不限於一端，若加以細究，則可見詩集中因著書寫主題的不同，其風格也往往隨之變化。甚至以戴潮春事件的發生對詩人產生的巨大影響而言，可據以區分為前期與後期：前期作品風格多樣，時而壯闊，時而奇譎，時而雅麗；後期作品則轉而趨向寫實沈鬱，質樸簡重，生活經歷的衝擊，在作品中留下了最清晰的軌跡。茲分述如下：

1. 壯闊豪邁

陳肇興擅長運用長篇律詩歌行創作，不僅提供詩人馳騁才情的有利體式，作品壯闊豪邁的氣勢也往往油然而生。〈登赤嵌城〉雖僅是八句的律詩，卻也寫得雄邁昂然：

> 崢嶸山勢接蒼穹，俯瞰茫茫大海中。此日萬家登版籍，當年三度據梟雄。雲生蜃氣連城白，日照龍鱗滿郭紅。目極中原天萬里，乘槎

〔註7〕見楊珠浦〈陶村詩稿·楊記〉，載《陶村詩稿》第5頁。臺灣文獻叢刊第144種，臺北：臺灣銀行經濟研究室，1962、8。

〔註8〕見林耀亭〈林序〉，載《陶村詩稿》第1頁。臺灣文獻叢刊第144種，臺北：臺灣銀行經濟研究室，1962、8。

我欲借長風。（之一）

詩中極目遠眺，含藏山海，歷貫古今，天地人我往復鉤連，既瞻望龍山來脈伏沒於長海，又遠思鄭氏叱吒風雲的當年，壯闊的景象、豪邁的氣勢，自破題而直貫全詩。

〈由港口放洋，望海上諸嶼〉是陳肇興自福建返臺時所見臺海諸山的景象，詩人寫來尤其令人驚嘆，他如此描寫道：

> 鼓山如龍忽昂首，兜之不住復東走。走到滄海路已窮，翻身跳入馮夷宮。之而鱗爪藏不得，散作海上青芙蓉。

> 掀磕轉柁飛如龍，倏時已過山千重。回頭卻顧船來處，天半屹立千高峰。鸞鳳遨翔以下瞰，龍虎龍嵸而上衝。黃牛白犬距其左，龜形鱉狀肩相從。既連復斷橫復縱，如迎如送如拱揖，為獅為象為孩童。紛紛到眼不暇給，誰復一一比擬工形容。我疑大海中有巨鰲足，首戴屭贔作山嶽；又疑巨靈伸左手，下捉蛟螭露筋肘。……

臺境山海在陳肇興的筆下，宛若巨龍伏竄滄冥，神物奔飛六合一般，竟顯得如此雄奇豪邁！陳肇興藉由豐富的想像、生動的比喻、大膽的構思，讓東瀛山海的險絕蒼茫，格外地富有瀟灑的氣勢。略顯參差的句型變化，更適度地增添節奏上頓挫跌宕的美感。

2. 想像奇譎

陳肇興之富於想像，堪稱其特色。〈米元章墨蹟歌，為張明經作〉以七言詩句描繪米芾真跡：

> 盈箋滿幅勢槎枒，字字精神何抖擻！鋒鋩微露姿致生，出入二王變歐、柳。譬如老將練奇兵，長戈短弩屹相受。又如獅子搏狐兔，毛爪森張聲怒吼。

雄勁的筆觸，誇張的形容，將米芾真跡的抖擻精神，銳利而張揚地傾洩而出，氣勢非凡；並且同時也將陳肇興初見真跡的無比讚嘆與推崇，在豐沛的氣勢中表露無遺。

〈火炎行〉則描繪祝融肆虐的恐怖：

> 戎粧文武帶兵來，奔前直與火鬥力。鏖戰祝融夜合圍，火鴉一出軍皆北。蚩尤天霧昏蔽天，咫尺人面不相識。光焰萬丈射星斗，頃刻半空飛霹靂。

這段文字為大火蔓延，眾人搶救的情景，作出了形象化的描寫。有如天兵天

將齊來，展開了一場刀光劍影繽紛的戰役一般。詩中文字透過詩人的合理想像，迸發了力與美的雙重藝術色彩。

除了對具體事物能活潑聯想外，對於無狀可言者，陳肇興也能予以超乎想像的形容，這尤其能彰顯詩人敏銳活絡的心思。例如〈赤嵌懷古歌〉如此描寫鄭成功出生時的氣勢：

> 夜半天風吹海立，鯨魚上岸鮫魚泣。金鼓千聲動地來，戈船百道乘潮入。將軍落地便驚人，救火奔波走四鄰。

從起始驚天動地的異象，襯托出鄭成功的巨人形象，為英雄人物塑造了符合其身份與眾人期待的氣勢。

〈董逃行〉則以樂府歌行的體式，極寫戴案帶來的恐怖，並力書殺敵報國的悲憤：

> 我欲問天天不語，妖星十丈橫牛女。天狗墮地夜叉舞，昔日龍虎今魚鼠。走上空山泣風雨，大叫雷公來作主。豐隆不應奈何許，前頭熊羆後狨鬼。白晝磨牙嚼行旅，誰其殺之吾與汝，上書九重報天子。

全詩瀰漫著〈離騷〉式的、上天入地的詭譎想像，奔放的氣息中但見神鬼妖魅亂舞，異靈猛獸狂肆，詩人堆疊了眾多奇詭的意象，將心中抽象的感受具體而直接地呈現。濃厚的魔域氣氛，使讀者彷彿親歷了危險肅殺的時空。

3. 清雅質樸

在書寫民家生活方面，陶村之詩筆則顯出純真樂賞，誠樸悲憫的風範。以一個農村詩人而言，陳肇興運用以律詩、絕句為多的體式，很適切地傳達了農村恬靜的氣息與勞動的勤奮，展現清代咸、同年間中臺灣農耕生活的情味。〈齋前觀穫〉實可為其顯著代表：

> 幾番煙雨一朝晴，破曉連枷粟有聲。天與書生知稼穡，日看野叟擁坻京。提籠稚子拾餘穗，持帚村嫗曬濕秔。好繪豳風圖一幅，他年留待答昇平。

這昇平豐收的歡愉，和樂勤勞的欣慰，在清雅的文字中從容流現，別具一番情趣，恰是臺灣農村景觀的縮影，也是令人嚮往珍惜的太平時光。

同樣的桃源之美，詩人於〈賴氏莊〉中再度好生描畫一番，且看其詩曰：

> 摘果穿花徑，隨流到稻阡。鳥衝雲外路，魚樂水中天。俯仰皆佳趣，行藏愧少年。隔籬有野叟，呼飲夕陽邊。（之二）
>
> 雨過仍雷電，風來半晦明。金瓜供客饌，銀鯽入廚羹。酒後偏工睡，

人前欲息爭。狂吟聊過日，安坐待時平。(之五)

組詩中透過金瓜銀鯽、鳥衝魚樂的用心對偶，將農家繽紛天然的多采多姿，跳現在讀者眼前；藉由工睡息爭、野叟夕陽的人事比襯，趣味地點顯農家樸實無機的純樸可喜。林耀亭所謂「質不過樸，麗不傷雅」，於此得到了最佳印證。

　　即使在戴案烽火蔓延，陳肇興避居山野的時候，大自然動人的美景與戰時平靜的山居生活，也令詩人不禁在苦中得閒時，賦詩寫下雅靜賞心的一面。〈消夏雜詩〉可說是此一時期最典型的作品：

門前溪水綠漫漫，小坐垂綸意自寬。靜極不知魚上餌，一雙蝴蝶立漁竿。(之四)

排闥山光四望青，登臨只隔一漁汀。偶攜鴉嘴鋤雲去，斸得千年老伏苓。(之五)

山田青綠水田黃，看慣人家刈稻忙。鳥雀也知禾黍熟，讙呼飛下野人場。(之九)

蒼藤碧樹綠交加，乳燕雙飛日影斜。一陣晚風香不斷，檳榔破孕欲開花。(之十四)

諸如此類質樸自然的文字，從容閒雅的氣態，若不深究，委實聞不著一絲硝煙味。民變的殺戮、詩人生活的艱辛，已完全摒除在詩歌清麗愜意的情致之外了。陳肇興樸實地書寫著山野獨有的秀麗風光，歡喜地品味著夏日活躍的事物，形成香甜雅麗的氛圍，引人遐思，好不羨慕。這樣清麗質樸的風格，與陳肇興長篇歌行的奇詭奔放，實在是迥異其趣。

4. 真情寫實

　　民眾生活的如實描寫，是陶村詩的精彩處之一。他寫農家生活傳真寫景，使人歷歷在目，〈春田四詠〉、〈秋田四詠〉允為代表之作。陳肇興擅長以繽紛的地方名物，具體呈現真實的觀察，例如：

落花又滿東西路，流水無分上下田。轆轆蔗車連夜響，丁東秧鼓接畦喧。(〈暮春書懷〉之一)

幾番煙雨一朝晴，破曉連枷粟有聲。……提籠稚子拾餘穗，持帚村嫗曬濕秔。(〈齋前觀穫〉)

詩中的「蔗車」、「秧鼓」、「拾穗」、「曬秔」無一不是臺灣農家熟悉的景象，令

人讀來倍感親切。

　　寫械鬥之烈，亦以寫實的風格傳達兇暴粗野的情景，生動如在目前，格外駭人聽聞，〈遊龍目井感賦百韻〉一詩最為可觀：

> 黠吏若狼鬼，健役如虎貔。道逢剽劫賊，搖手謝不知。肩輿下部屋，
> 凜凜生威儀。從行六七人，沿路索朱提。……一人搆其釁，千百持
> 械隨。甥舅為仇敵，鄉里相爛糜。村莊縱燎火，田園罷耘籽。

戴潮春事件發生之後，陳肇興「日則奮練民番，援官軍、誅叛逆；夜則秉筆賦詩，追悼陣亡將士，語多忠誠壯烈」[註9]，以此勉力而為的精神，一筆一筆地為爭戰見聞留下最及時而真確的紀錄，其寫實主義的風格也在此時發揮得最淋漓盡致。寫實風格著重寫「真」，真實的遭遇、真實的事件、真實的人物、真實的情感、真實的環境，沒有過度的憑空臆想。〈城破，喜二弟挈家眷至〉寫下戴潮春黨攻破彰化城時，骨肉至親散而復合的驚惶與歡喜：

> 出郭才三日，思家抵一年。無人問消息，何處脫烽煙。握手驚初定，
> 聞言淚未漣。聯床對燈火，破屋話纏綿。（之二）

全詩無甚雕琢，字字敲自心坎，著急、擔憂、驚喜、珍惜的心境變化，牽動著讀者的情緒也隨同起伏。喜樂哀愁，毫不矯造，自然流露，無所掩飾，這最真的感情，不是非常純粹可愛嗎？感情以如此寫實的作風來表現，格外動人心弦。

　　再如〈感事述懷五排百韻〉，全文除稱美雪洲及香鄰諸友，並對未來寄予希望之外，尤其是陳肇興於詩中回顧了戴案期間流離顛沛的情形，他說：

> 此際萑苻盛，全家子女驚。出門長惘惘，挈眷復怦怦。路逐羊腸轉，
> 裝教馬革盛。提攜數書卷，跋涉萬山程。母老呼輿載，兒啼掩口繃。
> 燒空烽焰亂，裂石火雷轟。似狗家初破，如魚鼎欲烹。命真微比虱，
> 用幸免為牲。邂逅詢宗族，蒼黃就父兄。卸肩行李寄，入夢鼓鼙
> 縈。……冷淡山藷飯，鹹酸藜藿羹。米餐紅粒稻，瓜摘綠匏棚。打
> 熟鄰貽棗，嘗新野送櫻。……日日防追捕，村村布網紘。憂來頻祝
> 死，逃去慣藏名。乍過東西武（原註：地名），旋登大小坪（原註：
> 山名）。角中鬥蠻觸，意外值蛟鯨（原註：去歲許厝寮大水，全家幾
> 抱陽侯之厄）。八口悲為鱉，三春怕聽鶯。

〔註9〕見楊珠浦〈陳肇興先生略傳〉，載《陶村詩稿》第3頁。臺灣文獻叢刊第144
　　種，臺北：臺灣銀行經濟研究室，1962、8。

關於妻母子女的驚恐、逃難的歷程、衣食的粗簡、生活的艱辛等，都詳實的敘述，宛如一部濃縮的家族逃難史，使人讀之感到深切真實，歷歷在目，這便是寫實的作風了。

　　戴案期間的諸多戰役，陳肇興藉由寫實的筆，記錄切身的經驗，六保合約舉事、攻克集集、自林圯埔進師……等，都在詩集中再一次活生生地上演，例如：

> 坦臂呼來近萬人，誰知一敗等灰塵。爭功不少熊羆將，懸賞偏求蟻虱臣。且喜妻賢能誓死，卻緣母在未捐身。潸然獨步空山裡，無食無眠已浹旬。（〈祭旗後一日六保背約〉之三）

> 昨朝攻濁水，此日入蠻鄉。俗自分番漢，山猶踞虎狼。驚呼千戶亂，殺戮一時忙。語及蒼生際，前溪鬼泣瘡。（〈攻克集集〉）

> 夜半椎牛召鄉里，雞鳴蓐食千人起。搖旗撞鼓入蠻鄉，伐竹編橋渡濁水。長驅轉戰若無人，逐北追亡若捕豕。殺氣朝橫獅子頭，降旛夜豎鯉魚尾。（〈自林圯埔進師俘獲逆徒〉）

詩人的遭遇、經歷的見聞、進行的路徑……在淺顯明瞭，樸素無華的文字中，一一道來，塑造了穩重厚實的風格，無形中也增加了作品強大的說服力。真情的告白，寫實的筆觸，陳肇興以樸拙的白描震撼了後代讀者的心靈。

　　《陶村詩稿》中描述的景象，其實也是當時多數民眾的生活經歷，陳肇興無疑地真實反映出了時代的風貌，讓他的詩篇與社會大眾的共同經驗結合在一起，而賦予作品更強烈的時代氣息。

二、詩史之譽

（一）「咄咄」釋名

　　《陶村詩稿》原刊本於卷七、卷八特獨立名之曰《咄咄吟》。卷七、卷八所錄乃同治元年至二年間詩作，亦為戴潮春事件期間之記錄。將此二卷加之以別名，顯然獨具深義。

　　「咄咄」一詞有感嘆、呵叱之意，陳肇興於卷七、卷八中皆言其於戴案期間身家經歷諸事，「咄咄」一詞乃是對戴潮春事件所引起的紛擾表示強烈憤慨，而有呵叱感嘆之慨，故特為標立《咄咄吟》名目，以凸顯深意。這也是卷七、卷八有別於《陶村詩稿》卷一至卷六之獨特處。

此外,「咄咄」一詞在《陶村詩稿》諸詩中也曾多次出現,包括:「書空咄咄只心知」(〈揀中感事〉)、「咄咄西河叟」(〈雜詩〉)、「咄咄緣何事」(〈春日有感〉)、「問天咄咄首頻搔」(〈種菜〉)、「咄咄書殷浩」(〈感事述懷五排百韻〉)等詩句。

另外,「愁坐正書空」(〈感事述懷,集杜二十首(並序)〉之十)、「書空不問天」(〈臘月〉),其中「書空」一詞,當可視為「書空咄咄」一語之簡縮,其內在亦含有「咄咄」感嘆呵叱之意味,或可一併同視。

「咄咄」一詞在《陶村詩稿》中出現共五次,若與「書空」出現二次合併計算,便共有七次。其中卷七出現次數最多,共達三次,卷六二次,而卷一至卷五皆無。這樣的統計似乎粗略,然而或許也可由此可見出:當世局愈顯混亂黯淡之時,詩人內心的慨嘆愈加頻繁,激憤也愈加強烈,故而感事之時,有感之作,便不自覺地使用同一詞彙,流露其內在憂國憂民的情懷。戴潮春事件帶給詩人的生活體驗與內心衝擊,恐怕是前所未有的遭遇。因此而發之於文字,則成就詩作的情感與內涵之深沉,已絕非咸豐年間事件發生之前諸作所可互相比擬。那麼其別立一目,題名曰《咄咄吟》,無非是詩人一種自覺性的表現,對此一時代寄予深切的感慨。尤其《咄咄吟》第一首詩〈春日有感〉的首句即是「咄咄緣何事,傷心獨倚欄」,詩人對「咄咄」一詞,當具深意才是。

(二)戴案詩史

《陶村詩稿》之作,為陳肇興贏得為清代臺灣戴潮春事件寫下一頁「詩史」的美譽。

首先提出類似「詩史」之譽者,當屬清代分巡臺澎兵備道陳懋烈〔註10〕。陳懋烈為《陶村詩稿》作〈題詞〉三首:

〔註10〕陳懋烈,號芍亭,湖北蘄州人,道光十四年甲午(1834)舉人,同治二年六月任分巡臺澎兵備道,臺灣地區存其匾額有四,分別為:
　　a.同治三年嘉平月(即12月)臺南市中區大天后宮「海天福曜」匾額一方。
　　b.同治三年嘉平月(即12月)臺南市北區興濟宮「大德日生」匾額一方。
　　c.同治三年嘉平月臺南市北區觀音亭「慈雲普蔭」匾額一方。
　　d.同治五年榴月(即五月)彰化縣鹿港鎮城隍廟「民具爾瞻」匾額一方。
　　見《臺灣省通志稿》卷七〈人物志〉,第15526頁。臺灣省文獻會,1992、12;另鄭喜夫、莊世宗編:《光復以前臺灣匾額輯錄》,第428、429、443頁。臺灣省文獻會,1988、6。

一卷新詩百感生，經年避寇賦長征。壯懷不作偷安計，又向桃源起
義兵。（之一）

數載書生戎馬間，杜陵史筆紀瀛寰。采風若選「東征集」，咄咄吟中
見一斑。（之二）

浣花溪畔少陵祠，絕代詩才赴亂離。誰料千年才更出，有人繼和「北
征詩」。（之三）

　　從〈題詞〉中可以明顯見出陳懋烈十分讚賞陳肇興書生戎馬的行動，並
能化之為詩，為離亂時代紀實。尤其《咄咄吟》寫下了陳肇興在戴潮春事件
期間的親身見聞，陳懋烈認為足可媲美「杜陵史筆」為唐代安史之亂所記下
的點滴感受，兩者皆為詩人當時代之見證。千年前杜甫於顛沛之中寫下的〈北
征〉詩，千年之後的陳肇興也在流離之間次韻譜下〈自許厝寮避賊至集集內
山〉之作。兩人在時代背景、心路歷程上十分近似，詩歌作品上也有意相承，
將陳肇興比擬為上追唐代杜甫的後繼者，陳懋烈實在是已直接指出《陶村詩
稿》的重要價值之所在，也同時藉此表達了對陳肇興志行與作品的無比推崇。

　　杜甫史詩之作，冠絕古今，號稱「詩史」，陳懋烈雖未直接冠以「詩史」
之名，然而言下之意亦無非類此。後世言及陳肇興及其作品者，亦往往認同
陳懋烈的看法。

　　再次，為陳肇興之門人吳德功。吳德功〈陶村詩稿序〉有言：「其詩胎息
於少陵。蓋少陵因安、史之亂避地西蜀，以時事賦詩，寫其忠愛之慨，人稱
『詩史』；陶村之作，類此者極多。」吳德功之文與陳懋烈之詞，二人意見頗
有所見略同之妙。唯吳德功更進一步地指出陶村詩作胎承於子美的關係，明
白地指出兩者在文學寫作上的脈絡。

　　再後，民國賴熾昌等主修編纂之《彰化縣志稿》〈文化志·藝文篇〉介紹
陳肇興事蹟、作品，言其「中多述海澨山陬間忠義之事蹟，可歌可泣，亦可稱
為戴案之詩史」〔註11〕，在陳懋烈與吳德功詩文中尚以「繼和『北征』詩」、
「類此者極多」之語，將陳肇興比擬為杜陵詩史，在此則直以「戴案之詩史」
稱之，這是文獻中第一次出現以「戴案詩史」稱譽之記錄。則陳肇興為臺灣
戴潮春事件寫下一頁「詩史」之譽至此可謂明確。《彰化市志》〈人物篇〉言其

〔註11〕見賴熾昌等主修《彰化縣志稿》〈文化志藝文篇〉，第 1444 頁。另，該傳文中
　　　　所稱「著有《陶村詩稿》八卷及《咄咄吟》一卷」有誤。當修正為「著有《陶
　　　　村詩稿》八卷，內含《咄咄吟》二卷」才是。

「可稱為戴萬生之詩史」，則當是沿襲自《彰化縣志稿》之說〔註12〕。

　　《陶村詩稿》最大的特色，正是以陳肇興的「絕代詩才」賦詩寫下「亂離」的時代側影，透過親身的體驗，見證長年飽受械鬥民亂之苦的清代咸豐、同治年間的中臺灣。而《咄咄吟》的完成，為臺灣民變史留下了彌足珍貴的史料文學。陳懋烈將此數年間「書生戎馬」的陳肇興譽為「杜陵史筆」，且將其所作《咄咄吟》擬之為《東征集》。《東征集》乃清康熙晚期藍鼎元之作，內中記朱一貴事件時親與運籌之軍旅文書，藍氏雖謙言：「讀《東征記》一集……未知果有小補於臺灣否也？」〔註13〕實則正如王者輔〈序〉中所言：

　　　　是書成於戎馬倥傯，事機呼吸之餘，而整暇從容，有古人誓令遺意；

　　　　且能使東寧山川形勢瞭如指掌，不必身親其地，而歷歷如在目前；

　　　　又言皆有用，非徒為無益之虛談也。〔註14〕

　　陳肇興與《咄咄吟》之作，雖不必盡如《東征集》，然而其書「成於戎馬倥傯」之際，文字生動使人「歷歷如在目前」；尤其記人述事，大利後人察考，俾留青史，「非徒無益之虛談」，凡此數項，皆不遑多讓。莫怪乎其門人吳德功為〈陶村詩稿序〉時直言其詩集「名曰《東征集》」〔註15〕，則《陶村詩稿》為戴潮春事件留下一頁詩史，實在是一項重大貢獻。

　　陳肇興的文學成就是多方面的，一部《陶村詩稿》的詩作數量雖不可謂多，然其表現深刻雋永，擲地有聲，具體展露了作者的詩學造詣與社會關懷的成果。這是清代中葉彰化本土詩人崛起的最佳例證。

　　陳肇興《陶村詩稿》的文學成就光彩而煥發。陶村詩歌以其對鄉土民人與家國之鍾愛為內在基底，發之於外，而能有細膩的觀察、悲憫的體會，所以山水因之有情，黎民因之可敬，俯仰皆可入詩，悲喜俱顯血肉。飽滿的胸廓使詩人習於運用律體與長篇，以充分抒發所思所見；深沈的體驗凝練了詩歌著筆的題材內涵，濃縮了詩人小我與時代大我於一爐；活潑的感動幻化出詩歌多變而動人的風格，表露出陶村天縱的才情，也使讀者品味再三，不能

〔註12〕見《彰化市志》下冊 764 頁。彰化：彰化市政府，1997、5。

〔註13〕見藍鼎元：《東征集・自序》，第 5 頁。臺灣文獻叢刊第 12 種，臺北：臺灣銀行經濟研究室，1962、8。

〔註14〕見藍鼎元：《東征集》王者輔〈序〉，第 2 頁。臺灣文獻叢刊第 12 種，臺北：臺灣銀行經濟研究室，1962、8。

〔註15〕原刊《臺灣詩薈》第二號，見連橫：《臺灣詩薈雜文鈔》第 2 頁。臺灣文獻叢刊第 224 種，臺北：臺灣銀行經濟研究室，1962、8。

掩卷；以詩記史的努力，尤其使其作品價值超越於文學之外，而兼具有史學文獻的功能，為陶村博得「戴案詩史」之譽，稱美詩壇。

在明鄭（1662～1683）先民屢歷艱辛，渡臺移墾近二百年後；在彰化自雍正元年（1723）設縣，普施文教約百多年後，陳肇興《陶村詩稿》的成熟出現，無疑地顯示了本土文人開花結果的璀璨成就。臺灣詩壇逐漸不再為遊宦詩人專美，即使是被清廷視為邊陲的臺灣，也已慢慢地走出屬於自我的風範。陳肇興以在地人的感情書寫在地的鄉土生活，便顯得格外地具有深遠而令人驕傲的意義了。

第二節　淵源於杜甫探析

陳肇興是清代中期臺灣本土詩人的重要代表，在歷經「鄭氏作之，清代營之」（連橫《臺灣通史·序》）之後，中國傳統文化與教育體系已成功地根植於臺灣移民社會中。本土子弟的成長與培育，也已逐漸地成熟茁壯。除了科舉功名的普遍嚮往外，文學作品的結集出現，也清楚標界了臺灣漢文學的成立。陳肇興《陶村詩稿》便是其中最典型的一個代表。

陳肇興之雅好杜甫，於《陶村詩稿》中歷歷可見。他神交杜甫，習而追之，以為偶像，在潛移默化中加深其儒家思想的根柢。特別是作者在其詩歌中自覺與不自覺地顯現出對詩聖杜甫的追摩，都不斷地強調中國傳統詩學在臺灣的深入移植，並同時顯現出本土子弟實踐杜甫詩學的具體痕跡。可以說，陳肇興是臺灣本土詩人中，全面實踐杜詩精神與形貌的第一人。

一、形式方面

陳肇興有心追習杜甫，明白可見。《陶村詩稿》中有四篇大型的作品，便是直言模仿杜詩而成，分別是：

1. 有〈前從軍行，仿杜前出塞體九首〉、〈後從軍行，仿杜後出塞體五首〉之兩組組詩製作，分別追仿杜甫〈前出塞體〉、〈後出塞體〉；

2. 有〈自許厝寮避賊至集集內山，次少陵「北征」韻〉之作，呼應千年前的杜甫〈北征〉詩；

3. 更有〈感事述懷，集杜二十首（並序）〉浩浩可觀的集句組詩之作，將其對杜詩之熟捻與心儀，一表無遺。可見陳肇興致力於效法杜甫的努力，是相當深刻的。

（一）套用格式

杜甫〈出塞〉乃借用樂府格局，陳肇興亦模仿之。韻律平仄雖不盡相同，句型則完全一樣。〈前出塞九首〉以五言八句出之，〈前從軍行〉亦同之；〈後出塞五首〉第一首為五言十四句，餘為五言十二句，〈後從軍行〉亦皆同之。

除了大格式相同外，將兩者比對之後，文句上的模仿亦明顯可見。茲製作「杜甫前、後〈出塞〉與陳肇興前、後〈從軍行〉文句比較表」，俾便觀察。

表20　杜甫前、後〈出塞〉與陳肇興前、後〈從軍行〉文句比較表

杜甫前、後〈出塞〉	陳肇興前、後〈從軍行〉
1. 吞聲行負戈（前一）	1. 吞聲渡海水（前二） 2. 何以負戈矛（後四）
2. 男兒死無時（前二） 3. 男兒生世間（後一）	3. 男兒重橫行（前一）
4. 丈夫誓許國（前三） 5. 丈夫四方志（前九）	4. 男兒身許國（後一） 5. 丈夫志四方（前二）
6. 功名圖騏驥（前三）	6. 亂世功名輕（前九）
7. 戰骨當速朽（前三）	7. 戰骨已成朽（前九）
8. 幾時樹功勳（前五）	8. 及時當樹勳（後一）
9. 一勝何足論（前八）	9. 生死安足論（後一）
10. 從軍十餘年（前九）	10. 從軍日以眾（後五）
11. 及壯當封侯（後一）	11. 封侯到屠狗（前九） 12. 封侯無相骨（後一） 13. 他日當封侯（後二）
12. 閭里送我行（後一）	14. 既可安鄉閭（前一） 15. 榮耀歸閭里（前九） 16. 閭里誰敢從（後二）
13. 召募赴薊門（後一）	17. 召募急如焚（後一）
14. 朝進東門營，暮上河陽橋。（後二）	18. 朝上沙合船，暮赴九龍山。（後四） 19. 朝渡滄溟去，暮出仙霞關。（後三）
15. 殺人亦有限（前六）	20. 殺人如草菅（前八）
16. 可望不可攀（前七）	21. 可用還可疑（前八）
17. 豈知英雄主（後三）	22. 英雄期馬革（前三） 23. 英雄恥為偶（前九）

從表中可見，陶村詩之於杜詩，或為字詞相同，或為句型相同，仿用的痕跡清晰可見。陳肇興的有意仿作，並不止於文辭而已，尚且包括寫作的內涵取向，亦有所跟進。杜甫於其詩序中曾說明道：

> 前出塞，為徵秦隴之兵赴交河而作。後出塞，為徵東都之兵赴薊門而作。前則主上好武，窮兵開邊，故以從軍苦樂之辭言之。後則祿山逆節既萌，幽燕騷動，而人主不悟，卒有陷沒之禍，假徵戍者之辭，以諷切之也。

觀之於陶村詩，其〈從軍行〉所寫正是清代震動京城的太平天國之亂，臺地鄉勇被徵調助戰一事。陳肇興雖然並未以序文明志，然而〈前從軍行〉中所述正是從軍男兒的辛酸寫照，恰是杜甫所言之「從軍苦樂之辭」；〈後從軍行〉則多有寄語，透過士兵的口吻，發抒批評的意見，也正是杜甫所指「假徵戍者之辭，以諷切之也」。陳肇興藉往昔杜甫之意旨與文辭，重新詮釋現今臺地之時事。其仿杜可謂深矣。

在〈自許厝寮避賊至集集內山，次少陵「北征」韻〉中，陳肇興在形式上追摹的程度更深入了。所謂「次韻」，是指應和他人之詩作，並依其原詩用韻的次序。杜甫〈北征〉一題乃五言古詩體，全詩長達一百四十句，陳肇興所作即套用此詩之格式，不僅體裁句式相同，而且逐聯次韻，七十韻之韻腳文字與杜詩完全相同。如此長詩，而仍能依原詩用韻的次序，實為不易。〈北征〉一詩之用韻依次如下：

> 吉、室、日、韡、出、失、勿、切、惚、畢、瑟、血、滅、窟、漓、
> 裂、轍、悅、栗、漆、實、拙、沒、末、穴、骨、卒、物、髮、結、
> 咽、雪、襪、膝、折、褐、日、慄、列、櫛、抹、闊、渴、喝、聒、
> 說、卒、豁、鶻、突、兀、決、疾、奪、拔、發、碣、殺、月、絕、
> 別、析、妲〔註16〕、哲、烈〔註17〕、活、闥、闕、缺、達。

陶村之套用〈北征〉詩，在格式上較明顯的不同只有一處，即杜甫於其詩題之下有一詩序寫道：「歸至鳳翔墨制放往鄜州作」，而陳肇興之作則無詩序。雖然如此，陶村之詩題「自許厝寮避賊至集集內山」，其意下無非與子美

〔註16〕此句原文臺灣文獻叢刊本作「為厲及嫗妲」韻字作「妲」，茲據鄭喜夫《陶村詩稿全集》校訂，依原刊本改正為「妲」字。南投：臺灣省文獻會，1978、6。

〔註17〕此句原文楊氏本作「空手難為裂」。韻字作「裂」，茲據鄭喜夫《陶村詩稿全集》校訂，依原刊本改正為「烈」字。南投：臺灣省文獻會，1978、6。

之詩序意思相類。因此也可說，陳肇興乃直接以詩序為詩題也。其詩題正是兼具題目標示與序言說明的雙重作用，將二者相融為一。

（二）綴句成詩

詩集中〈感事述懷，集杜二十首（並序）〉之作，尤其彰顯陳肇興熟讀杜詩的深厚功力。以杜詩數量高達一千四百餘首而言，翻查閱讀已煞費功夫，更何況是融會貫通，集彙成文，尤屬不易。然而總觀陳肇興此作二十首五言律詩，共一百六十句，皆自杜詩而出，且其中沒有任何兩句是重複的。唯一的例外，是第十八首的「交情脫寶刀」。這一句不是杜甫的作品，而是高適〈送柴司戶充劉卿判官之嶺外詩〉一詩之句子。雖然如此，然而浩浩二十首集句詩不但押韻無失，而且詞通義貫，情味有加。若非熟知杜詩者，或亦有可能迷而不察呢！

統計陳肇興於此〈感事述懷，集杜二十首（并序）〉之中，總共運用了杜甫作品的一百〇七首詩歌進行組合，數量之高令人驚訝！而其中曾有兩句或兩句以上被選用的詩歌有三十首，其餘七十六首詩皆只有各用一句。單一詩歌被選用次數最多者高達五次，而這樣的杜詩作品有四首，包括：〈彭衙行〉、〈贈王二十四侍御契四十韻〉、〈喜聞官軍已臨賊寇〉、〈奉送嚴公入朝十韻〉。陳肇興之熟捻於杜詩，於此製作最為鮮明具體。集句詩之難，不僅在於通熟不易，更在於綴句成詩，意義不易通貫感人。要克服如此困難，唯有依靠作者本身紮實的閱讀基礎和詩學涵養了。陳肇興完成此一大作，不僅集句規模龐大，而且情境通貫，意義深刻，著實表現了過人的才情，當真令人敬佩。在此同時也清楚顯現，陳肇興遭逢戴潮春事件的無奈與沈重，彷彿前代杜甫遭遇安史之亂之再現；杜甫詩歌中所展現的見聞與情懷，好似說出了陳肇興當下的體驗。陳肇興之借杜甫以抒胸臆，正乃顯現其內心對戰事的最大怨憤，即如其〈序〉中所言：

> 取杜詩而讀之，茫茫百感，如在目前；渺渺千秋，如逢凡構。淒風
> 苦雨，悉古人已涉之途；斷簡殘編，即我輩欲宣之蘊。……蓋家國
> 之慨，前後同歸；亦哀怨之音，古今一致云爾。

陳肇興撫卷誦讀杜詩之時，或許也曾興起「同是天涯淪落人」的相知相惜之情。集句成詩，則不僅是詩歌才學的展現，其實也是隔代知己在精神上相互感通的一段記念吧！

茲將所集各句出處列表標示，製作「〈**感事述懷，集杜二十首（并序）**〉**出處一覽表**」，俾便一目了然，以顯陶村所為之不易。

表 21　〈感事述懷，集杜二十首〉出處一覽表

〈感事述懷，集杜二十首〉	杜詩出處（依〈杜詩錢注〉）	異　文
一、身世雙蓬鬢	卷十四、暮春題瀼西新賃草屋五首之三	
乾坤一腐儒	卷十五、江漢	
所來為宗族	卷一、示從孫濟	
從此出妻孥	卷二、彭衙行	
鼓角悲荒塞	卷十四、將曉二首之一	
塵沙立暝途	卷十、行次昭陵	
寂寥人散後	卷八、送重表姪王砅評事使南海	
野月滿庭隅	卷十二、倦夜	
二、寂寞書齋裏	卷九、冬日有懷李白	
他鄉且舊居	卷十、得家書	
荊扉對麏鹿	卷十五、曉望	
鄰舍與園蔬	卷十一、酬高使君相贈	
霧樹行相引	卷十、喜達行所在三首	
村花不掃除	卷十二、寄李十四員外布十二韻	
猶殘數行淚	卷十二、登牛頭山亭子	
自寄一封書	卷二、述懷一首	
三、洗眼看輕薄	卷十三、贈王二十四侍御契四十韻	
無心恥貧賤	卷十三、贈王二十四侍御契四十韻	無心恥賤貧
檢書燒燭短	卷九、夜宴左氏莊	
對酒滿壺頻	卷九、漫成二首之一	
生意甘衰白	卷十、收京三首	
行歌非隱淪	卷一、奉贈韋左丞丈二十二韻	
艱難隨老母	卷十、寄張十二山人彪三十韻	
嘔血事酸辛	卷十四、謁先主廟	歐血事酸辛

四、烽火連三月	卷九、春望	
兵戈有歲年	卷十二、有感五首之一	
無家問消息	卷十四、刈稻了詠懷	
累月斷人煙	卷十、送人從軍	
雄劍四五動	卷三、前出塞之八	
茅齋八九稼	卷十五、秋日夔州詠懷寄鄭鑒李賓客一百韻	
何鄉為樂土	卷二、垂老別	
此別竟茫然	卷九、送韋書記赴長安	此刻意茫然

五、亂離知又甚	卷十四、遣憂	
留滯敢辭勞	卷十二、鸑鷉	留滯莫辭勞
壯惜身名晚	卷十四、將曉二首之一	
悲憐子女號	卷十、喜聞官軍已臨賊寇二十韻	
一旬半雷雨	卷二、彭衙行	
八水散風濤	卷十、喜聞官軍已臨賊寇二十韻	
生死論交地	卷十一、贈別何邕	
寸心銘佩牢	卷八、送重表姪王評事使南海	

六、慘淡風雲會	卷十四、遣憂	
飛騰戰伐名	卷十七、公安縣懷古	
呻吟更流血	卷二、北征	
長嘯一含情	卷十七、公安縣懷古	
耕鑿安時論	卷十五、吾宗	
漁樵寄此生	卷十一、村夜	
故林歸未得	卷十一、江亭	
群盜尚縱橫	卷十二、悲秋	

七、四海猶多難	卷十二、奉送嚴公入朝十韻	
邊隅還用兵	卷十一、歲暮	
至今勞聖主	卷十二、有感五首之一	
何以守王城	卷二、新安吏	
勳業行看鏡	卷十五、江上	勳業頻看鏡
朝廷誰請纓	卷十一、歲暮	
忽聞哀痛詔	卷十、收京三首之二	
頻使寸心傾	卷九、敬贈鄭諫議十韻	欻使寸心傾

八、迴首驅流俗	卷九、上韋左相二十韻	
深情托所親	卷十、寄張十二人彪三十韻	深潛託所親
干戈猶未定	卷十一、遣興	
消息苦難真	卷十八、遣憂	
易下楊朱淚	卷十五、冬深	
難甘原憲貧	卷十、寄李十二白二十韻	
沈思歡會處	卷二、述懷一首	
愁殺白頭人	卷十五、月三首之一	

九、未負幽棲志	卷十、寄李十二白二十韻	
千秋萬歲名	卷三、夢李白三首之二	
得辭兒女醜	卷八、送重表姪王砅評事使南海	
因見古人情	卷十、送遠	
秋水通溝洫	卷九、與任城許主簿遊南池	
高風捲旆旌	卷十、奉送郭中丞兼態僕卿充隴右節度三十韻	高風卷旆旌
兵戈與人事	卷十五、遣愁	
回首淚縱橫	卷十六、熟食日示宗文宗武。	回首淚縱橫

十、苦負平生志	卷三、夢李白二首之二	
經書滿腹中	卷十五、吾宗	
與時安反側	卷十二、奉送嚴公入朝十韻	
駕馭必英雄	卷九、投贈哥舒開府翰二十韻	
天下兵皆滿	卷十三、送韋郎司直規成都	天下兵戈滿
關河信不通	卷十二、登牛頭山亭子	
煙塵獨長望	卷十、秦州雜詩二十首之七	煙塵一長望
愁坐正書空	卷十八、對雪	

十一、戎馬交馳際	卷十一、贈別鄭鍊赴襄陽	
蒼生喘未蘇	卷十一、建都十二韻	
丈夫誓許國	卷三、前出塞九首之三	
壯志恥為國	卷九、送蔡希魯都尉還隴右因寄高三十五書記	壯志恥為儒
只益丹心苦	卷十、月	
空悲清夜徂	卷十二、倦夜	
朝來偶然出	卷四、遭田父泥飲美嚴中丞	
隨意數花鬚	卷九、陪李金吾花下飲	

十二、誰肯艱難際	卷二、彭衙行	
從容靜塞塵	卷十二、奉送嚴公入朝十韻	
功名不自立	卷十四、西閣二首之一	功名不早立
豺狼未宜馴	卷十二、贈王二十四侍御契四十韻	龍虎未宜馴
故老思飛將	卷十、秦州雜詩之九	
中原憶舊臣	卷十二、奉送顏公入朝十韻	
向來憂國淚	卷十四、謁先主廟	
老去一沾巾	卷十五、江月	

十三、仗鉞奪忠烈	卷二、北征	
何由見一人	卷十一、贈別何邕	
英雄餘事業	卷十四、上白帝城二首之一	
盜賊本王臣	卷十二、有感五首之一	
好武寧論命	卷十、送人從軍	
臨危莫受身	卷十二、奉送嚴公入朝十韻	
哀鳴思戰鬥	卷十、秦州雜詩之五	
涕泣在衣沾	卷九、上韋左相二十韻	涕泣在衣巾

十四、戰哭多心鬼	卷十八、對雪	
江山非故園	卷十五、日暮	
幾人全性命	卷二、述懷一首	
作客信乾坤	卷十四、刈稻了詠懷	
骨肉恩書重	卷十、得舍弟消息	骨肉恩義重
蛟龍窟宅尊	卷十四、瞿塘兩崖	
四郊未寧靜	卷二、垂老別	
無夢寄歸魂	卷十四、東屯月夜	無夢有歸魂

十五、詞賦工無益	卷九、陪鄭廣文遊何將軍山林十首之四	
寰區望匪他	卷十一、散愁二首之一	
世人皆欲殺	卷十二、不見	
吾道竟如何	卷十二、征夫	
寒木累旌旆	卷三、萬仗潭	寒木壘旌旆
深江淨綺羅	卷十三、泛江	
寄書長不達	卷十、月夜憶舍弟	
早已戰場多	卷十五、復愁十二首之三	

十六、兵氣迴飛鳥	卷十、喜聞官軍已臨賊寇二十韻	
殘生隨白鷗	卷十八、去蜀	
文章愧命達	卷十、天末懷李白	
河漢逐人流	卷十五、十六夜翫月	河漢近人流
山鬼吹燈滅	卷十三、山館	
鮫人織杼愁	卷十五、雨四首之四	鮫人織杼悲
夢歸歸未得	卷十三、歸夢	
心折此淹留	卷十、秦州雜詩二十首之一	

十七、九月猶絺綌	卷三、遣興五首之一	
山雲淰淰寒	卷十三、放船	
高風下木葉	卷十五、江上	
烽火被崗巒	卷二、垂老別	
用拙存吾道	卷十二、屏跡三首之一	
安居奉我歡	卷二、彭衙行	
因君問消息	卷九、送蔡希魯都尉還隴右因寄高三十五書記	
持答綠琅玕	卷九、與鄠縣源太少府宴渼陂	持答翠琅玕

十八、十月清霜重	卷十、螢火	
千崖秋氣高	卷十三、王閬州筵奉酬十一舅惜別之作	
關山隨地有	卷十五、十六夜翫月	關山隨地闊
跋涉覺身勞	卷八、送重表姪王砅評事使南海	
多病休儒服	卷九、敬贈鄭諫議十韻	
交情脫寶刀	高適〈送柴司戶充劉卿判官之嶺外詩〉	
安危大臣在	卷十八、去蜀	
穴蟻欲何逃	卷十、喜聞官軍已臨賊寇二十韻	

十九、今日看天意	卷十、喜聞官軍已臨賊寇二十韻	
蒼生豈再攀	卷十五、洛陽	龍髯幸再攀
時危思報主	卷十五、江上	
世亂敢求安	卷十三、山館	
自顧轉無趣	卷一、大雲寺贊公房之二	
逢人多厚顏	卷二、彭衙行	
憂來藉草坐	卷二、玉華宮	憂來藉草坐
對食不能參	卷二、夏日歎	對食不能飧

二十、歌罷仰天歎	卷二、羌村三首之三	
蒼茫興有神	卷九、上韋左相二十韻	
由來意氣合	卷十二、贈王二十四侍御契四十韻	
直取性情真	卷十二、贈王二十四侍御契四十韻	
枕簟入林僻	卷九、巳上人茅齋	
簷籐刺眼親	卷十、奉陪鄭駙馬韋曲二首之一	藤枝刺眼新
不知滄海上	卷十、送翰林張司馬南海勒碑	
薏苡謗何頻	卷十、寄李十二白二十韻	

（三）詞句形似

　　陳肇興詩歌之形似杜詩，還在於其字裡行間，也往往可見杜詩的影像閃現其間。亦即陶村之遣詞用字，常與杜詩十分相像。除了前述「杜甫前、後〈出塞〉與陳肇興前、後〈從軍行〉文句比較表」中所列之外，其他詩作中兩者相同或形似詩句，亦時有所見。雖不盡能蒐羅齊全，但就所得要例簡約綴集之，製作「陶村詩句形似子美詩句簡例表」，便可瞭解陳肇興深受杜詩影響之一斑。

表22 陶村詩句形似子美詩句簡例表

陶村詩句	子美詩句
1. 皇帝元年秋，閏八月初吉（〈自許厝寮避賊至集集內山〉）	1. 皇帝二載秋，閏八月初吉（〈北征〉）
2. 茅茨雜蓬蓽（同上）	2. 詔許歸蓬蓽（〈北征〉）
3. 閉戶深藏匿，逢人未敢出（同上）	3. 拜辭詣闕下，怵惕久未出（〈北征〉）
4. 精神猶恍惚（同上）	4. 道途猶恍惚（〈北征〉）
5. 奔走何時畢（同上）	5. 憂虞何時畢（〈北征〉）
6. 川原日流血（同上）	6. 呻吟更流血（〈北征〉）
7. 鬼火互明滅（同上）	7. 旌旗晚明滅（〈北征〉）
8. 益歎我躬拙（同上）	8. 益歎身世拙（〈北征〉）
9. 颯颯動木末（同上）	9. 我僕猶木末（〈北征〉）
10. 狐鼠共巢穴（同上）	10. 野鼠拱亂穴（〈北征〉）
11. 街衢堆白骨（同上）	11. 寒月照白骨（〈北征〉）
12. 兩腳垢不襪（同上）	12. 垢膩腳不襪（〈北征〉）
13. 青衫換短褐（同上）	13. 顛倒在短褐（〈北征〉）
14. 雞黍競羅列（同上）	14. 衾裯稍羅列（〈北征〉）
15. 思之如飢渴（同上）	15. 似欲忘飢渴（〈北征〉）
16. 萬弩伺俱發（同上）	16. 蓄銳何俱發（〈北征〉）
17. 乾坤收肅殺（同上）	17. 正氣有肅殺（〈北征〉）
18. 此念未容絕（同上）	18. 皇綱未宜絕（〈北征〉）
19. 不復憂蕩析（同上）	19. 同惡隨蕩析（〈北征〉）
20. 保身慎明哲（同上）	20. 宣光果明哲（〈北征〉）
21. 安危大臣在（（同上））	21. 安危大臣在（〈去蜀〉）
22. 徒步隨狙公，自拾棗與栗（（同上）） 23. 拾橡杜陵叟（〈山居漫興〉之一） 24. 空山拾橡又三邊（〈元旦〉）	22. 歲拾橡栗隨狙公（〈乾元中寓居同谷縣作歌七首〉之一）

25. 我尚山中拾橡栗（〈哭房師潘瑤圃夫子〉）	
26. 有弟滯牛山（〈自許厝寮避賊至集集內山〉）	23. 有弟有弟在遠方（〈乾元中寓居同谷縣作歌七首〉之三）
27. 仰視浮雲飛，白衣變蒼狗（〈詠懷〉之二）	24. 天上浮雲如白衣，斯須改變如蒼狗（〈可歎〉）
28. 涕泣沾衣袍（〈詠懷〉之三）	25. 涕淚在衣巾（〈上韋左相二十韻〉）
29. 千金買一劍（〈詠懷〉之四）	26. 千金買馬鞭（〈後出塞〉之一）
30. 儒冠老病生（〈人日〉）	27. 儒冠多誤身（〈奉贈韋左丞丈二十二韻〉）
31. 亂離消息苦難真（〈感事漫興〉之一）	28. 消息苦難真（〈遣憂〉）
32. 干戈草草將週歲（〈感事漫興〉之一）	29. 兵戈有歲年（〈有感〉之一）
33. 壯志輕豪俠，虛名誤腐儒（〈雜感〉之一）	30. 壯士恥為儒（〈送蔡希魯都尉還隴右〉）
34. 兒啼掩口縚（〈感事述懷五排百韻〉）	31. 懷中掩其口（〈彭衙行〉）
35. 世人皆欲殺（〈感事述懷五排百韻〉）	32. 世人皆欲殺（〈不見〉）
36. 吾道本艱貞（〈感事述懷五排百韻〉）	33. 吾道屬艱難（〈空囊〉）
37. 古來擒賊先擒王（〈玉潭莊與黃實卿名經夜話〉）	34. 擒賊先擒王（〈前出塞〉之六）
38. 那堪憑北望，烽火接天茫（〈山中遣悶〉之三）	35. 悵望但烽火（〈遣興五首〉之四）
39. 無寧學杜甫，悲歌以當哭（〈卜居〉） 40. 杜老悲歌空自嘆（〈相逢行，贈曾汝泉〉）	36. 嗚呼！一歌兮歌已哀，悲風為我從天來。（〈乾元中寓居同谷縣作歌七首〉之一）
41. 破屋杜陵戀舊茅（〈憶故居〉之四） 42. 那管秋風破茅屋（〈秋風曲〉）	37. 〈茅屋為秋風所破歌〉

　　從概約取樣的對比詩句中，能反映出兩者之間詞語相同或相類者不在少數，甚至意義亦極相近，陶村淵源自子美的影響不可謂不深。吳德功說：「肇興之詩，胎息於少陵」，由此上之語文表徵最能輕易看出，陶村在構思屬句之中可能常自覺或不自覺地會通於杜甫，筆下詩句也因此或多或少地類同於子美。一個人若非一心嚮往，又如何能如此神近而形似之呢？杜甫之於陳肇興，影響可謂深及骨肉啊！

二、精神方面

陳肇興追摹杜甫，不僅習其文字，更承襲其內在精神的修持。不論是在面對亂世的作為上，抑或在日常為人的原則上，杜甫的形影彷彿都對陳肇興產生了相當程度的影響。《陶村詩稿》中的詩歌提供給了我們最直接可靠的證明。

（一）自比為杜甫

在《陶村詩稿》中提到杜甫的次數頗多，但都集中在《咄咄吟》首卷，即同治元年（1862）戴潮春事起當年中，包括有：

> 悽愴杜陵叟（〈奉憲命往南北投聯莊遇亂〉之三）、
>
> 拾橡杜陵叟（〈山居漫興〉之一）、
>
> 自愧杜陵空痛哭（〈寄林文翰舍人〉之三）、
>
> 杜甫遊秦盜正驕（〈憶故居〉之一）、
>
> 破屋杜陵戀舊茅（〈憶故居〉之四）、
>
> 吾寧學杜甫（〈卜居〉）、
>
> 空憐李杜舊知名、杜老悲歌空自嘆（〈相逢行，贈曾汝泉〉）

同治元年（1862）是陳肇興最為困頓的一年，聯莊未成，避居山中，無可如何。在這樣的日子裡，陳肇興將杜甫遭遇安史之亂的經歷，比擬為自己的遭遇戴潮春事件。於困頓窘迫之時，他也以杜甫的精神來體會及面對一切。

面對離亂的世局，陳肇興的奔逃生活，何嘗不是千百年前杜甫生命的現實體驗嗎？讀書人所為何事？為邦國開太平，為乾坤定剛常；為黎民譜寫悲歡，為古今銘誌興衰。杜甫當年的心境，陳肇興能體會；陳肇興的遭遇，杜甫的詩句是最好的安慰。陳肇興彷彿視杜甫為隔代神交的知己，這樣的心境，在〈感事述懷，集杜二十首（并序）〉的序文中說明得最清楚：

> 僕本恨人，時逢喪亂。竄身窮谷，跣足空山。忍死以待王師，拭淚
> 而呼子弟。效班彪之論命，欲悟隗囂；值錢鳳之淺言，幾危溫嶠。
> 東奔西走，晝伏宵行。聽□[1]礮之聲，則淚隨響落；望旌旗之色，則
> 魂逐雲飛。於焉取杜詩而讀之，茫茫百感，如在目前；渺渺千秋，
> 如逢夙構。淒風苦雨，悉古人已涉之途；斷簡殘編，即我輩欲宣之

蘊。爰尋章而摘句，因會意以成文。有唾皆珠，無牙不慧。蓋家國
之慨，前後同歸；亦哀怨之音，古今一致云爾。

值此紛亂世局，陳肇興將自己的遭遇與心情，多託擬為杜甫；而杜甫也因此
對陳肇興的內心、詩歌與行動三方面顯現出清晰的影響力。

（二）以儒道應世

杜甫「在他的詩歌裡，始終是以儒家自命」〔註18〕，杜詩中稱儒文句屢
見不鮮，常見者包括「儒生」、「儒服」、「儒術」、「老儒」……等〔註19〕。而
《陶村詩稿》中陳肇興自始至終皆以儒生自詡，尤其是在亂局之中，更加顯
著地堅持以儒道的態度應世。戴案後期，戰事正熾之時，陶村即一再地寫道：

世人皆欲殺，吾道本艱貞。……丹心爭一寸，白髮任千莖。（〈感事
述懷五排百韻〉）

鼙鼓連朝響未殘，軍中猶自著儒冠。（〈克復林圯埔〉）

先人之憂後人樂，我輩所存本如此。豈為封侯始請纓，從知殺賊即
名士。（〈玉潭莊與黃實卿明經夜話〉）

在字裡行間，強烈地傳達著身為儒者在亂世時的堅正執著，與其熱血使命。
詩文中他頻頻以「儒」自稱，其他還曾出現過的稱「儒」文句分別有：

片紙文字足千秋，此是吾儒無量壽。（〈米元章墨蹟歌，為張明經作〉）

東京儒雅古來無，拜老臨雍禮數殊。（〈詠史·東漢〉）

靈感有書城內史，太平無策抱吾儒。（〈詠史·隋〉）

畫地偶成名士餅，普天誰好魯儒冠。（〈揀中感事〉之七）

卻笑腐儒憂社稷，年年辛苦送窮文。（〈揀中感事〉之八）

漢儒專標榜，宋儒尚攻擊。（〈雜詩〉之二）

破屋荊榛地，儒冠老病生。（〈人日〉）

壯志輕豪俠，虛名誤腐儒（〈雜感〉之一）

夫子方當路，迂儒幸不阮。（〈感事述懷，五排百韻〉）

〔註18〕見劉大杰《中國文學發展史·杜甫與中晚唐詩人》，第491頁。臺北：華正書
局，1984、8。

〔註19〕見簡明勇，《杜甫詩研究》，第175～182頁。臺北：學海出版社，1984、3初
版。又陳偉《杜甫詩學探微》，第41～49頁。臺北：文史哲出版社，1985、
8初版。

天為吾儒假一鳴，萬人軍裏逢先生。(〈玉潭莊與黃實卿明經夜話〉)

而雖無「儒」字，卻同為儒道意義的詩句，其詩集中也時有所見，例如：

> 人生浩氣秉乾坤，報國何須權與位！但教友助循古風，自保一方即忠義。(〈北投埔計議防亂事宜〉)

> 先憂而後樂，此語本吾師。(〈遊龍目井感賦百韻〉)

> 古來稱善將，無敵是行仁。(〈收復南投街連日大捷〉之四)

> 苦將王命論，勸與聖人氓。(〈感事述懷五排百韻〉)

以上〈詠史〉二則及〈雜詩〉所稱皆古人，不與為論，歸納其餘者分別為「儒冠」、「腐儒」、「迂儒」、「吾儒」，此皆為杜甫詩中用詞。而這些句子主要集中在咸豐十一年（1861）及同治二年（1863）這兩年。如此明顯的集中，或許透露出詩人思想與時代變化之間的關連。咸豐十一年臺地械鬥不斷之際，清廷又徵調大批臺勇討伐太平天國，同治二年官軍全力圍剿戴潮春黨徒。二者都是對臺灣社會，尤其是中臺灣民眾，造成重大影響的事件。身為中臺灣子弟的陳肇興，隨著社會巨變而更能體會到杜甫以儒者自命的意義。

在戰鼓連年的亂世，陳肇興仍堅持以儒生自詡，他敬仰古今聖賢，熱愛家國；他關心民生，關懷政治；他自知「僕本恨人」(〈感事述懷，集杜二十首（并序)〉)，卻也自信「家國交相倚」(〈奉憲命往南北投聯莊遇亂〉)；他那任重道遠，捨我其誰的精神，豈不是在在都是杜甫精神的再現嗎？

在《咄咄吟》兩卷中，幾乎沒有一首詩的內涵不是緊扣著戴潮春事件而寫。閱讀一遍《咄咄吟》，幾乎就是瀏覽一次戴案發生的歷程，彷彿讀杜詩以見安史亂世之窮愁苦痛一般。

三、風格方面

杜甫號為詩聖，不僅因為其寫作技巧卓越，更重要的是其風格表現的足以感人。陳肇興《陶村詩稿》的詩歌風格也直追杜子美。這可能是個人個性的傾向，也可能是時代背景的近似，更或許是隔代知己於心戚戚的潛在認同。

（一）題材

形成杜甫詩歌風格的基本因素，便是其獨到的觀察眼光所取捨的詩歌題材。杜甫詩歌數量眾多，題材廣泛，這是《陶村詩稿》的 464 首詩作所不能企及的。但是杜甫所最常著眼的角度，概括言之，無非是民生與時事兩大類，

而這也正是陶村所致力寫作的兩大題材。

　　《陶村詩稿》題材涵賅多類，又以時代民生為主體，可說是直接承襲了杜甫關懷社會的中心意旨，也是兩人能同樣成就「詩史」美譽的根底。陳肇興之淵源於杜甫，於此格局甚稱彰顯。

　　陳肇興的詩歌充滿了濃厚的個人觀察色彩，特別是對民眾百姓的關懷。詩集當中往來酬唱的作品有限，且多寓託民生關懷的見解。這是《陶村詩稿》的重要特色，從中讀者可以欣賞到一位有血有肉，深具悲憫性格的詩人風采。

　　臺灣自開科舉之後，讀書人無不積極仕進。不僅授課以科考為主要，士子亦以應試為目標。故而學子士人大多熟於四帖詩的八股規矩、習於擊缽吟唱的酬唱詠讚。只是這樣的作品比較容易忽視個人的觀察思考，容易缺乏內在生命力，當然也就無法產生雋永的文學感動。

　　陳肇興自少便志於功名，然而卻能幸運的得遇良師，使他的詩作訓練不僅僅只是為了應付科考而已。〈陳肇興列傳〉曾指出：

> 彰邑初建，詩學未興，士之出庠序者，多習制藝，博科名。道光季年，高鴻飛以翰林知縣事。聘廖春波主講白沙書院，始以詩古文辭課士，鴻飛亦時蒞講席。為言四始六義之教。間及唐宋明清詩體。
>
> 一時風氣所靡，彰人士競為吟詠，而肇興……等尤傑出。〔註20〕

可見在白沙書院期間，由於掌教者的先見，著重以古學課士的訓練，對學子學識的開闊，深具啟發，並能蔚為文風。陳肇興在白沙書院其間號為傑出，後雖不能得見其當時作品，但從《陶村詩稿》之中，卻能見其為學訓練的成果。尤其在詩歌題材的選擇上，更能顯現其獨具的眼光，與悲憫的懷抱。

　　《陶村詩稿》諸詩之題材，主要表現在民生關懷與時事寫實二方面，而這兩類題材又往往是相互關連，互為表裡的。作者關心現實生活當中人們的遭遇與感受，筆下所及也盡是與民眾息息相關的主題，包括時代局勢的變遷、環境空間的見聞、四時生活的內容、心靈精神的取向……等，無不是環繞著黎民大眾。秉持著「先人之憂後人樂，我筆所存本如此」（〈玉潭莊與黃實卿明經夜話〉）的儒家理念，陳肇興長期以來都保持著對庶民百姓的高度關注。清代咸、同時期民眾喜樂哀怒的經驗，都在陳肇興筆下得到了側面的描寫。

〔註20〕見連橫《臺灣通史・文苑列傳》，第 738 頁。臺北：黎明文化事業公司，1985、1 初版。

（二）寫實精神

與題材互為表裡的，是杜、陳兩人寫實風格的類近。這是二人之間最可稱道的一項共同特色。在文學上，陳肇興將杜甫記史入詩的精神，灌注在自己的作品中，將原來富於關懷的筆觸，更加集中地表現在反映民眾生活、提出社會觀察的層面上。嘗試著結合詩學與史學，突破其個人詩歌題材的侷限，也為臺灣百姓的真實生命留下側面觀察。陳肇興因而能夠追繼杜甫，深刻地繼承其寫實精神，也輔助成就了其「詩史」的聲譽。

杜甫〈前出塞〉九首「為徵秦隴之兵赴交河而作」、〈後出塞〉五首「為徵東都之兵赴薊門而作」，杜甫既哀憐士卒辛勞，又亟諫人主好武，於是「假徵戍者之辭，以諷切之也」〔註21〕，透過詩歌道盡別家從軍之苦，極發牢騷，歷歷指陳征戰騷動之禍，深寄諷諭。陳肇興身處中臺灣，親見鄉里子弟紛紛應召入行伍，越洋入閩浙截堵太平軍〔註22〕，雖有許身報國的壯志，然酸辛苦楚亦令人不忍。於是仿杜甫之〈前出塞體〉、〈後出塞體〉作〈前從軍行〉、〈後從軍行〉。藉著現狀的觀察與聯想，設身處地地為士卒們抒發心聲，也為臺勇戰功連連的讚譽之外，提供另一個角度的觀察。

在械鬥頻繁發生的不安社會中，官府的無力治理著實令人著急。清代臺灣吏治之惡，早有聲名。陳肇興洋洋灑灑二十篇的歌詩〈揀中感事〉，正是就不同角度，具體抒發了對官軍腐敗與無能的不滿。〈遊龍目井感賦百韻〉一詩更是直接描寫了官匪一氣的惡形惡狀，暴露出械鬥禍民的深遠恐怖。直如杜甫之書寫三吏三別，以具體的事實，發出巨大的吶喊。尤有甚者，是陳肇興次韻杜甫〈北征〉一詩，作浩浩長篇〈自許厝寮避賊至集集內山〉，將戴案發生以來的艱辛歷程，從頭道來。

（三）沈鬱頓挫

杜甫認為其詩歌作品的最大特色，首推沈鬱頓挫。於〈進鵰賦表〉中他曾自言道：

> 臣之述作，雖不能鼓吹六經，先鳴數子，至於沈鬱頓挫，隨時敏捷，

〔註21〕見杜甫作、錢謙益注《杜詩錢注》卷三，第63頁。臺北：世界書局，1985、2 六版。

〔註22〕見許雪姬〈林文察與臺勇──臺勇內調之初探〉，刊於《近代中國區域史研討會論文集》（上冊），頁299〜333，(臺北：中央研究院近代史研究所，1986 年12 月)。

　　而揚雄、枚皋之流，庶可跂及也。〔註23〕

可見杜甫對於自我作品的風格，是相當具有自覺性的。離亂的世局、逃亡的生活、無力改變的環境——客觀現實的惡劣，塑造了詩人深沈憂鬱的心境與文筆。千年之後的陳肇興也經歷著與杜甫相近似的亂世，隨著戰局持續動盪與人生閱歷的增加，其內心的沈重與悲憤，也一一轉化為詩歌中沈鬱頓挫的筆觸。

　　戴案發生之前，臺灣社會早已匪盜猖獗，官兵的無以為謀，早令書生憂心不滿，連年的干戈紛擾，不禁對於自己的滿腹懷抱卻請纓無路，深表無奈，〈揀中感事〉組詩一再地書寫了內心的傷才不遇：

　　歷歷鄉村午夢初，稻花香裡度籃輿。有懷竹帛思投筆，無補生靈恥上書。瘴雨千峰迷客路，烽煙萬里阻公車。算來祇覺逃名好，日對青山愧有餘。（之十）

　　手捧文書暗自驚，非官非吏逐人行。宦場領略科名賤，世事消磨意氣平。笑罵由他宜自檢，睚眥於我本無爭。城狐社鼠多奇拓，誰信冰壺徹底清。（之十一）

　　呼牛呼馬總憑他，抱此冰心欲奈何。南海薏珠悲馬援，中原旌斾望廉頗。非關獨鶴招群忌，底事飛鴉在泮多？擬作解嘲才力薄，一樽相屬且高歌。（之十二）

且看「冰壺底清」、「抱此冰心」的陳肇興面對的卻是「笑罵由他」、「呼牛呼馬」，詩歌中作者一再地以「恥上書」、「逃名好」、「科名賤」、「才力薄」諸詞自我嘲謔，沮喪無力的情調，濃厚地瀰漫於全詩。

　　亂世之時，最掛心不捨的無非是親愛的家人，尤其逢年圍爐之際倍增悲愁，〈除夕〉一詩便極顯其憂鬱難堪：

　　涉險攀幽路未通，全家門閉亂山中。因書鬱壘知年盡，不送屠蘇信道窮。索債幸無敲戶客，圍爐欣有讓梨童。悲歡一夜催人老，不是閒愁酒可攻。（之二）

　　隔鄰兒女鬧喧嘩，故事猶將守歲誇。八口艱難欣有母，一身奔走苦無家。頹唐僕婢驚弓鳥，荏苒光陰赴壑蛇。蠟燭也知家國恨，替人

〔註23〕見杜甫作、錢謙益注《杜詩錢注》卷十九，第425頁。臺北：世界書局，1985、2六版。

　　　　垂淚不開花。(之四)

詩中透過新年來到的歡喜，映現了生活環境的惡劣；藉由孩童的天真無知，
更反諷了世局的濁惡。詩人在頓挫的鋪敘中，反向強化地擴散了個人及時代
的悲沈。消極退縮的他也在〈種菜〉詩中曾透露出消沉落寞的神態，且看其
詩云：

　　　　問天咄咄首頻搔，學走空山日一遭。壯歲功名輕馬革，此時性命輕
　　　　鴻毛。不求聞達安吾拙，能報干戈讓世豪。且向村翁分半畝，自將
　　　　種菜教兒曹。

陳肇興的沈鬱不是天生的，戴案發生前許多奔放奇譎的詩歌中他曾經是多麼
豪邁瀟灑！只是世事的作弄，讓他窮愁困挫，憂鬱沈痛！

　　當聽聞戴黨淪陷故鄉彰化城時，他痛心地指責當局「優柔養寇機先失，
倉卒陳兵計又非」(〈二十日，彰化城陷〉)；而戰局日益惡化之時，他更以沈
重的心情寫出〈感事漫興〉組詩，指述官軍苟安敗壞的行徑：

　　　　民為徵兵多聚鐵，官因省事諱修戎。……為虺弗摧蛇又放，爭教海
　　　　水不流紅。(之二)

　　　　射虜有書空議撫，望洋無援浪驚猜。飽鷹饑虎皆難馭，辜負推恩起
　　　　將才。(之三)

　　　　城破猶聞官索米，兵來唯見吏徵糧。紛紛文武遭誅戮，敢信捐軀盡
　　　　國殤。(之四)

　　　　殺賊不聞諸將猛，梟渠誰錄義民忠。……寄語東征諸將吏，漫將紙
　　　　上競奇功。(之六)

　　一句又一句毫無隱諱的直指官軍之弊，真是針針見血。官員的怠惰爭功、
軍士的橫徵暴斂，被毫不留情的如實揭露出來。到了戴案末期，陳肇興依然
不客氣地道出：「紛紛肉食總無謀，議撫招降半不酬。」(〈孤憤〉之二)、「頻
年殺賊不逢官」(〈克復林圮埔，在軍中偶興〉)、「肉食無謀藿食愁」(〈哭房師
潘瑤圃夫子〉)他支持政府平亂，卻不能苟同貪官敗吏的醜惡行徑。他的關懷
民生，絕不趨炎附勢；他的憂國憂民，恨鐵不成鋼，在看似激憤斥責的文字
中，其實是多麼鬱結不滿的心聲啊！

　　在尋求收復六保的過程中，陳肇興曾感慨於貧病無成，年華逐漸老大，
其〈孤憤〉一詩已顯出此意，詩中所言甚為明白：

　　　　學書學劍兩無成，投筆今朝為請纓。……恩仇未報家先破，貧病交

侵命已輕。（之一）

談來戰伐人皆勇，說到流亡我尚愁。卜式家財逾十萬，輸將已罄漫徵求。（之二）

年華荏苒髀生肉，戎馬消磨頷有鬚。……海濱耆舊凋殘盡，誰向黃公問酒鑪？（之三）

貧病破財，老大無成，陳肇興的詩意中有感慨，似乎也有一些著急。

　　文人行武事，雖有建功機會，並非人人可成，其不盡順遂，所在多有。陳肇興的六保合約舉事失敗，其身心之痛憤，最是令人動容：

群盜連山苦未平，幾回痛哭募鄉兵。千金散盡供奔走，萬劫逃來更死生。請援無人空斷指，倒戈有約誤同盟。昨朝骨肉今讎敵，如此人心絕可驚。（之一）

絡繹軍書日夕馳，風雲慘澹捲旌旗。一身報國唯存膽，萬口由人任剝皮。焚掠連村生氣促，驚呼到處哭聲悲。關山舉目無相識，欲避豺狼更倚誰！（之二）

沙場功名的難以建立，戰亂的顛沛無定，都使陳肇興的作品蒙上些許沈鬱的色彩：

一炊而百揚，眾寡常不勝。夜來聞笳聲，烽火四山應。抬頭望鄉關，旌旗蔽巖磴。流涕寂無言，俯首看刀柄。（〈奉憲命往南北投聯莊遇亂〉之二）

烽火兼旬信息沈，故園回首棘森森。幾回欲覓來人問，相對無言淚滿襟。（〈消夏雜詩〉之十）

不用書生策，孤軍更受圍。有人謀棄甲，獨我賦無衣。去住多拘束，行藏有是非。撫膺三嘆息，萬事與心違。（〈山中遣悶〉之二）

貧極拋鄉井，饑來賣鼎鐺。產空前日破，棋是別人贏。科第成風漢，衣冠變老儈。呼冤多杜宇，醫妒少鶬鶊。……（〈感事述懷五排百韻〉）

諸如此類的作品，屢見不鮮，宛如杜詩中因征戰而帶來的沈鬱情調一樣。陳肇興於戴案期間的作品，每每於字裡行間散發出出沈重內斂的氣息，較之戴案未發生時的前期作品，遭逢離亂所轉變而成的沈鬱頓挫風格，是極為顯明而動人的。兩位詩人遭遇的類同，也造就了詩歌風格的神似。

　　杜甫詩學的最大特色便是現實主義的寫實精神，以儒生悲天憫人的胸懷，如實記錄哀哀百姓的切身經歷。陳肇興並非高高在上的領袖，也不是參與機要的幕僚，他是隨著民眾流離顛沛的難民，是手持利刃肉搏群敵的民兵。他看得見最真實的景象，也聽得到最苦悶的心聲。這是他的作品之所以感人的最可貴基礎，更是據以為史料的最可靠憑藉。這些都是與杜甫類同的交集。在類同的經驗基礎上，「索其神，通其微，合其莫」〔註24〕，陳肇興更加趨向於對杜甫的嚮往與學習。即如吳德功〈陶村詩稿序〉所指：

　　　其詩胎息於少陵。蓋少陵因安、史之亂避地西蜀，以時事賦詩，寫
　　　其忠愛之慨，人稱『詩史』；陶村之作，類此者極多。

陳肇興以深入人民生活的切實觀察，與對在地深厚的鄉土情感，建構其文學作品深厚的基底；加以親身歷險見證，繫年逐時載記，步步追蹤千年前詩聖杜甫的履痕，優異地實踐了杜詩的形貌精神。陳肇興步趨於杜甫的軌跡包括：在詩體形式上，陶村熟習杜詩，文句之形似，屢屢可見；在精神取向上，陳肇興秉持子美的儒道精神以自勵，亂世之中不改其志，甚至常自比為杜陵叟，以慰其情；在風格表現上，杜甫出眾的寫實、沈鬱風格，於陶村詩作中再度重現。以此三大方向論之，陳肇興之淵源於杜甫，實已磊然可見。

　　臺灣本土子弟繼承中國傳統詩學養成的典型範例，已在陳肇興《陶村詩稿》中取得了顯著而成功的實現。

〔註24〕見曾國藩〈聖哲畫像記・序〉。

第六章　結　論

　　吳德功《陶村詩稿序》中引「貧賤憂戚，天之玉汝於成」一語，慨嘆《陶村詩稿》的成就，正是來自於詩人窮愁困頓，顛沛流離的生活遭遇。當細讀《陶村詩稿》之後，也不禁令人掩卷輕嘆：斯人而有斯文也！

　　日人廚川白村說：「文學是苦悶的象徵」，置之於陳肇興，無疑是再一次的印證！而陳肇興之遭遇，恰似當年因安史之亂而避地移徙的杜甫，隔代之詩史，同樣展現了對鄉土百姓的熱愛與關懷，其當臺灣詩史之譽，不亦宜乎！

　　茲就本論文所得主要結論，分述如下：

一、陳肇興是清代彰化本土詩人的代表

　　陳肇興的出現，標誌了清代中葉彰化本土詩人的完全崛起，透過《陶村詩稿》的詩歌作品，展現出具體的文學成果。

　　清代初期臺灣文學以宦游詩人為主流，然而隨著移民生活的改善，本土子弟方才逐漸嶄露頭角。陳肇興自幼以來，成長、求學、成家、立業……均在彰化，是一個道地的彰化子弟。他的作品中除了自我抒情之外，更多的是表達出對農民的關懷與愛憐、對百姓的悲憫與謀議、對風土的讚賞與親近、對官府的責求與支持……陳肇興充分展現了在地文人對民眾與鄉土的熱愛與關切，這遠遠不是宦游詩人所能企及的。陳肇興正是彰化本土詩人的典型代表。

　　陳肇興祖籍漳州，在俗諺「漳人重士，泉人多商」的趨向中，陳肇興幼承庭訓，耕讀自守，砥礪向學，終得一舉登第，考上舉人，成為移民子弟躋身士族的榜樣。從陳肇興的求學歷程中，正可反應當時彰化文教之一般；而陳肇興個人所散發出來的儒士風範，也可印證彰化地區已由草莽拓墾的移民社

會，轉變成為接受漢文化的「儒漢化」社會。陳肇興的作品中散發著濃厚的忠君衛民，愛國保鄉的思想。陳肇興正是在清朝文教系統下，所培育出來的傳統士人。

二、《陶村詩稿》透顯詩人之文學造詣

《陶村詩稿》中生動而寫實地呈現陳肇興的身心經驗，將詩人的文學造詣具體透顯。

文學之所以動人，端賴於其感情之真摯。陳肇興將其關懷投注於民生社會，從詩歌題材的選擇上、議論的角度上、情懷的抒發上，在在都彰顯了其在地的深厚情感，而這正是陶村作品深富感動力的最基礎因素。

以同治元年戴潮春事件的發生為界，詩人在前期發揮了蓬勃多姿的作品風貌，既揮灑誇張壯闊的豪邁，也描繪清樸雅麗的秀美；既體現社會現實，也書寫個人遊歷；既記俗揚善，也詠物題畫等，詩人以其活潑充沛的才情，盡情地馳騁在詩學創作的天地裡。

然而戴案的起事，疲憊了詩人的軀體、挫折了志士的理想、威脅了生命的保存，在全臺震驚的動盪中，陳肇興前期多彩昂揚的詩筆，至後期一轉而以報國忠君為依歸，以史實入詩為主題，對詩歌寫實沈鬱風格的發揮更顯集中。在詩篇中他敘述了流離顛沛的艱苦歷程、痛批當道的爭功無謀、更描繪了戰場的無常與可怖。透過平易樸素的語言、直書胸臆的表白、述而兼議的組織等，詩歌減少了清麗活潑的光彩，卻大大增加了深沈凝練的內力。詩人苦難的生活歷練，深刻了文學雋永的質素。《陶村詩稿》為戴案歷史作見證，戴案的經驗則淬煉了詩歌的文學內涵，詩人也因此而稱美詩壇，贏得了「戴案詩史」的美譽。

三、文獻價值足補史志之闕略

《陶村詩稿》可以取戴潮春事件作為前後期的分界點。前期側重於個人生活經歷與體驗的紀錄，並對以中臺灣為主的社會民生，寄予高度觀察與關懷。其中對農村的生活與內容，有許多深切而可親的描繪，而有「農民詩人」的美稱。他更用心紀錄了地方人士的可敬事蹟，欲以流芳勸世。如〈磺溪三高士詩〉、〈大水行〉，便是對四位彰邑民間高節懿德之士，生動表述其事蹟，讓後世得以想見其風範，仰為臺灣子弟之表率。

至於後期，則為陳肇興親身參與抵抗戴潮春事件的全程記錄。對於在牛

牛嶺、南、北投一帶區域的戰況與見聞，有詳細而深入的觀察與省思。而這一部份卻恰是史志文獻所闕略。可謂較全面記述戴亂的吳德功、蔡青筠分別撰作的《戴案紀略》，便明言曾參考陳肇興《陶村詩稿》而予以採擷補入；連橫於《臺灣通史》〈戴潮春列傳〉完成後，始於《陶村詩稿》中讀見〈殉難三烈詩〉，遂急錄入。《陶村詩稿》足以增補史志之闕略，陳肇興因此贏得「戴案詩史」的美譽，由此可見其在史學與文學並駕齊驅的雙重價值。

再者，以目前看來，對作者陳肇興所能掌握的生平資料，實在十分貧乏。幾經波折而終得以重見世人的《陶村詩稿》，是陳肇興傳世的唯一一部作品，也因此成為目前瞭解陳肇興青、壯年時期十二年間，最直接詳實，也是唯一的一部文獻。如此珍貴的一手資料，幫助後世瞭解詩人的外在經驗與內在心靈，其史學價值已然再更深一層了。

四、繼承杜甫詩淵源深厚

為後世尊稱為「詩聖」的杜甫，是就《陶村詩稿》所能見到，對陳肇興影響最為明顯深刻的人物。不論是在身心遭遇或文學取向上，陳肇興《陶村詩稿》之淵源於杜甫，是明確可觀的。

唐代杜甫身經安史之亂，飽受流離顛沛之苦，陳肇興亦同樣遭逢喪亂，因戴潮春事變而幾至破家；杜甫未得高位，而忠愛赤誠依然，陳肇興亦無顯赫官職，但憂憤之情不減，獻身報國不落人後，儒道的堅持，是兩位隔代知己的共同理念；杜甫筆力酣暢，捻鬚成篇，浩浩可觀，陳肇興亦慣以長篇為之，暢健豪邁，胸次了然；杜甫下筆有神，以蒼莽沈鬱出之，千古獨步，陳肇興亦一秉寫實風範，繼抖擻奇譎而為樸厚雄沈，益顯成熟有情；杜甫以詩紀史，安史之亂荼毒黎民之深苦，唯其能體貼伸張，陳肇興身隨戎馬，秉筆側記，戴潮春事變已然順時飛化成詩，而大補史志之不足，兩人雙雙以「詩史」稱譽詩壇，隔海相互輝映，允為佳話；杜甫佳句天成，累累可見而蒸騰眾口，陳肇興則拾牙不慧，綴錦成詩，卓然可觀，足見其感應之深與用力之勤。

五、蓬勃而動盪的清代彰化縣

彰化縣先天土壤肥沃，物產豐富。尤其氣候溫和，獨步全臺，最宜人居。清雍正元年設縣，正乃因應移民人口增加的管理需要。其後，八保圳水利灌溉系統的完成，更是直接推動了彰化農業的迅速蓬勃。農業因而成為彰化縣的主要產業，至今不衰。時至道、咸、同年間，在天助自助的艱辛拓墾基礎

下，彰化地區經濟活絡而發達，尤以號稱全臺第二大城的鹿港，最可為代表。富庶奢靡的生活，充分傳達了民生樂利的歡喜。陳肇興《陶村詩稿》中多樣的農村詩歌，正是如此背景下的一個反映。

　　然而在此同時，連年不斷的械鬥，正無情地破壞著努力建設的成果。無良的官吏，無法保護善良百姓，甚至監守自盜，魚肉民眾，人民的身家性命無從保障。終究爆發轟動全臺的戴潮春事變，彰化城淪陷，中臺灣尤其全面陷入對立混戰。死傷無數，流離失所，繁榮富庶的社會頓時成為哀鴻遍野的人間鬼域。天災不若人禍，紛紛不休的爭鬥，無異自毀長城，兩敗俱傷。彰化子弟陳肇興親身見聞、逃亡、參戰的經歷，透過真實的見證，在《陶村詩稿》中留下了最深沈的控訴。清代彰化縣正經歷一段個蓬勃而動盪的時代。

　　綜合而論，陳肇興是十九世紀中葉崛起於中臺灣的新興仕紳，他的成長歷程，也是許多移民臺灣的唐山子民後裔努力向上晉身的縮影。生於斯長於斯的濃厚情感，吾土吾民的責無旁貸，凝聚成樸實誠篤的體貼。於戴潮春事變後的毅然請纓，投筆從戎，尤能顯現其內在深受傳統儒學教化的影響。儒士的性格彰顯在其對庶黎眾生的深切關懷上，也充分表現在其筆下詩歌的悲憫沈鬱之中。

　　《陶村詩稿》完整紀錄了詩人青壯年時期十二年間小我的身心歷程，引領讀者體會臺灣農鄉之美，民情之富，也瞭解其心靈性格與理想抱負。尤為可取的是，詩人更以其開闊的格局，敏銳的觀察，側面書寫了大時代的動亂變遷。就其個人的悲喜哀愁，透顯哀哀百姓的苦痛無奈；憑其參與之見聞，暴露戰爭之殘暴無情；也本其良知良能，多發建言譏刺當局。《陶村詩稿》中有愛有憐，有血有淚，有儒教之仁，有報國之勇。加以其平實清雅的文筆，益發增添動人的魔力。這是本土子弟最動人的在地關懷，是臺灣歷史上彌足珍貴的一頁，更是臺灣古典文學界流芳千秋的史詩巨構。

附錄：佚作彙錄

凡陳肇興所作而未見於《陶村詩稿》者，彙錄於此。

佚作 1：械鬥竹枝詞（四首）

（一）無人拓殖不居功，動輒刀槍奮起戎。利益均沾天地義，強爭
惡奪是歪風。

（二）淡水環垣病最多，漳泉棍棒粵閩戈。因牛為水芝麻釁，一鬥
經年血漲河。

（三）災及後龍彰化間，禍延錫口至宜蘭。羅東亦效相殘殺，人命
如絲似草菅。

（四）起止紛爭數十年，時停時作互牽連。腥污血染開疆史，斵喪
菁英笑失筌。

註：錄自陳香《臺灣竹枝詞選集》，商務印書館，1983 年 4 月初版。

佚作 2：題烈婦張沈氏殉節事（古體九解）

蔦蘿泛長風，根莖無斷絕。由來連理枝，生死不相別。君不見張烈
婦，慷慨殉夫勇且烈。（一解）

婦姓沈氏名心娘，十八于歸張家郎。舉案齊眉慕孟光，如膠如漆且
未央。（二解）

忽忽五年，載弄之璋。二豎入室，夫病於床。求神問藥，淚睫承眶。
一朝怛化，五內崩裂如沃湯。（三解）

大哭一聲，氣結無語。娣姒急申救，阿翁欲言不言淚如雨，曰：「汝有孤兒在，旦夕須哺乳」。（四解）

長跪謝阿翁，妾心堅如銅。兒生有祖累姑嫜，妾身雖死兒可長。夫沒無人侍巾帚，妾身不去誰為偶。黃泉會有相見時，升天入地妾從之。（五解）

明珠為夫斂，綺羅為夫裝。執紼扶柩上北邱，歸來拜姑泣：「媳身未亡如已亡」。（六解）

綰我同心縷，著我嫁時衣。孤燈耿耿酸風吹，尺組畢命人不知。人不知，舉家奔救烏烏啼。（七解）

生同衾，死同穴。青塚巢，鴛鴦飛鳴自成匹。謂予不信如皦日。（八解）

人慕婦，烈且貞。我作歌，戒貪生。吁嗟乎！女子仗義能殺身，何迺國家多全軀保妻子之庸臣。（九解）

　　註：錄自倪贊元《雲林縣采訪冊》，臺灣文獻叢刊第三十七種。

佚作 3：四張犁文昌祠題聯

　　　　文列奎垣呼吸直通帝渭

　　　　蔚為國器栽培端在儒光

表 23　戴潮春事件期間陳肇興活動紀要與詩作繫年表

日期	戴案大事記要	陳肇興活動	陶村詩作
咸豐十一年（1861）			
冬	四張犁人戴潮春倡結天地會，黨羽日眾，截途截掠，漸不能制，地方為之動搖。	閒居讀書。	〈閒居〉
同治元年（1862）			
春	會黨勢力愈烈。災異疊見，識者謂地方將起大災變。	局勢不安，深感憂心。	〈春日有感〉

二月二十二日		受北投埔（今草屯）林錫爵邀請，與舉人林鳳池、邱位南、簡化成、貢生洪玉崑及各巨姓頭人，宴集倚南軒，共同商議防亂事宜。	〈北投埔計議防亂事宜〉
三月初九日	臺灣兵備道孔昭慈馳蒞彰，猶思撫輯，然戴黨已肆，始檄招淡水同知秋曰覲來彰會辦，小戰皆捷。		
三月十五日	官軍至大墩，林晟反戈相向，官軍受戴黨圍攻。		
三月十六日		奉上級之命，前往南、北投（今南投、草屯）聯莊，禁止民眾結黨入會，不幸遇亂，避居牛牯嶺，與家人失去連繫。	〈奉憲命往南、北投連莊遇亂〉
三月十八日	秋曰覲寡不敵眾、遇害殉節。	避居牛牯嶺。	〈十八日，秋雁臣司馬殉節大墩〉
三月二十日	天地會黨攻入彰化城，旋以鼓樂迎戴潮春進入彰化城。南投縣丞鈕成標被挐，不屈而死。兵備道孔昭慈仰藥而死。	避居牛牯嶺。	〈孔觀察殉節詩〉、〈鈕貳尹殉節詩〉
後數日	百姓紛紛攜眷逃難。	二弟挈家眷來會，慶幸重聚於牛牯嶺。	〈城破喜二弟挈家眷至〉
四月	四月戴黨分攻阿罩霧、鹿港、嘉義、新莊皆敗退。	全家避居牛牯嶺，清貧耕讀。	〈詠懷〉、〈山居漫興〉
五月初五日	林占梅率兵登陸大甲。	避居牛牯嶺，端午與友朋飲酒於家中。	〈端午飲家與三茂才舍中〉
五月、六月	林晟入踞彰化城，自稱千率。戴潮春退歸四張犁，僭稱東王，封林晟為南王。	幽居牛牯嶺，品賞夏日山景，體察地方民瘼。	〈虎子山歌〉、〈消夏雜詩〉、〈夏日偶成〉

七月上旬	各地戴黨勢盛，官兵義民協助共勦。	避居牛牴嶺，亟思獻策謀國。曾寄函林鳳池，邀共從事。得知古香樓已燬，十分痛惜。	〈七夕示內〉、〈雨後溪上望月〉、〈柴關〉、〈寄林文翰舍人〉、〈日暮晚眺〉、〈憶故居〉、〈感事漫興〉、〈土牛〉、〈董逃行〉
七月望後	林晟攻至嘉寶潭，為義首陳耀擊退。	謀刺逆首惜不中，險遭飛禍。	〈七月望後謀刺逆首不中〉
七月下旬、八月	各地戰勢仍熾。	輾轉避亂，後居許厝寮。	〈卜居〉、〈自許厝寮避賊至集集內山〉
閏八月初一	陳捷魁、黃開安等議開快官山路；林晟懸金購其首級。	遁居於集集內山；母弟仍居牛牴嶺。	〈自許厝寮避賊至集集內山〉
閏八月、九月上旬	林晟兵勢洶湧，官軍人少難敵。許黃邦帶銀被劫，林向榮斗六被困日甚。	竄身窮谷，晝伏宵行。	〈重陽〉、〈感事述懷集杜二十首（並序）〉
九月十七日	斗六燬，戴黨入土城。臺灣掛印總兵林向榮仰藥而死。王國忠突圍被執，同十八勇士被寸礫而亡；遊擊顏常春等人力戰而死；百姓林火丙、許益被執，大罵不屈而死。	避居集集內山。	〈聞斗六失陷，總戎殉節〉、〈羅山兩男子行〉、〈王副戎殉節詩〉、〈顏協戎殉節詩〉
九月	凌定國任彰化知縣，擒奸民斬之，有幹才，義民抗戴，屢傳捷報，然戴黨攻勢仍強。	避居集集內山。秀才曾汝泉曾來訪。	〈次韻酬曾汝泉秀才〉、〈相逢行〉、〈贈曾汝泉〉
十月	戴黨攻土庫、鹽水港不克。	避居集集內山	
十一月	林晟傾群犯大甲，官民力戰守城。	客居空山。	〈冬至〉
十一月二十六日	大甲解圍，戴黨退官軍入。	藏身木屐嶺，喜晤邱位南。	〈喜晤石莊兼話官軍捷信〉
十二月	水師提都吳鴻源親祭殉節將士，感動軍民。	仍居山林，歲懷末感懷。	〈臘日〉、〈懷人詩〉
十二月二十九日		全家團聚圍爐，當已返居牛牴嶺。	〈除夕〉

同治二年（1863）

正月	水師提都吳鴻源出師平賊，進擊鹽水；林晟圍大甲，登鐵砧山，折齒敗回。	雖喜春迎新，仍心繫平亂。	〈元旦〉、〈人日〉、〈正月八日村翁邀飲〉、〈上元月看煙火有感〉
二月上半月	官民陳捷元、蔡宇等合力克復牛罵頭、梧棲等處，戴潮春已往嘉義，四張犁老巢使陳梓生等守之。水師提督吳鴻源率吳志高諸軍，直抵城下，解嘉義之圍；欽命曾玉明為臺灣掛印總兵，駐軍於秀水。	偷閒山中，聞官軍大捷，破顏雀躍。	〈花朝喜聞官軍羅山大捷〉
四月	北路協副將曾元福率勇抵鹿港，進紮白沙坑，與曾玉明及各義軍屢攻賊營，尚不能下。	時值清明，痛傷不能回鄉掃墓，得知董濟亭逝世厄耗。	〈清明〉、〈哭董濟亭夫子〉
四月二十八日	六堡起義，雖倒戈反噬致苦戰連日，然官民力戰，尚大致安堵。	以邱位南之助，終得六堡合約舉事，並祭旗誓義，欣喜過望。同日樹義旗，祭旗後一日六堡背約，縱匪反噬，義莊燬陷無數，同志死傷甚慘，肇興一家四散，幾遭闔門之禍。	〈祭旗日示諸同志〉、〈祭旗後一日〉、〈殉難三烈詩〉
五月	遊擊蕭瑞芳自福建運大炮十餘尊抵鹿港。兵備道洪毓琛誤信蜚語，吳鴻源遜位班師，總鎮曾元福接代之。	受困居空山，種菜聊以度日，仍思圖謀，惜身困路遠。	〈山中遣悶〉、〈種菜〉、〈圍中得石莊書卻寄〉
六月	兵備道洪毓深積勞成疾，卒於任。		
六月十八日	義首陳捷三進紮沙仔崙，與戴黨大戰於濁水，擒斬戴黨軍隊領袖楊目丁，並斬首百餘級。	參與濁水之戰，俘獲甚多。憫而為之乞命。	〈六月十八日大戰濁水斬首百級〉
六月二十一日	賊紮南投，義民陳捷三等率數千人進勤，紳士吳聯輝內應，克復南投。	參與南投之役，欣喜重圍已解，且能克復而不傷人。	〈二十一日收復南投街連日大捷〉

六月二十九日	戴黨諸軍退屯施厝坪，陳捷三、陳雲龍夜遣人放火攻之，戴軍大潰，遂克復施厝坪，並臨近等莊。	參與夜攻施厝坪之舉，勢如破竹，並呼籲當乘勝追擊才是。	〈二十九日攻克施厝坪等處〉
七月二十二日	戴黨群聚集集，陳雲龍、陳捷三率五千義民猛攻，林鳳池恰引兵來助，斬首百餘級，戴黨大敗，退紮水社。	參與集集之戰，既感亂局未靖，殺戮慘亂，又嘆山野添新鬼，荒村更蕭條。	〈七月二十二日攻克集集斬首百級〉
八月	戴黨再圍集集，陳捷三、陳云龍、林鳳池率義民猛攻，戴黨亦拚死而來，陳捷三亦引六堡之眾來助，斬首二百餘級，溪水為赤。	連月征戰，頗有感觸。曾至南投喜逢邱位南。聽聞戴黨擁眾數千，再圍集集，立即投身戰役，與眾官兵義民力戰殺敵。	〈孤憤〉、〈雜感〉、〈南投喜晤邱石莊〉、〈聞集集被圍〉、〈再克集集溪水為赤〉
九月、十月	戴營大將林大用請降；提督林文察兵登陸麥寮，回阿罩霧協戰。林占梅等官兵屢勝復地甚多，戴黨氣勢益衰；兵備道丁曰健領兵三千登陸雞籠港，自北而南協戰。	為聯莊起義，繼續鼓吹奔走。	〈感事述懷五排百韻〉、〈感事〉
十一月初三日	內線打開城門，曾玉明從西門，丁曰健從北門收復彰化城。		
十一月二十六日	水師提督曾元福移師石猴溪（今斗南鎮），分派兵民隊伍，馳往各處會繫，以接北斗。	受提督曾元福派領，分股馳往東西螺、下虎尾各莊，會同地方耆紳，聯絡團丁。	〈代束沙連諸紳士〉
十二月初一日及後數日	官民力戰於林圯埔，收復內林等十數莊。旋會攻斗六戴潮春營，連戰數日不克。林文察兵繼至，諸偽將投誠，各莊多歸附，戴黨漸散，戴潮春攜眷及死士投靠張三顯。	親與林圯埔之役，縱戎累捷，乘勝而擊。隨即同義軍自水沙連由鯉魚尾穿山與官兵會約攻克斗六逆巢。越日襲取東埔蚋，俘獲戴黨十三人。沙連堡變亂，終告肅清。	〈克復林圯埔，在軍中偶興〉、〈自水沙連由鯉魚尾穿山至斗六門〉、〈玉潭莊與黃實卿明經夜話〉、〈自林圯埔進師〉

十二月十八日	戴潮春伏法。		
十二月	官民續掃戴潮春餘黨。	重歸故里彰化城。得悉潘瑤圃夫子已卒於行伍之中。	〈亂後初歸里中〉、〈哭房師潘瑤圃夫子〉

同治三年（1864）

	官兵持續肅清戴營餘黨。	不仕，設教於里，時雨化人。	

*文獻依據：
1. 陳肇興《陶村詩稿》
2. 吳德功《戴施兩案紀略》
3. 蔡青筠《戴案紀略》

參考書目

一、陳肇興著《陶村詩稿》版本

1. 《陶村詩稿》，臺灣文獻叢刊，臺灣銀行經濟研究室，第一四四種，1962 年。

2. 《陶村詩稿》，臺灣歷史文獻叢刊，臺灣省文獻委員會，1994 年 5 月。

3. 鄭喜夫校訂，《陶村詩集全集》，臺灣省文獻委員會，1978 年 6 月。

4. 王國璠編，《陶村詩稿》，臺灣先賢詩文集彙刊第一輯，龍文出版社，1993 年 12 月。

二、臺灣文獻叢刊，臺灣銀行經濟研究室編

1. 丁紹儀《東瀛識略》，第二種，1957。

2. 朱士玠《小琉球漫志》，第三種，1957。

3. 黃叔敬《臺海使槎錄》，第四種，1957。

4. 川口長孺《臺灣鄭氏記事》，第五種，1958。

5. 林豪《東瀛記事》，第八種，1957。

6. 藍鼎元《東征集》，第十二種，1958。

7. 沈雲《臺灣鄭氏始末》，第十五種，1958。

8. 不著撰人《平臺紀事本末》，第十六種，1958。

9. 丁曰健《治臺必告錄》，第十七種，1959。

10. 朱景英《海東札記》，第十九種，1958。

11. 翟灝《臺陽筆記》，第二十種，1958。

12. 黃宗羲《賜姓始末》，第二十五種，1958。

13. 唐贊袞《臺陽見聞錄》，第三十種，1958。

14. 吳子光《臺灣記事》，第三十六種，1959。

15. 倪贊元《雲林縣采訪冊》，第三十七種，1959。

16. 郁永河《裨海記遊》，第四十四種，1959。

17. 吳德功《戴施兩案紀略》，第四十七種，1959。

18. 不著撰人《安平縣雜記》，第五十二種，1959。

19. 陳國瑛《臺灣采訪冊》，第五十五種，1959。

20. 連橫《臺灣詩乘》，第六十四種，1960。

21. 高拱乾《臺灣府志》，第六十五種，1960。

22. 周原文《重修臺灣府志》，第六十六種，1960。

23. 鄭亦鄒《鄭成功傳》，第六十七種，1960。

24. 不著撰人《清一統志臺灣府》，第六十八種，1960。

25. 劉良璧《重修福建臺灣府》，第七十四種，1961。

26. 魏敬中重纂《福建通志臺灣府》，第八十四種，1960。

27. 徐宗幹《斯未信齋文編》，第八十七種，1960。

28. 六十七《番社采風圖考》，第九十種，1961。

29. 徐宗幹《斯未信齋雜錄》，第九十三種，1960。

30. 陳文達《臺灣縣志》，第一百零三種，1961。

31. 范咸《重修臺灣府志》，第一百零五種，1961。

32. 王必昌《重修臺灣縣志》，第一百一十三種，1961。

33. 余文儀《續修臺灣府志》，第一百二十一種，1962。

34. 六十七《使署閒情》，第一百二十二種，1961。

35. 陳文達《鳳山縣志》，第一百二十四種，1961。

36. 連橫《臺灣通史》，第一百二十八種，1962。

37. 蔣師轍、薛紹元纂《臺灣通志》，第一百三十種，1960。

38. 謝金鑾《續修臺灣縣志》，第一百四十種，1962。

39. 周鍾瑄《諸羅縣志》，第一百四十一種，1962。

40. 王瑛曾《重修鳳山縣志》，第一百四十六種，1962。

41. 劉枝萬《臺灣中部碑文集成》，第一百五十一種，1962。

42. 周璽《彰化縣志》，第一百五十六種，1962。

43. 沈茂蔭《苗栗縣志》，第一百五十九種，1962。

44. 連橫《臺灣語典》，第一百六十一種，1963。

45. 不着撰人《臺灣府輿圖纂要》，第一百八十一種，1963。

46. 不着撰人《清宣宗實錄選輯》，第一百八十八種，1964。

47. 不着撰人《清文宗實錄選輯》，第一百八十九種，1964。

48. 不着撰人《清穆宗實錄選輯》，第一百九十種，1963。

49. 不着撰人《清德宗實錄選輯》，第一百九十三種，1964。

50. 蔡青筠《戴案紀略》，第二百零六種，1964。

51. 林繩武《海濱大事記》，第二百一十三種，1965。

52. 連橫《臺灣詩薈雜文鈔》，第二百二十四種，1966。

53. 不着撰人《清會典臺灣事例》，第二百二十六種，1966。

54. 諸家《臺灣詩鈔》，第二百八十種，1970。

三、史志文獻

1. 《四史——史記、漢書、後漢書、三國志》，文化圖書公司，1970 年 3 月。

2. 司馬光著，元、胡三省註，《資治通鑑》，文化圖書公司，1976 年。

3. 陳漢光《臺灣詩錄》，臺灣省文獻委員會，1971 年 6 月。

4. 閻萬清《彰化政治發展史》，彰化縣立文化中心，1997 年 6 月。

5. 《雲林縣志稿》，雲林縣文獻委員會，1977 年。

6. 林文龍《臺灣詩錄拾遺》，臺灣省文獻委員會，1979 年。

7. 《臺灣地理及歷史——卷九官師志》，臺灣省文獻委員會，1980 年 8 月。

8. 呂汝玉等《海東三鳳集》，臺灣史蹟研究中心，1981 年 6 月。

9. 陳炎正《神岡鄉土志》，臺中縣詩學研究會，1982 年 4 月。

10. 賴昌熾等《彰化縣志稿》，成文出版社，1983 年 3 月。

11. 洪敏麟《臺灣舊地名之沿革》，臺灣省文獻委員會，1984 年 6 月。

12. 洪敏麟《草屯鎮志》，草屯鎮公所，1986 年 12 月。

13. 鄭喜夫、莊世宗《光復以前臺灣區額輯錄》，臺灣省文獻委員會，1988 年 6 月。

14. 劉顏寧總纂《重修臺灣省通志》，臺灣省文獻委員會，1989 年 5 月。

15. 日人片岡巖著，陳金田譯《臺灣風俗志》，眾文圖書公司，1990 年 11 月。

16. 吳德功《瑞桃齋文稿》，臺灣省文獻委員會，1992 年 5 月。

17. 吳德功《瑞桃齋詩稿》，臺灣省文獻委員會，1992 年 5 月。

18. 《臺灣省通志稿》，臺灣省文獻委員會，1992 年 12 月。

19. 《南投縣鄉土大系——南投史話》，南投縣政府，1995 年 6 月。

20. 《南投縣鄉土大系——文教篇》，南投縣政府，1995 年 6 月。

21. 《彰化縣耆老口述歷史（一）、（二）》，彰化縣立文化中心，1995 年、1996 年。

22. 施懿琳、許俊雅、楊翠《臺中縣文學發展史》，臺中縣立文化中心，1996 年 6 月。

23. 陳炎正《龍井鄉志》，龍井鄉公所，1996 年 6 月。

24. 施懿琳、楊翠《彰化縣文學史》，彰化縣立文化中心，1997 年 5 月。

25. 國立彰化師範大學地理系《彰化市志》，彰化市政府，1997 年 8 月。

26. 陳盛韶《問俗錄》，臺灣省文獻委員會，1997 年 11 月。

四、主要參考著作

1. 楊雲萍，《臺灣史上的人物》，成文出版社，1981 年 5 月。

2. 陳香，《臺灣竹枝詞選集》，商務印書館，1983 年 4 月。

3. 簡明勇，《杜甫詩研究》，學海出版社，1984 年 3 月。

4. 劉妮玲，《清代臺灣民變研究》，臺灣師範大學歷史研究所，1983 年。

5. 朱守亮《詩經評釋》，臺灣學生書局，1984 年 10 月。

6. 傅錫壬註譯，《新譯楚辭讀本》，三民書局，1984 年 12 月。

7. 唐、杜甫著，清、錢謙益註，《杜詩錢註》，世界書局，1985 年 2 月。

8. 曹永和，《臺灣早期歷史研究》，聯經圖書公司，1985 年 9 月。

9. 陳偉，《杜甫詩學探微》，文史哲出版社，1985 年 8 月。

10. 劉顏寧，《臺灣開發史話》，臺灣省文獻委員會，1986 年 6 月。

11. 鍾孝上，《臺灣先民奮鬥史》，自立晚報，1987 年 3 月。

12. 陳其南，《臺灣的傳統中國社會》，允晨出版社，1987 年 3 月。

13. 林文龍，《臺灣史蹟叢論》，國彰出版社，1987 年 9 月。

14. 黃文博，《臺灣風土傳奇》，臺原出版社，1989 年 1 月。

15. 劉還月，《臺灣土地傳》，臺原出版社，1989 年 4 月。

16. 黃文博《臺灣風俗傳奇》，臺原出版社，1989 年六月。

17. 日人渥原通好著，李文祺譯，《臺灣農民的生活節俗》，臺原出版社，1989 年 7 月。

18. 黃榮洛，《渡臺悲歌》，臺原出版社，1989 年 7 月。

19. 黃文博，《臺灣信仰傳奇》，臺原出版社，1989 年 8 月。

20. 尹章義，《臺灣開發史研究》，聯經出版公司，1989 年 12 月。

21. 許雪姬，《龍井林家的歷史》，中央研究院近代史研究所，1990 年 6 月。

22. 劉還月，《臺灣的歲節祭祀》，自立報系文化出版部，1991 年 8 月。

23. 鄧孔昭，《臺灣通史辨誤》，自立晚報臺灣文化出版部，1991 年。

24. 林文龍，《臺灣掌故與傳說》，臺原出版社，1992 年 7 月。

25. 謝國興，《清代臺灣三大民變——官逼民反》，自立晚報社文化出版部，1993 年，3 月。

26. 林偉盛，《羅漢腳——清代臺灣社會與分類械鬥》，自立晚報社文化出版部，1993 年 3 月。

27. 吳田泉，《臺灣農業史》，自立晚報社文化出版部，1993 年 4 月。

28. 《彰化農田水利會簡介》，彰化農田水利會編印，1993 年 5 月。

29. 余英時等，《中國歷史轉型時期的知識份子》，聯經出版公司，1993 年 6 月。

30. 殷允芃等，《發現臺灣》，天下雜誌社，1993 年 7 月。

31. 陳正祥，《臺灣地誌》， 南天書局，1993 年 10 月。

32. 英·布瑞（Francesca Bray）著，李奧勇譯《中國農業史》，商務印書館，1994 年 1 月。

33. 劉昭民，《臺灣先民看臺灣》，臺原出版社，1994 年 6 月。

34. 丁光玲，《清代臺灣義民研究》， 文史哲出版社，1994 年 9 月。

35. 簡榮聰，《臺灣農村民謠與詩詠》，臺灣史蹟源流研究會，1994 年。

36. 《八堡圳與林先生廟簡介》，臺灣省彰化農田水利會，1995 年 3 月。

37. 謝浩，《科舉論叢》，臺灣省文獻委員會，1995 年 10 月。

38. 陳昭瑛，《臺灣詩選注》，正中書局，1996 年 2 月。

39. 洪英聖，《彰化八堡圳傳奇史料圖輯》，彰化縣政府，1996 年 6 月。

40. 《南投縣永濟義渡古文契書選》，南投縣立文化中心， 1996 年 6 月。

41. 康原，《一條河的生命史──尋找烏溪》，常民文化公司，1996 年 9 月。

42. 薛化元、劉麗燕編譯，《臺灣先民的遺跡》，稻鄉出版社，1997 年 1 月。

43. 邱淵惠，《臺灣牛》，遠流出版社，1997 年 1 月。

44. 龔顯宗，《臺灣文學家列傳》，臺南縣立文化中心，1997 年 5 月。

45. 賴宗寶，《鄉土往事──赤腳的年代》，賴許柔文教基金會，1997 年 10 月。

46. 林文龍，《臺灣中部的人文》，常民文化公司，1998 年 1 月。

47. 林文龍，《社寮三百年開發史》，社寮文教基金會，1998 年 5 月。

48. 陳俊傑、黃國晉編，《南投縣歷史民宅普查案──期末報告》，南投縣立文化中心出版，1999 年 6 月。

49. 顧敏耀，《陳肇興及其《陶村詩稿》》，晨星出版公司，2010 年 4 月。

五、單篇論文

1. 介逸〈維英中舉略錄〉，《臺北文物》2 卷 2 期，1953 年 8 月 15 日。

2. 曾今可〈臺灣的詩人〉,《臺灣風物》12 卷 3 期,1962 年 6 月。

3. 黃秀政〈書院與臺灣社會〉,《臺灣文獻》 31 卷 3 期,1980 年 9 月。

4. 林文龍〈彰化白沙書院考〉,《臺灣文獻》 35 卷 3 期,1984 年 9 月。

5. 謝浩〈科舉制度在臺述略〉,《臺灣文獻》36 卷 3、4 期,1985 年 12 月。

6. 林偉盛〈清代臺灣分類械鬥之研究〉,政治大學歷史研究所碩士論文,1988 年 5 月。

7. 施懿琳〈咸同時期臺灣社會面相的顯影——以陳肇興《陶村詩稿》為分析對象〉,收錄於《第二屆臺灣本土國際學術研究會論文集》,國立臺灣師範大學國文研究所,1997 年 5 月。

8. 林文龍〈臺灣早期(1684～1945)詩文作品編印述略〉,東海大學主辦,臺灣古典文學與文獻研討會,1998 年 5 月。

9. 陳哲三〈「水沙連」及其相關問題之研究〉,《臺灣文獻》49 卷 2 期,1998 年 6 月。

10. 陳哲三〈清代臺灣地方行政中「保」與「堡」考辨〉,《逢甲人文社會學報》17 期,2008 年 12 月。